大学生心理健康十六讲

高等学校心理健康教育
通识课教材

———

中国大学 MOOC
配套教材

（第 3 版）

樊富珉 费俊峰 主编

中国教育出版传媒集团
高等教育出版社 · 北京

内容提要

本书是国家精品视频公开课“大学生心理健康”（清华大学樊富珉教授主讲）的配套教材，采用积极心理学的理念和团体心理辅导的方法，内容涵盖大学生心理健康教育的16个专题：大学生心理健康导论、生活管理与时间管理、自我概念及其调适、情绪及其管理、人格及其完善、学习心理调适、人际交往、沟通与冲突管理、校园恋爱心理与成长、性心理与性健康、职业生涯规划及能力发展、压力管理、逆商与挫折应对、心理困扰与异常心理、认识心理咨询、心理危机干预与幸福人生。各讲内容以心理学研究为依据，介绍大学生心理健康相关知识，辅以大量的同伴案例、课堂活动和拓展阅读，配套建设丰富的微视频，旨在帮助大学生正确认识自我、培养积极心态、开发潜能、全面发展。

本书既可作为大学生心理健康教育课程教材，又可作为高校辅导员、教师的相关培训教材，还可供所有关注自身心理健康的青年朋友阅读参考。

图书在版编目（CIP）数据

大学生心理健康十六讲 / 樊富珉，费俊峰主编. 3版. -- 北京 : 高等教育出版社，2025. 6. -- ISBN 978-7-04-065028-0

Ⅰ. G444

中国国家版本馆CIP数据核字第2025UU2679号

大学生心理健康十六讲（第3版）
Daxuesheng Xinli Jiankang Shiliu Jiang

策划编辑 陈 容　　责任编辑 陈 容　　封面设计 张志奇　　版式设计 明 艳
责任绘图 裴一丹　　责任校对 张 薇　　责任印制 刁 毅

出版发行 高等教育出版社
社　　址 北京市西城区德外大街4号
邮政编码 100120
印　　刷 河北鹏远艺兴科技有限公司
开　　本 787 mm× 1092 mm　1/16
印　　张 20
字　　数 360千字
购书热线 010-58581118
咨询电话 400-810-0598
网　　址 http://www.hep.edu.cn
　　　　 http://www.hep.com.cn
网上订购 http://www.hepmall.com.cn
　　　　 http://www.hepmall.com
　　　　 http://www.hepmall.cn
版　　次 2013年9月第1版
　　　　 2025年6月第3版
印　　次 2025年9月第3次印刷
定　　价 43.80元

物 料 号　65028-00

序

《大学生心理健康十六讲》第3版即将付梓，我心中充满着期待和喜悦！距离我在清华大学第一次开设“大学生心理健康”课程已经过去了整整30年。1995年，我以选修课的形式在清华大学开设心理健康课程，选修人数之多，学习热情之高，都远远超出我的预期，给我的信号是：大学生迫切需要心理健康知识，他们喜欢心理健康教育课程，渴望提升心理健康水平。1997年，我编写的第一本《大学生心理健康与发展》教材由清华大学出版社出版，为那些想开设心理健康课程的教师提供了重要的参考。2012年，我主持的“大学生心理健康”课程成为教育部第一批20门网络视频公开课之一，为成千上万的大学生送去了健康成长的甘露，深受学生们的欢迎。在大学生心理健康领域持续深耕的我，更加热爱心理健康教育工作，对心理健康课程建设有了更多思考和创新。

2013年，我和南京大学费俊峰一起编写的高校大学生心理健康教育课程教材《大学生心理健康十六讲》出版后，受到很多学校心理健康教育任课教师的欢迎，老师们参考这本教材的内容设计教学主题，用教材上的练习带领学生进行心理训练。这给了我们很大的鼓励，也让我们很感动、很欣慰。编写教材的目的就是回应时代的要求和学生的心声，让学生喜欢读，教师喜欢用。教材出版后，我和费老师分别在清华大学和南京大学每年为大学生开设心理健康教育课程，继续使用这本教材，也不断地检验着教材的适用性和时效性。

社会在进步，时代在变化，我们看到当代大学生面临着更多的学习、情感、生活、就业等压力，大学生对心理健康服务的需求越来越强烈，党和国家对大学生心理健康也越来越重视。党的十八大以来，党和国家颁布了系列文件，明确了大学生心理健康教育课程在提升大学生心理健康素养方面的重要作用。2016年年底，国家卫生计生委等22个部门联合印发的《关于加强心理健康服务的指导意见》明确要求，“高等院校要积极开设心理健康教育课程”。2018年7月，中共教育部党组印发《高等学校学生心理健康教育指导纲要》，提出“健全心理健康教育课程体系，结合实际，把心理健康教育课程纳入学校整体教学计划，规范课程设置，对新生开设心理健康教育公共必修课，大力倡导面向全体学生开设心理健康教育选修和辅修课程，实现大学生心理健康教育全覆盖”。2021年，《教育部办公厅关于加强学生心理健康管理工作的通知》提出，要“加强心理健康课程建设。发挥课堂教学主渠道作用，帮助学生掌握心理健康知识和技能，树立自助互助求助意识，学会理性面对挫折和困难”。

党的二十大报告将“重视心理健康和精神卫生”提到了前所未有的高度。2023年，教育部等十七部门印发《全面加强和改进新时代学生心理健康工作专项行动计划（2023—2025年）》，提出了以德育心、以智慧心、以体强心、以美润心、以劳健心的工作任务，强调发挥课堂教学作用，全方位开展心理健康教育。《2025年国务院政府工作报告》再次强调“健全社会心理服务体系和危机干预机制，培育自尊自信、理性平和、积极向上的社会心态”，“普及心理健康教育，关爱师生身心健康”。

虽然全国高校开设心理健康教育课程比较普遍，但对于心理健康教育课程教学效果的实证研究相对较少。2019年春季学期，我指导研究生开展了大学生心理健康教育课程教学效果和影响因素的实证研究：以我在清华大学开设的大学生心理健康教育课程选修学生为研究对象，设为实验组，同时用方便抽样的方法设置了对照组，实验组184人，对照组120人，量化研究与质性研究相结合，分析了课程的教学效果。量化研究在课程开始的2月前测，在课程结束时的6月后测。对实验组按照教材章节进行15次课堂讲授和1次导修课团体辅导，对照组不做干预。研究目标是减少大学生的消极心理（抑郁、焦虑等），提升大学生的积极心理（自我接纳、主观幸福感等）。量化研究使用的量表有一般健康问卷的大学生版（包括自我肯定、焦虑、抑郁三个维度），自我接纳问卷（包括自我评价和自我接纳两个维度），以及幸福指数量表（包括积极情绪、投入、关系、意义、成就五个维度）。结果发现，心理健康教育课程可以有效提升大学生的心理健康、主观幸福感、自我接纳水平。为了探讨哪些因素产生了这些积极改变，我们采用内容分析法，在第15次心理健康课堂上，收集实验组自愿填写的大学生心理健康教育课程效果开放式问卷，共收到66份文本材料。通过开放式编码、主轴编码、选择性编码，我们发现大学生感知到的心理健康教育课程给他们带来的积极变化具有普遍性，可以概括为：对心理健康的认知、学会心理调适、赋予积极能量、改善人际互动、促进自我成长、探索未来规划六个方面。

在这里，我想引用几位受访大学生的反馈：“从心理健康教育课程获得了新的认识和发现，对心理健康有了更深的认识和理解。我以前认为它是心理不健康的对立面，现在发现它包括自我形象、情绪管理、人际关系、压力应对、恋爱关系等多个方面的健康。我对自己的心理健康水平有了更深的认识。通过课上一系列小测验，我发现了自己在某些方面的不足之处，也知道了自己应该在哪些方面做出改变和调整。”“原先我感觉自己是一个有点悲观的人，但在经过一学期的学习后，我认识到了心理健康的重要性。在学会了培养积极心理的方法后，我有意识地在日常生活中用一种更为积极的角度去看待事物。我真的感觉自己变得积极起来了。”“这门课让我学会了一些应对压力的方法，使我即便在压力中，也能很好地完成任务。这种改变让我在学习、生活中受益匪浅，至少，如今的我在面对考试带来的压力时，能够保持积极的心态去应对。”“当我在生涯规划与发展中确立目标时，所带来的充实和满足是超乎想象的，而有意识地早规划能带来更多好处。”“通过这门课的学习，我发现自己更加积极乐观，我不再喜欢抱怨身边的烦心事，还学会了去感谢那些曾经帮助过自己或一直在默默支持自己的那些人，尤其是那些知心的好朋友和家人。”

在大学生心理健康教育课程教学效果研究中，我们通过访谈了解了大学生对课程影响因素的看法，用内容分析法发现教学方法、教学内容、教师因素、课堂氛围是心理健康教育课程给大学生带来改变的课堂因素。其中，教学方法是最重要的因素，占46.43%；教学内容是次要因素，占27.68%；教师因素占16.96%；课堂氛围占8.93%。

对课程教学效果和影响因素的研究为我们进行教材建设带来了重要参考，主要体现在以下三个方面：

第一，以习近平新时代中国特色社会主义思想为编写原则，凸显积极心理健康促进的理念，致力于提升大学生的主观幸福感。主要包括：帮助大学生建立积极自我意识，发掘和善用自身优势；提升乐观、感恩、快乐等积极情绪；增加专心深入下来做事的体验，品味“福流”状态下忘我的愉悦感受，投入当下的学习、生活等；善于理解和共情他人，建立和维护和谐的关系；塑造积极意义，获得生命价值感；提升积极成就，以培养韧性、毅力、成长性思维模式等来实现有价值的人生目标。我们期望本教材能让大学生心理健康教育课程成为一门成长课、幸福课。

第二，教材内容科学丰富，案例多样、资料翔实，具有时代性、原创性、专业性、针对性，适合学生自学和阅读。这本书不仅是一本好教材，更是一本好学材。

第三，在教学方式方法上下功夫，认真制作了与教材内容配套的微课，每讲都有。微课贴合大学生生活实际，有利于教师开展线上线下混合式教学。

非常感谢费俊峰博士在教材修订过程中付出的辛苦和做出的贡献。非常遗憾的是，费俊峰博士于2024年9月因病离世，没有看到第3版教材的出版，但他对大学生心理健康工作20多年的投入、付出、贡献，已经部分凝结在这本教材中了。我们都以自己能够从事大学生心理健康教育事业，能够为大学生幸福成长奠定基础而感到无比光荣。期待与全国承担高校心理健康教育课程的教师们一起努力探索，为大学生提供更新、更实用、更具参考价值的好教材、好学材，为心理健康教育课程发挥积极作用助力添彩。

樊富珉

2025年4月

目　录

第1讲

心理健康知多少——大学生心理健康导论

【知识导图】

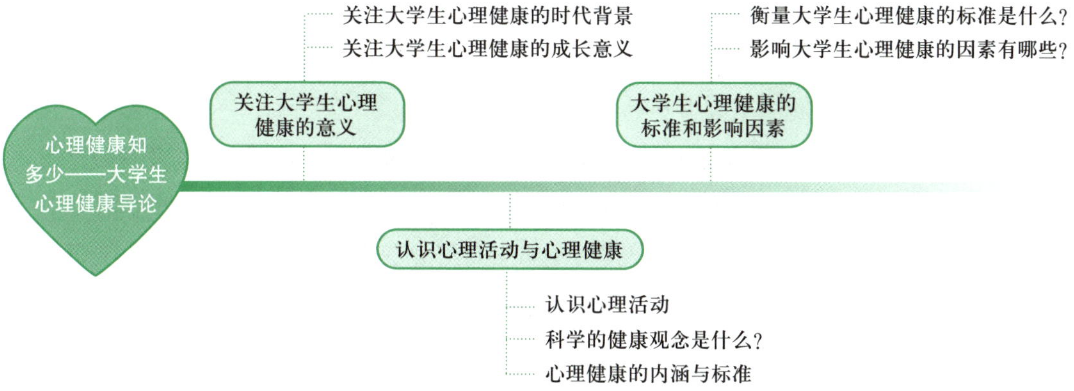

请思考：

1. 心理是怎么一回事？
2. 什么是心理健康？
3. 衡量大学生心理健康的标准是什么？
4. 影响心理健康的因素有哪些？

一、关注大学生心理健康的意义

近年来，大学生的心理健康状况已经成为国家、社会、媒体、学校、家长、学生等共同关注的重点问题。大学生的心理健康既是时代发展的要求，又是学校教育的重要任务，更是大学生个人发展的需要。如果大学生想要成为一个能理解自己和他人的、健康快乐的、拥有亲情友情和爱情的人，就必须具备一定的心理健康知识。

【课堂活动】

我梦中的大学生活

有的高中老师说：你们现在要努力学习，用功读书！将来只要考上大学就轻松啦，到时候你们想怎么玩就怎么玩，没有人会管你们。

有的家长说：等你考上大学了，请我管你，我都懒得管！你现在只需要好好学习，等你考上大学了，你想去什么地方玩就去什么地方玩！

有的高三学生说：等我考上大学了，就要好好地玩个痛快！在大学里我一定要好好享受生活，轻松地学习，发展我的兴趣爱好，没准还可以在校园里碰见我的另一半呢！

你曾经对大学生活有过什么样的梦想和期待？请写在下方的横线上。

（一）关注大学生心理健康的时代背景

当今世界已进入数智化时代，科学技术以空前巨大的威力、难以想象的速度，深刻地影响着人类生活和社会的发展。在中国式现代化进程中，人的现代化主要反映在其对社会发展变化的适应上，大学生需要持积极灵活的态度，调整自我的身心，主动迎接挑战。

1. 不容乐观的国民心理健康状况

改革开放以来，中国社会经济、政治、文化背景的嬗变，是当今中国人心理激荡和变化的深层次动因。社会政治、经济、文化、教育、婚姻、休闲、老龄化等社会心理和人口学因素发生了巨大的变化，以此带来家庭结构、生活方式的改变，心境障碍和焦虑障碍的患病率呈上升趋势，个人极端情绪引发的恶性案（事）件时有发生，心理健康问题越来越突出。党的二十大报告中对心理健康的关注，《“健康中国2030”规划纲要》《健康中国行动（2019—2030年）》《高等学校学生心理健康教育指导纲要》等文件的出台体现了党和国家对国民心理健康状况的重视。

【微视频】为什么关注大学生心理健康？

2. 科技和高等教育的发展需要终身学习的能力

21世纪是科技高速发展的时代，科学技术日新月异，新产品、新知识、新理论不断问世，对人们所掌握的知识和技能提出了新的要求，终身学习的观念日益深入人心。知识和技能的掌握不能仅仅依靠学校中教师的讲授，更要依靠每个人独立自主地学习。所以，国际21世纪教育委员会提出的对21世纪人才要求的第一条就是要学会学习，要有独立获取、理解、消化和运用知识的能力，这种能力会让人终身受益。

大学生的心理健康是高等教育的基础和内在要求。高等学校心理健康教育的目标就是要提高全体大学生的心理素质，优化每一个大学生的人格，帮助大学生解答成长中的各种问题及困惑，增强他们适应社会生活的能力，开发个体潜能，使每一个大学生都能得到全面、健康的发展。从高等教育的实践来看，对每一个大学生而言，要维持有效的智能活动，更好地掌握现代科学文化知识，实现全面发展，需要自身良好的心理素质作保证。此外，进入大学后，每一个大学生都会遇到学习、交友、恋爱、择业等人生课题。由于缺乏经验，大学生在解决这些问题时常常会出现烦恼。大学生在进入大学前，为了在激烈的高考竞争中获胜，几乎是全身心地投入学习，家长的过度保护、学校的应试教育、自身生活经历的缺乏，使得一些大学生心理脆弱、意志薄弱、依赖性强、情绪不稳定，缺乏承受挫折和适应社会的能力。与以往任何时候相比，当代大学生更需要心理指导。

（二）关注大学生心理健康的成长意义

【同伴案例】

成长的代价

来大学读书前，我的生活一直是一帆风顺的。毫不夸张地说，我一直都被众星捧月般地宠着，意气风发，有点“不识愁滋味”。好多人都对我说，我考上的大学是一个卧虎藏龙的地方，汇集的是精英中的精英。他们其实是担心我在大学里不可能再像以前那样无忧无虑、如鱼得水了。但血气方刚的我，自信凭自己的能力，在大学校园里一样会游刃有余。

也许是重视不足，也许是适应能力较差，我进入大学读书的第一年，打击就接踵而来：先是有一门功课期中考试不及格，后来在竞选班委时又落选了。对我来说，这些可都是从来没有过的事。打击来得太快，就像龙卷风一样，把我悬在了半空中。

我突然发现，一直以来，自以为坚强的我，原来是那么脆弱，似乎所有关于现在和未来的美梦全都破灭了，我感觉自己好像一下子从天堂跌入了地狱。那时候我感到极度痛苦并十分自责，认为自己对不起父母，辜负了他们的期望。但我不能告诉他们我的痛苦，怕他们担心，更多的是怕他们对我失望，所以只能一个人独自承受所有的打击。那段时间我十分颓废，几乎整天待在机房里，疯狂地上网聊天。我不知道自己是想放松，还是想放纵。如果这样的状态一直持续下去，我想我肯定完了。但好在我不是遇到困难就逃避，遇到挫折就一蹶不振的人。即使在那种极度颓废的状态中，我也隐约觉得内心中有那么一丝痛苦和愧疚，我知道这是良心不安的原因。我明白自己这么做不但于事无补，反而会让事情变得更加糟糕。于是等我心灵中的暴风雨终于平息之后，一切又重新归于平静。我把更多的时间投入学习中，到期末考试的时候，我的成绩得到了提升。

我感到庆幸的是，在那段可以说是目前为止我人生中最为艰难的日子里，我没有沉沦，而是努力地使自己挺了过来。我很感激这种让我遭受打击的日子早早地到来，让我能够尽早地接受生活的磨炼。在那之后，我明白一个人就是在遇到挫折和困难并在战胜它们之后不断地成长起来的。我知道我开始了一种全新的生活，在自己的人生里程中已经拥有了一笔宝贵的财富。

1. 青年期成长的需要

个体出生后必须经过一系列的发展阶段，即生理发育成熟、智力达到正常、情绪基本稳定、行为能够自控，才能走向成熟，成为一名能独立承担社会责任的社会成员。大学生生理发育成熟不等于他们已经成长为一个真正独立的人。从心理发展角度讲，大学生处于心理发展的青年期，是个体从不成熟的儿童期向成熟的成年期过渡的一个时期，这个时期他们的心理状态是不稳定的。青年期是个体发展急剧转变的时期，在这个时期，大学生多会出现生理上快速变化与心理上不成熟、渴望独立与无法摆脱对他人的依赖、追求自我形象与自我评价能力不高等现象。由于缺乏必要的思想准备，进入大学校园后，大学生可能会出现短暂的不适应，并体验焦虑、紧张、恐慌与不安等消极情绪。

因此，在大学阶段，对大学生来说一项重要的任务就是要达到心理上的成熟。心理学研究表明，大学阶段是大学生掌握专业知识技能和个体自我发展完善的重要时期，两大任务并驾齐驱，缺一不可。个体自我发展完善涉及的领域比较广泛，包括自我评价、社会适应、人际交往、情绪管理、挫折应对、科学思维、团队合作、婚恋态度、潜能开发、求职择业等，重视的是个人全面、健康、均衡的发展。从个体发展的角度看，大学生正处于儿童期向成年期的转变过程中，这决定了他们的大学生活将是个体逐渐走向成熟和独立的重要节点。大学期间，每一个大学生都面临一系列的人生重大课题，如专业知识储备、智力潜能开发、人格品质优化、思想道德修养、求职择业准备、交友恋爱等，这些重大课题的完成，与大学生的心理健康有着密切的关系。

2. 提升心理承受力的需要

心理承受力是指个体面对社会生活与环境中的重大变动，在心理上的接受性和适应性，是个体不断调整其认知、情绪及行为以适应环境变化的能力。影响个体心理承受力的因素除遗传外，还包括个体社会化。如果某位大学生此前接受的教育重知识灌输、轻引导启发，忽视人格教育和特长培养，那么他容易出现人格不够独立，缺乏反思和应变能力。社会化水平不足容易导致个体出现适应困难，在急剧变化的社会中难以通过自我调整达到良好的生存状态，从而产生心理问题。

由于考试、升学的压力，基础教育如果更关注学生的学业成就，较少着眼于学生情绪、意志、自我形象和性格的培养，那么进入大学后，大学生面对生活和环境的变化，面临学习、交友、恋爱、就业、成长发展等种种人生课题的选择，加上来自社会、家庭、学校的各种矛盾与大学生自身成长发展中的矛盾交织在一起，他们容易产生心理困惑。在大学阶段，学校应通过各种教育手段帮助大学生解答这些困惑，提升大学生的心理承受力。

3. 面对现实困扰与挑战的需要

心理健康是大学生健康成长和发展的基础。如果一个人经常、过度地处于焦虑、郁闷、孤僻、自卑、犹豫、暴躁、怨恨、猜忌等不良心理状态中，就难以在学习和生活中充分发挥个人潜能、取得成就并获得发展。大学生心理健康尤为重要，一是因为大学生所承担的和将要承担的学习任务和社会责任较为繁重与复杂，社会对大学生的期待更为殷切，因此对他们的要求更加全面和严格。二是因为大学生不仅具有一般青年心理不成熟的特点，而且他们常常对自身评价良好，加上家庭与社会往往对大学生具有过高的期望，这些都容易给大学生带来巨大的心理压力，从而导致他们的心理失衡。在大学生群体中，有人因自我否定、自我拒绝而几乎失去了从事一切活动的愿望和信心；有人因考试失败或恋爱受挫而产生了轻生的念头，甚至有人付诸了行动；有人因现实的不理想而玩世不恭或万念俱灰；有人因人际关系不和而逃避群体、自我封闭……尽管这些现象是少数情况，却说明了一个普遍的道理，那就是一个人在心理健康上多一份弱点，他的成长和发展就会多一份限制和损失，他的生活和事业就少一份成就和贡献。

二、认识心理活动与心理健康

心理是怎么一回事？什么是心理健康？衡量心理健康的标准是什么？我们自身的状态离心理健康有多远？

（一）认识心理活动

你如何感知世界、沟通、学习、思考和记忆？你想知道人为什么会做梦、坠入爱河、感到害羞、做出侵犯性行为以及罹患精神疾病吗？

最近几年，社会上关于支配心理和行为过程基本机制的新知识激增，心理学对人们的吸引力日益增长。随着新观念代替或改变着旧观念，我们希望在心理健康课结束时，你将拥有健康人生所必需的心理学知识。

【微视频】心理是怎么回事？

1. 什么是心理学？

人类的实践证明，不理解人的心理过程就不能理解人的行为，许多人类活动是在个体内部发生的，如思考、计划、归因、创造、做梦等。

心理学是研究人类意识与行为的发生、发展、变化规律及其生物学基础，以及人在社会环境中的行为规律的科学。心理学研究的对象往往是个体，如一个正在适应住宿生活的大学生。心理学家探索的是个体做些什么以及如何在一套特定的行为模式和更广泛的社会环境或文化环境中做这些事情。

心理学研究人的心理现象，人的心理现象一般可以分为心理过程和个性心理（如图1-1所示）。心理过程包含人的认知过程、情感过程和意志过程：认知过程包括感觉、知觉、记忆、思维、想象等；情感过程包括感受、情绪、情感等；意志过程包括有意识、有目的地自我调节等。个性心理包含个性倾向性和个性心理特征：个性倾向性包括需要、动机、价值观等；个性心理特征包括气质、性格、能力等。具体如图1-1所示。

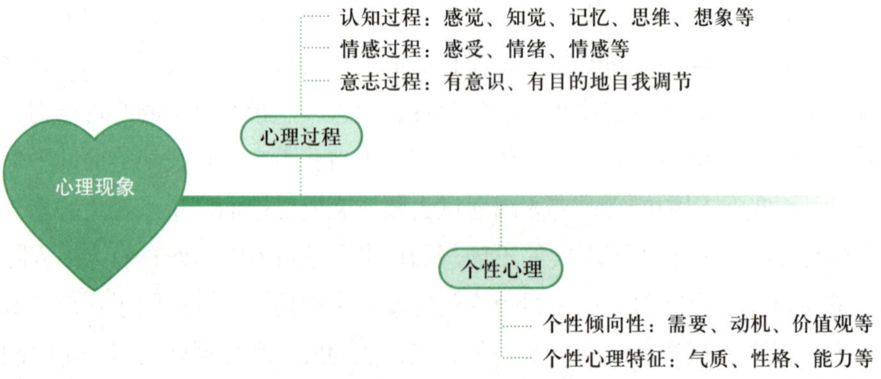

图1-1　人的心理现象

【课堂活动】

你注意到什么了?

请根据你目前的心理感受，写出此时此刻你看到的、听到的、接触到的事情或物品。

1. 我看到：________________。

2. 我听到：________________。

3. 我接触到：________________。

2. 个体的心理活动

还记得你刚进入大学时的场景吗?到达学校之后，你看到新生报到站里有许多和自己一样充满激动和兴奋的新生及其家长以及人头攒动的情景，听到各院系迎新人员的招呼声、学生和家长焦急的询问声……这些都是感觉，是一系列外界刺激引发了人体感受器官的直接反应。接着你要去宿舍了，因为带了很多行李，上楼之前，你可能会想“这么多东西，怎么把它们搬到楼上呢”，然后脑海中就会浮现自己搬行李时辛苦的模样，这就是想象。在搬运行李时，你感到身体流汗、手臂痛，这些是知觉。当终于到达宿舍并把一切收拾妥当后，你非常高兴，如释重负，这就是情绪情感。上述这些都是人的心理过程。人的心理过程总是从人的认识活动开始，具有了感知觉，产生了思维，引发了情感，还形成了意志。

心理就其自身来说，是一个有组织的、整体的动力系统。心理是个体在现实生活中对客观事物的主观能动反映活动，是大脑的一种特殊反应功能。心理不是独立的实体，而是一种过程和活动。心理活动中带有个人的特点，因此为主观活动。心理活动的主观性并非绝对，因为心理活动反映的是客观事实，且心理在本体论上是人体机体的一种运动形式，属于客观物质世界的一部分，所以在这个意义上讲，心理又具有客观性。

3. 个体的心理发展

心理发展是指个体在由胚胎发育、出生、成熟、衰老直至死亡的整个生命过程中发生的一系列生理和心理变化的过程。我们每个人都要经历婴幼儿期、少年期、青年期、成年期、中年期和老年期，人在不同阶段所表现出的心理发展特点不同，体现在认知、情感、能力和社会性等方面，但处于同一阶段的人又有相似的心理发展特征和任务。人就是在顺利地完成人生每一个阶段心理发展任务的过程中，不断地走向成熟和完善，从而度过自己完美的生命历程。表1-1是美国心理学家埃里克森的八个发展阶段理论。

表1-1　埃里克森的八个发展阶段理论

阶段	年龄	发展危机	发展顺利者的心理特征	发展障碍者的心理特征
1	婴儿期（0—1岁）	信任对不信任	对人信任，有安全感	面对新环境会焦虑不安
2	儿童期（1—3岁）	自主行动对羞怯怀疑	能按社会要求表现目的性行为	缺乏信心，行动畏首畏尾
3	学龄初期（3—6岁）	自动自发对退缩愧疚	主动好奇，行动有方向，开始有责任感	畏惧退缩，缺少自我价值感
4	学龄期（6—12岁）	勤奋进取对自贬自卑	具有求学、做事、待人的基本能力	缺乏生活基本能力，充满失败感
5	青春期（12岁—20岁）	自我统合对角色混乱	有明确的自我观念与自我追寻的方向	生活无目的、无方向，时而感到彷徨迷失
6	成年早期（20—40岁）	友爱亲密对孤独疏离	与人相处有亲密感	与社会疏离，有时感觉寂寞孤独
7	成年期（40—65岁）	精力充沛对颓废迟滞	热爱家庭、关怀社会，有责任心、有义务感	不关心他人与社会，缺少生活意义
8	老年期（65岁以上）	完美无缺对悲观绝望	随心所欲，安享余年	悔恨旧事，消极失望

依据表1-1，我们可以找到人的心理发展的基本规律。首先，人的心理发展是先天遗传和后天环境共同作用的结果，两者相辅相成、缺一不可。其次，人的心理发展有持续性，会贯穿人的一生。最后，人的心理发展有差异性，不同的人心理发展存在个体差异。

大学时期正是人生发展的关键时期，此时，大学生的生理发展已经基本趋于成熟，从心理发展来看，其认知处于智力和创造力的高峰期，情绪处于更加深刻、丰富和变化期。大学生的主要任务是建立正确的自我概念：能够独立地做决断，并承担起社会责任；能够与他人建立良好的关系，并在其中获得相互认同。当然，大学生还可能体验到爱情带来的亲密感。

（二）科学的健康观念是什么?

心理健康是科学的健康观念的重要组成部分，要理解心理健康必须先了解健康的科学定义。“有了健康不等于有了一切，但没有了健康就没有了一切。”这是曾任世界卫生组织（WHO）总干事马勒博士的名言。健康是每一个现代人都关心和向往的，因为健康不仅是个人成长、发展的前提，而且是个人事业成功、生活快乐的条件。长期以来，人们一直认为，“身体没有疾病就是健康”，但现代医学研究表明：心理的、社会的和文化的因素与人的健康有着非常密切的关系。

1. 什么是健康?

我们应该建立怎样的健康观呢？长期以来，人们对健康的认识确实存在许多的片面性。例如，人们一谈起健康就认为是医学界的事，往往只注重生理健康而忽视心理健康。所以在日常生活中，许多人只注重锻炼身体，而不重视培养健康的心理；或者是一有头痛脑热就往医院跑，而有了严重的心理疾患却自觉或不自觉地进行掩饰。这种片面的健康观已经带来了许多不良后果。心理问题在人群中广泛存在，严重影响着人们的健康。大量事实更是证明了古罗马哲学家西塞罗的论断：心理的疾病比起生理的疾病为数更多，危害更烈。

随着科学技术的进步和社会的发展，人们对健康观念的认识逐步深化，建立在传统健康观念基础上的生物医学模式转变为“生物—心理—社会医学”模式，即要从“生理—心理—社会”的角度去关心人们的健康。1948年，世界卫生组织在宪章中开宗明义：“健康不仅仅是没有疾病和虚弱，而是生理、心理和社会适应方面的完好状态或完全安宁。”这是对健康最为全面、科学、完整、系统的定义，因为它不仅对人类的健康状态做出了准确的判断，而且对人类健康内涵的理解也更加深刻。也就是说，科学的健康观念改变了人们传统的健康观念。健康的目标是实现一种更为积极的状况、更高层次的适应和发展，是一种身心健康、社会幸福的完满状态。

2. 健康的标准是什么?

人人都关心自己的健康。健康不是一种十全十美的状态，而是一种良好的状态；健康和疾病之间没有绝对的界限；健康是一种积极的生活方式；健康是人与环境和谐相处；健康不仅是一种外显行为，而且是一种内部状态；健康是一个动态的过程；健康是人生的第一财富。世界卫生组织给出健康定义的同时，也给出了判断健康的10条具体标准：

- 足够充沛的精力，能从容不迫地应对日常生活和工作中的压力而不感到过分紧张。
- 态度积极，勇于承担责任，不论事情大小都不感到挑剔。
- 善于休息，睡眠良好。
- 能够适应外界环境的各种变化，应变能力强。
- 能够抵抗一般性的感冒和传染病。
- 体重得当，身材匀称，站立时，头、肩、臂的位置协调。

- 反应敏锐，眼睛明亮，眼睑不发炎。
- 牙齿清洁、无空洞，无痛感及出血现象，齿龈颜色正常。
- 头发有光泽、无头屑。
- 肌肉和皮肤富有弹性，走路轻松匀称。

从这10条标准可以看出，健康包括身体健康、心理健康及社会适应良好等方面，它们相辅相成，缺一不可。因此，我们在考虑自身的健康和疾病时，要注意身、心两个方面的反应。图1-2是世界卫生组织在20世纪80年代提出的身心健康标准。

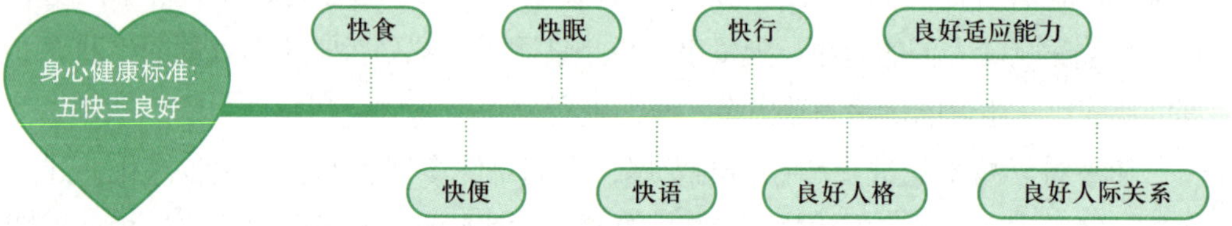

图1-2 身心健康标准

3. 什么是亚健康?

亚健康主要是社会竞争加剧和人们生活习惯、饮食结构改变等导致的心理、生理失衡状况，如心悸、疲劳、紧张、失眠、健忘、注意力分散等。亚健康与饮食结构和生活习惯有重要关系。如身体摄取的维生素减少，体内脂肪含量增高；生活不规律，运动与休息时间安排不当等。除此之外，吸烟、酗酒以及环境污染也是重要的外因。遗憾的是，至今还没有能够治疗亚健康的“特效药”面世。要防止自身过早地出现亚健康状况，就要从现在开始预防，从今天开始行动，为自己的健康“买保险”，养成良好的生活习惯，科学饮食，保持适当的休息，经常锻炼身体，并注重身心调节，保持乐观情绪。

（三）心理健康的内涵与标准

心理健康对每一个人的成长和发展都有重要的影响，它是正常生活、学习、工作和交往的前提与保证。但是，要讲清楚心理健康并非易事，因为心理现象是一种精神现象，不像人的身体健康那样有着具体、精确的生理指标，如脉搏跳动次数、体温高低等，心理健康的衡量很难有固定而清晰的界限，所以要判断一个人的心理是否健康并不那么容易。

【微视频】什么是心理健康?

1. 什么是心理健康?

人的心理怎样才算是健康的？这是一个非常复杂但又必须要搞清楚的问题。人们对心理健康的认识是随着社会的发展和进步，以及人类知识的不断深化和提高而变化的。第三届国际心理卫生大会（1946年）对心理健康是这样定义的：所谓心理健康是指在身体、智能以及情感上，在与他人的心理健康不相矛盾的范围内，将个人心境发展成最佳的状态。世界卫生组织2001年将心理健康定义为：心理健康不仅仅是没有精神疾病，更可视为一种幸福状态。在这种状态中，每个人认识到自己的潜力，可以应对正常的生活压力，有效地从事工作，并能够为社会做出贡献。

2016年12月30日，我国国家卫生计生委等22个部门共同印发的《关于加强心理健康服务的指导意见》中指出，心理健康是人在成长和发展过程中，认知合理、情绪稳定、行为适当、人际和谐、适应变化的一种完好状态。由此可见，心理健康可以从认知、情感、行为、人际、适应五个维度来进行评估。

纵观各类定义不难看出，心理健康包括广义和狭义、消极和积极两个层面。从广义层面讲，心理健康是指一种高效而满意的、持续的心理状态，个体在这种状态下对外界适应良好，具有生命活力，能充分发挥其身心具有的潜能；从狭义层面讲，心理健康是指个体的基本心理活动过程——认知、情感、意志、行为等内容完整，协调一致，能顺应社会并与社会保持同步。从消极层面看，心理健康是指个体没有心理障碍和疾病，这是最基本的标准；从积极层面看，心理健康是指个体的一种积极发展的心理状态，这是心理健康最本质的内涵，它意味着人们不仅要减少一切不健康的心理倾向，而且要使自身在心理上处于最佳状态。

2. 界定心理健康与否的原则

界定心理健康与否有三个原则：

- 心理活动与外部环境是否具有同一性，即一个人的所思所想、所作所为是否能够正确地反映外部世界的情况，与外部世界有无明显的差异。

- 心理过程是否具有完整性和协调性，即人的认知过程、情感过程、意志过程的内容是否完整、协调一致。

- 人格心理特征是否具有相对稳定性，即在没有重大外部环境改变的前提下，一个人的气质、性格、能力等人格特征相对稳定，其行为表现出一贯性。

根据中外心理健康专家的研究，可将人的心理健康水平大致分为三个等级：第一级为一般常态者，其具体表现为心情愉快，适应能力强，善于与他人相处，能较好地完成与同龄人发展水平相对应的活动，具有自我调节情绪的能力。第二级为轻度失调者，其具体表现为不具有同龄人所应有的相关情绪，与他人相处略感困难，生活不能自理，适应环境有些吃力。若自我主动进行调节或通过专业人员的帮助，可恢复常态。第三级为严重病态者，其具体表现为适应能力严重失调，不能维持正常的生活、工作需要，如不及时治疗可能会恶化，成为精神疾病患者。

需要注意的是，传统的心理健康观视心理健康与心理疾病为一条线上的两个端点，从这个角度来看，没有心理疾病就可以看作心理健康。然而，近年的心理学研究出现了一种新的观点，认为心理健康与心理疾病是两个既相互独立又相互关联的概念，它们可以同时存在于同一个人的身上：心理健康的人有可能出现心理问题，而心理疾病患者也可以提升自身的心理健康水平。由此可见，预防心理疾病和促进心理健康是相互关联的。

此外，心理健康是一个相对的概念，目前尚无一个能够适用于任何人、任何情境的绝对标准来区分心理正常与心理异常。因为人的心理世界是复杂多样的，即使一个心理健康的人，也可能在某时出现突发性、暂时性的心理异常。每个人随时随地都有可能产生心理困扰，心理冲突在当今社会像某些常见的生理症状（如感冒、发烧）一样不足为奇。此外，心理健康与否是处于动态变化中的，现在健康不等于永远健康，现在不健康不等于永远不健康。在人的一生中，可能某时心理会处在不健康的状态，但经过自身的努力和外界的帮助、专业的指导后，心理也可以恢复到原来的健康状态。因此，没有绝对的心理健康。

3. 衡量心理健康的标准是什么?

1946年，第三届国际心理卫生大会提出了心理健康的四个标志：① 身体、智力、情绪十分协调；② 适应环境，人际交往中能彼此谦让；③ 有主观幸福感；④ 在工作和职业中，能充分发挥自己的能力，过着有效率的生活。美国心理学家马斯洛等人（1951年）提出的心理健康的十条标准，被认为是心理健康的“最经典的标准”：① 充分的安全感；② 充分了解自己，恰当估计自己的能力；③ 生活的目标切合实际；④ 与现实环境保持接触；⑤ 能保持人格的完整与和谐；⑥ 具有从经验中学习的能力；⑦ 能保持良好的人际关系；⑧ 适度的情绪表达与控制；⑨ 在不违背社会规范的条件下，恰当满足个人的基本需要；⑩ 在不违背团体要求的情况下，有限度地发挥人格作用。

2012年，中国心理卫生协会提出了中国人心理健康的六项标准：

- 认识自我、接纳自我。了解自己、恰当地评价自己，有一定的自尊心和自信心，体验自我存在的价值，能够接受自己。

- 自我学习、独立生活。具有从经验中学习、获得知识与技能的能力，能够独立处理日常生活中的一般事务，能够利用所获得的知识、能力或技能解决常见的问题。

- 情绪稳定、有安全感。情绪基本稳定，以积极情绪为主导，能够调控自己情绪的变化，对人身、生活稳定等有基本的安全感。

- 人际关系和谐。具有基本的社会交往能力，能够处理与保持基本的人际交往关系，能在人际互动中体验正常的情绪情感，获得满足感，能够接纳他人及交往中的问题。

❤ 角色功能协调统一。基本能够履行社会所要求的各种角色规定，心理与行为符合年龄等特征，心理与行为符合所处环境，在社会规范的许可范围内，实现个人需要的适当满足。

❤ 适应环境、应对挫折。保持与现实环境接触，能够面对和接受现实，积极应对现实，正确面对并克服困难。

根据国内外心理健康研究者提出的各种心理健康标准可以看出，界定心理健康的标准一般是从智力水平、情绪状态、意志品质、行为表现、人格特征等方面提出的。表1-2列出了心理健康者与心理不健康者的特征。

表1-2 心理健康者与心理不健康者的特征

指标	心理健康者的特征	心理不健康者的特征
智力水平	1. 能适应生活环境 2. 能正常生活、工作、学习 3. 智商不低于70分	1. 不能适应生活环境 2. 不能正常生活、工作、学习 3. 智商低于70分
情绪状态	1. 心情愉快，有幸福感 2. 情绪稳定，反应适度 3. 情绪与原因一致 4. 原因消除后，情绪改变	1. 情绪低落，灰心丧气 2. 烦躁不安，喜怒无常 3. 情绪与原因不一致甚至相反 4. 原因消除后，情绪仍不能平复
意志品质	1. 行为有目的，深思熟虑 2. 付诸行动，当机立断 3. 善于控制言行 4. 坚持不懈，百折不挠	1. 行为盲目，轻信武断 2. 优柔寡断，犹豫不决 3. 不能控制冲动 4. 遇难而退，见异思迁
行为表现	1. 思维清晰，符合逻辑 2. 行为有序，语言有条理 3. 言行相符，思维与行动一致 4. 行为反应正常	1. 思维混乱，不符合逻辑 2. 行为无序，语无伦次 3. 言行不一，思维与行为矛盾 4. 行为反应过敏或迟钝
人格特征	1. 气质、性格、能力均衡发展 2. 有积极进取的人生观 3. 需要、愿望、目标、行为统一 4. 正直、热情、自信、勇敢	1. 气质、性格、能力发展不均衡 2. 人生观消极，悲观失望 3. 需要、愿望、目标、行为相互矛盾 4. 冷漠、自卑、惧怕、自私

三、大学生心理健康的标准和影响因素

【课堂活动】

你觉得心理健康的大学生什么样?

对大学生而言，我们要学习的不仅仅是书本知识，通过体育锻炼使自己可以长久地健康工作，还包括如何具备健康的心理，帮助我们应对必然会遭遇的种种挫折，克服困难，应对压力，处理好自己与他人及整个社会的关系，规划自己的职业生涯。没有健康的心理，我们就无法从容面对这些重要的人生时刻，因而也会有许多缺憾。因此，心理健康对我们每个人的生命、生活来说，自始至终都起着重要的作用，它对我们的影响意义深远。

“心理健康的大学生应具备以下六个特征：① 能乐观、充满希望地面对自己的生活。这是自我一切行为和自身发展的动力。② 能认清自己，了解自己。只有这样，才能在此基础上发展其他的心理素质，才能确定自己是怎样的个体，应怎样发展和完善自我、怎样对待他人。③ 具备抗压能力。生活中的我们必须学会如何面对压力，没有压力便会丧失前进的动力。如果没有良好的心理素质，那么就会在压力面前表现得较为消极，甚至一蹶不振，无法以最好的姿态面对脚下的人生长路。④ 有感恩之心。没有感恩之心的人不会懂得如何关爱他人，更不知道如何感激和回报他人，这样自私冰冷的人生是没有意义的。⑤ 融洽的人际关系。我们以群体而非个体的形式活在这个世界上，与他人建立良好的关系可以帮助自己化解心中的许多困苦与失落，让我们与他人能够彼此扶持、相互关爱。⑥ 对个人生涯有规划。我们的生活要有目标可依，自己有对未来生涯的规划，不仅说明对自身有明确的认识，而且可以促使自己为之奋斗、拼搏，生涯规划是我们人生目标的重要支点。”（某学生分享）

你的观点是什么?

（一）衡量大学生心理健康的标准是什么?

大学生作为我国社会生活中文化层次较高的群体，如果仅仅从身体健康的角度看，他们是处于17—23岁的青年，又是在多次体检合格后入学，从生理上来讲，应该是比较健康的。但是，从科学的健康观出发，特别是从心理健康的角度来分析的话，情况不容乐观。大量的研究及统计资料表明，大学生群体中有相当一部分人心理上存在问题和障碍，有的甚至比较严重。目前，大学生群体的心理障碍发生率呈

上升趋势，已经明显地影响到一部分大学生的智力素质、人格成长及身体健康。全国各地的大量调查表明，大学生群体中存在心理健康问题的人数比例为15%～20%。心理健康教育已经成为大学生成长的必修课。

心理健康问题与日常生活息息相关，大学生的心理健康水平可以通过他们的日常生活、学习、交往、实习等表现出来。我们根据处于青年期的大学生具有的心理特征、大学生特定社会角色的要求以及心理健康学的基本理论，提出了以下七条大学生心理健康的标准，供阅读者参考。

1. 能保持较浓厚的学习兴趣和较强的求知欲望

智力正常是人们进行社会活动的基本心理条件，一般情况下，大学生的智力水平较高。但这并不意味着每门功课都很优秀的人的心理就是健康的，即使一个大学生的某一门功课只获得了六七十分的成绩，但如果他能保持一种比较积极的学习态度，那么其心理也是健康的。心理健康的大学生会珍惜学习机会，求知欲望强烈，能够克服学习中的困难，学习成绩相对比较稳定，可以保持一定的学习效率，而且他们能从学习中体验到满足与快乐。因此，对学习的态度能够反映一个大学生的心理健康水平。

2. 能保持正确的自我意识，接纳自我

自我意识是人格的核心，它指的是人对自身以及自己与周围世界之间所具有的关系的认识和体验。有正确自我意识的大学生能够了解自己，接受自己，自我评价相对客观，他们既不妄自尊大去做自己力所不能及的工作，又不妄自菲薄而甘愿放弃自己可能的发展机会。因此，具有自信乐观的态度，生活目标与自我理想切合实际，不苛求自己，能扬长避短是大学生心理健康的重要标志。

3. 能协调与控制情绪，保持良好的心境

情绪会影响人的身心健康、工作效率和人际关系。所谓协调与控制情绪，就是要让情绪反应适度，变消极情绪为积极情绪。心理健康的大学生能够经常保持愉快、开朗、乐观、满足的心境，对生活和未来充满希望。他们虽然也有悲、忧、哀、愁等消极体验，但能主动调节，同时可以适度表达和控制情绪，做到喜不狂、忧不绝，胜不骄、败不馁。

4. 能保持和谐的人际关系，乐于与人交往

人际关系状况最能体现和反映一个人的心理健康状况。心理健康的大学生乐于与他人交往，能够用尊重、信任、友爱、宽容、理解的态度与他人相处，会分享、接受并给予他人以爱和友谊，与集体保持协调关系，并与他人同心协力、合作共事。一个心理健康的大学生会有许多朋友，包括普通朋友和知心朋友。在交友过程中，他会感受到人生特有的幸福体验：既为能帮助朋友和促进朋友的进步而由衷地高兴，又能从

朋友那里获得鼓励、信任、支持和抚慰而感到欣喜与慰藉。

5. 能保持完整统一的人格品质

人格指个人稳定的心理品质，包括两个方面，即个性倾向性和个性心理特征，这两方面的有机结合，使人格成为一个整体。人格完整指人的气质、能力、性格等个性倾向性和理想、信念、人生观等个性心理特征平衡发展。心理健康的大学生的所思、所做、所言协调一致，他们具有积极进取的人生观，并以此为中心把自身的需要、愿望、目标和行为统一起来。

6. 能保持良好的环境适应能力

环境适应能力包括正确认识环境的能力和处理好个人与环境之间关系的能力。心理健康的大学生在自身周围的环境发生改变时能面对现实，及时对环境做出客观的认识和评价，使个人行为符合新环境的要求；能与社会环境保持良好的接触，对社会现状有清晰的认识；能及时修正自己的需要和愿望，使自己的思想、行为与社会环境协调一致。有的同学进入大学后，只用一两个月的时间就能够适应新环境，但是也有同学在半年甚至一年后还无法完全适应大学的校园生活，究其原因就是不同的人对环境的适应能力差别很大。

7. 心理行为符合年龄特征

每个人在生命发展的不同年龄阶段都有相应的心理行为表现，心理健康的人表现出的认知、情感、意志、行为等都会与其年龄相匹配。心理健康的大学生应该是精力充沛、勤学好问、反应敏捷、乐于探索的，性格过于老成、做事幼稚或者充满依赖的心理行为都是大学生心理不够健康的表现。

（二）影响大学生心理健康的因素有哪些?

心理学研究表明，影响一个人心理健康的因素十分复杂，心理健康状态是生理、心理、环境诸因素共同作用于个体的结果。对大学生来说，他们产生的心理困扰与心理问题是其所处的特殊年龄阶段与特殊生活环境、社会诸因素相互作用的结果。一般而言，影响大学生心理健康的因素可以区分为外在因素和内在因素，每一类因素又包含保护因素和危险因素。

1. 影响大学生心理健康的外在因素

（1）家庭因素

【同伴案例】

他为何会这样?

在他上初三的时候，父母因性格不合离异，从此他就很少见到父亲，渐渐变成一个缺少父爱的人。虽然那个时候他并没有表现得非常沮丧，但父母离异是他的性格发生改变的一个诱因。他在内心中渴望自己能够和父母一起生活，希望自己可以有一个完整的家庭。他的母亲本来就是一个不爱说话的人，由于父亲的离去，母亲经常因为他考试成绩不理想而责骂他。时间一长，他不敢面对自己的真实成绩，经常隐瞒事实，时常编造一些谎言。

心理学研究发现，家庭环境会对人的一生产生重大影响，特别是个体早年形成的人格特征，会对其以后的心理发展影响深远，家庭环境包括家庭内人际关系、父母教养方式、父母人格特征等。对恐惧症、强迫症、焦虑症等神经症患者的早期成长经历与所处的家庭关系进行调查后发现，神经症患者的父母与心理健康个体的父母相比，表现出较少的情感温暖、较多的拒绝态度或者较多的过分保护。儿童在成长早期如果在家庭环境中缺乏信任感和安全感，那么随着心理的发展，他们会逐渐变得难以与他人相处，容易产生心理异常。

存在心理问题的大学生，其父母以过度保护者或过度严厉者居多。前者容易导致大学生存在依赖、被动、胆怯、任性等心理倾向；后者容易导致大学生存在冷漠、盲从、不够灵活和缺乏自尊自信等心理倾向。如果父母的教养方式是溺爱型的，那么子女会出现利己、骄横和情绪不稳定的心理状况；如果父母的教养方式是专制型的，那么子女会出现消极、懦弱和不知所措的心理状况；如果父母之间经常出现意见分歧或互相拆台的现象，那么子女会出现圆滑、讨好、投机、说谎等不良行为。因此，在大学生的各种典型心理问题和心理疾病中，常常可以看到其受家庭影响的痕迹。

（2）学校因素

大学生的主要任务是学习，他们需要在有限的时间内完成繁重的学习任务，因此他们的心理压力是很大的。同时，他们如果对大学学习方式的改变存在一定程度的不适应，就容易影响他们的心理健康。学校因素对大学生心理健康的影响主要表现在四个方面。

① 学习负担过重。对大学生学习时间的调查表明，有相当多的大学生每天的学习时间在10小时以上，而睡眠时间严重不足。学习是一项艰苦的脑力劳动，长期学习负担过重会使大脑过度疲劳，脑皮质活动机能减弱，导致人的注意力、记忆力、思维力、想象力下降而影响学习效率。久而久之，一些大学生就会出现心理问题。学习负担过重与学校课程设置不合理，学生学习贪多求全、自我期望过高，来自家长和外界的压力过大等原因有关。

② 专业选择不当。在高考选择专业时，许多大学生具有一定的盲目性。刚入学

时对大学的专业设置不太了解，导致每个学年结束后都会有一些大学生对所学的专业不满意，觉得该专业不符合自己的兴趣和爱好，从而生出调换专业的念头。一旦调换专业的问题解决不了，个别大学生就容易产生情绪，表现为对学习无兴趣、情绪低落、消极悲观、随意缺课，长此下去，他们的心理矛盾不断强化，容易发生神经衰弱等心理疾病。其实，专业兴趣是可以培养的，大学时所学的专业绝不是一学定终身。即使现在所学的专业确实不能发挥自己的长处，在今后的人生道路上也会有许多选择的机会。

③ 对大学学习不适应。从中学到大学，学习环境改变很大。如在学习方式方面，有的中学教师以讲授为主，大学教师则更加强调培养学生的自学能力。在心理适应方面，有一部分大学生在中学时的学习成绩优异，周围充满赞扬声，他们的心理优越感较强，但进入大学后群英荟萃，如果原本的优势不够突出，就容易产生消极的自我评价，致使情绪低落。

④ 自我管理不当。大学生处在增长知识、保持身体健康的阶段，他们的好奇心强、精力充沛，对业余生活多样化的要求较为迫切。尤其在数智时代，丰富的休闲娱乐常常能够吸引大学生的注意力，一些自我管理能力不强的大学生会由于沉迷网络、依赖网络、网络成瘾而荒废学业，这已经不是个别现象。

（3）社会环境因素

改革开放以来，中国的社会环境发生了巨大的改变。随着社会主义市场经济体制的确立、竞争机制的导入，人们的生活方式、价值观念发生了重大变化。人们的心理活动较以前更为复杂，大量新的社会刺激对人们心理健康的威胁越来越大，心理障碍的发生率逐年升高。

当代大学生处在东西方文化交叉、多种价值观并存的时代，面对不同于以往的文化背景和多种价值选择，大学生常常会感到茫然、疑虑、混乱，在对诸如个人利益与个人主义、个性发展与个性放纵、自我意识与自我中心、享受与享乐等概念的区别上认识模糊。求新求异的心理容易使个别大学生盲目地追求西方文化，而这些文化在许多方面与中国现实社会是相冲突的，这会导致部分大学生容易陷入空虚、混乱、压抑、紧张的状态中，使他们在人生道路的选择上处于两难或多难的境地。长时间的心理失调必然带来心理上的冲突，使得部分大学生出现适应不良的种种反应。

表1-3对影响大学生心理健康的外在因素进行了归纳。

表1-3 影响大学生心理健康的外在因素

维度	保护因素	危险因素
家庭因素	父母与儿女沟通良好 夫妻关系融洽 来自家人的支持 被重视 被肯定 被尊重 邻里关系好	遭受虐待 被忽视 照顾慢性病患者 家庭暴力 家庭冲突 父母分居或离异 父母至少一方患有精神疾病 父母至少一方滥用药物或酒精 经历丧亲之痛 父母过度保护 兄弟姐妹不和
学校因素	学风优良 校园文化积极 师生沟通良好 同学和朋友的支持	校园环境不良 学业失败 同伴冲突 欺凌 恶性竞争 学业压力过大 孤单、寂寞，没有朋友
社会因素	积极的人际交往 社会参与 志愿活动 社会支持网络良好 社会融合 社会宽容度 教育与医疗保障 社会服务完善	低社会阶层 竞争激烈 缺乏教育、住房、医疗条件 贫穷 被歧视 失业率高 社会治安不佳 暴力与犯罪 战争

2. 影响大学生心理健康的内在因素

【同伴案例】

预约的时间刚到，小文就准时出现在学校的心理咨询室里了。“老师，我想谈谈自己在心理上出现的一些问题。我刚上大学时，面对陌生的学习与生活环境，感到有些不习惯，不过我的适应能力还算可以，没有觉得大学校园的环境很生疏，与班级里的同学相处比较融洽，大家对我的印象也不错。可是我总觉得自己的心理压力很大，无论做什么事情都打不起精神，情绪很不稳定。尤其是期末考试的这几天，大家都在认真复习，我就是不想看书，但又觉得心里很难受，看到大家都在努力读书，心里甚至有点痛恨。有时候我也和高中同学说起自己现在的情况，他们会安慰我，大学和高中是不同的，自己不要被他人左右，不要管他人是如何学习的，只要有自己的学习方法就可以了，要尽最大的努力，在原来的基础上提高自己。但是我发现还是难以控制自己的心理和情绪。我经常独自行动，一个人上课、自习、吃饭，觉得这样很自在，不受约束。当然我的性格不孤僻，也会与大家交流，只是习惯了独处。我发现自己还有个不好的习惯，那就是情绪不好的时候会疯狂地吃东西：自己一个人刚在这个食堂吃过饭，又会跑到另一个食堂去吃，然后再到超市买一大堆饼干或者其他零食带回宿舍吃。我觉得这个时候的自己近乎疯狂，不可理喻。我就想把胃撑满，即使疼痛，我也会从中得到快感和满足。我知道不停地吃东西是不对的，但是无法控制自己。我逐渐发现这种发泄方式带来了更多的问题。首先是钱的问题。上个学期，我买的东西不是很贵，加上有些自制力以及买东西的次数也不是太多，希望自己能够改正这样的行为。但是这个学期，我发现不仅没有改变反而变本加厉，表现为：买的东西越来越贵，买东西的次数越来越多，好像东西越贵越多才越刺激，心里才越满足。可是家里的经济状况并不能承受我这样做，我觉得对不起父母，从而产生了自责的心理。但是越这样，我就越想放纵自己。心里好像有两个'我'在作斗争，一个让我恢复理智，另一个让我不停地奢侈和放纵，而我总是屈服于后者……慢慢地，我把精力放在了与学习无关的事情上，这样我的生活、学习、饮食都非常不规律，全部一团糟。这让我对任何事情都没有信心，也许这就是我情绪不稳定、对什么都提不起兴趣的原因吧。我觉得很对不起对我有期望的所有人，包括父母、同学、师长还有我自己，可是我还是很难控制自己的情绪。我觉得好像有两个人格在厮杀。我很害怕，但是不知该如何做……”

大学生正处于青年期，这是人一生中心理发展变化最为激烈的时期。在这段时间内，青年人面临着一系列生理、心理、社会方面的适应课题。处在这一特定发展阶段的大学生，由于心理发展不够成熟，情绪不够稳定，心理冲突和矛盾时有发生，极易出现适应不良，进而产生心理问题。上述案例中的小文在进入大学后面临着环境适应的问题，自我感觉压力大，情绪不够稳定，无法正常学习，常用贪食的方式处理消极情绪，结果陷入了恶性循环之中，于是长期在内疚、自责、挣扎中痛苦地生活。好在小文想改变自己的现状，想在双重人格的“厮杀”中把握自己，所以她主动来到学校的心理咨询中心，寻求专业的心理帮助。

影响大学生心理健康的内在因素可以从生理、心理、行为三个方面来分析。从生理因素看，家族遗传、胎儿时期神经系统受损、大脑内神经递质出现异常、身患疾病等因素使人罹患心理疾病的可能性会增加。但同时也有一些保护因素，如坚持锻炼身体、睡眠充足、生活规律等有助于自身保持身体健康，可减少罹患心理疾病的风险。从心理因素来看，认知、情绪、意志、个性等都与心理健康有关。增强自信、提高情商、改善适应、学习压力应对技能、主动寻求社会支持等有助于提高个体的心理健康水平。问题解决能力、压力应对与管理、正向社会行为和生活技能等行为因素与心理健康有关。表1-4呈现了影响心理健康的内在因素，包括保护因素和危险因素，这些因素在人的一生中始终影响着个体的心理健康水平。

表1-4　影响心理健康的内在因素

内在因素	保护因素	危险因素
生理因素	运动 饮食 健康 足月出生 营养良好 定期锻炼 生活规律	注意缺陷 慢性失眠 慢性疼痛 早产 身体疾病 脑神经问题 营养不良
心理因素	有安全感 自尊 情商高 自主 抗逆力强 适应能力强 冲突管理能力良好	情绪控制欠佳 个性偏颇 工作技能欠佳 社交及沟通有障碍 自我期望过高 适应能力弱 过于内向
行为因素	问题解决能力强 压力应对与管理 正向社会行为 生活技能丰富	药物滥用 遭遇压力事件 长期失眠 冲动

【课堂活动】

分组讨论

全班同学7～8人为一组，各小组确定一名组长。针对下列内容，请每个小组短暂讨论后，形成一个简单的报告并在课堂上进行现场汇报。

报告内容：

1. 请写出一件让你感到烦恼或不知道该怎么办的事情。

2. 请说明对于类似的事情，你的同学是怎么做的。

3. 请说明你认为怎样处理这件事情会更好。

4. 请举出你积极适应大学生活的例子。

5. 请举出一个被动适应新环境的同伴案例，并提出相应的改善建议。

汇报结束后，在报告上签上所有组员的名字后上交任课老师，作为第一讲的考核内容之一。

【拓展阅读】

1. 李红，雷怡. 心理学基础［M］. 2版. 北京：高等教育出版社，2025.

2. 毛志宏，蒋毓新. 大学生心理健康［M］. 西安：陕西师范大学出版总社，2023.

3. 苏文平. 职业生涯规划与就业创业指导［M］. 3版. 北京：中国人民大学出版社，2023.

第2讲

做时间的主人——生活管理与时间管理

【知识导图】

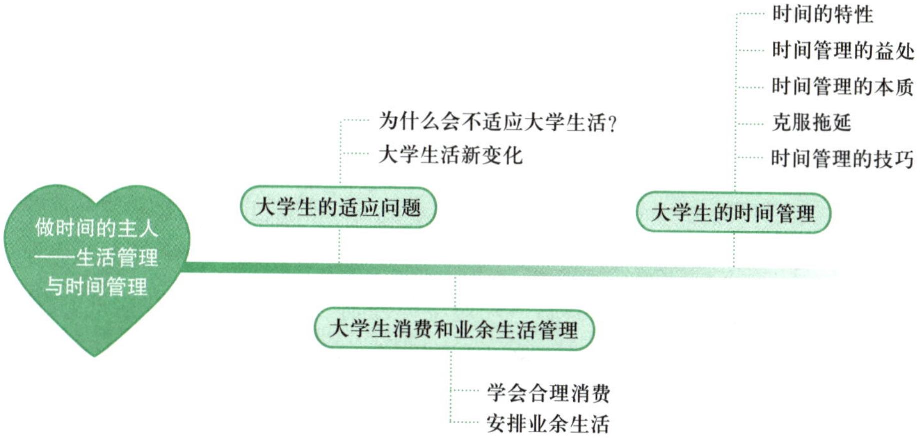

请思考：

1. 你适应大学生活吗？
2. 你是否满意自己对大学生活的安排？
3. 你是否有时间管理的习惯？你善于管理时间吗？

一、大学生的适应问题

大学生活既是大学生成长道路上的新起点，又是他们人生道路上的重大转折点。从中学到大学，由于生活环境、学习内容、理想目标、兴趣爱好、人际关系等方面都发生了很大的变化，大学生容易出现适应不良的现象。

（一）为什么会不适应大学生活?

一般来说，大学生不适应大学生活的原因主要包括六个方面。

1. 自身角色的转变

大学阶段，大学生的自身角色主要有三个方面的转变：一是年龄上，由未成年人向成年人转变；二是生活重心由学习向学习、生活、人际交往等多方平衡转变；三是，由依赖向独立的转变。

2. 生活方面的改变

首先，生活环境发生变化。多数远离家乡到异地就读的大学生需要适应生活环境的变化，包括适应学校当地的气候特点、饮食习惯等。其次，生活方式发生了较大变化。大学生离开家进入大学后，开始集体住宿、一日三餐在食堂就餐的生活，衣食住行方面不再有父母无微不至的呵护和照顾，每个学期的各类生活支出安排都要自己决定，所有事情都要自己全面考虑。这就需要大学生不断学习，努力提高自理能力，逐步学会独立生活。

3. 学习方式的改变

【微视频】你适应大学生活了吗?

在中学阶段，学生的时间几乎都是由教师、家长“精确”地安排，学习方式也几乎完全受制于教师的教学方式和课程安排。到了大学，学生的学习目标不只是考试，学习方法发生了变化，学习内容对自主学习的要求越来越高。

4. 人际交往方式的改变

在中学阶段，学生大多将重心放在学习上，几乎无暇交往，许多学生的人际关系比较单一。进入大学后，由于环境的改变、学习任务的转变、自主时间的增多，以及教师对学生评价标准的多元化，大学生有了更多与人交往的可能性和必要性。大学生来自不同的地方，有着不同的生活习惯，相互之间既有合作又有竞争，因此彼此实现心与心的交流并不容易。一些同学在抱怨他人不对自己敞开心扉的同时，也不愿意主动接近他人，于是产生了人际交往方面的不适应。再加上大学教师很少像中学教师那样经常与学生见面、交流与沟通，因此原有的师生关系模式受到挑战，大学生的心理变得更为复杂。

5. 怀旧情绪的困扰

大学生告别了中学时对自己关怀备至、每日相伴、督促学习的亲人、教师和朋友，面对陌生的一切，他们中的部分人会忍不住开始怀念和留恋中学时光，会想念家乡、亲人、中学教师以及中学时的生活环境。他们的心情如同身处异乡的游子，始终有一种无着无落、空虚和思念的情绪萦绕心头。大学生的思家情绪一般在开学后的二三周内就会集中表现出来，尤其是在外地就读的大学生，应更为明显。这时他们开学初的新鲜感已经衰退，中秋节、国庆节又接踵而至，“每逢佳节倍思亲”，很多同学会格外想念自己的家人和中学时代的朋友，一些同学甚至会经常哭着给家人和朋友打电话；还有不少大学生过分依恋中学的校园、教师、同学，整天沉湎于怀旧之中，对新的大学生活感到排斥、抵触，认为中学时代的一切更好。

6. 发展目标的改变

中学生大都怀揣着美好的大学梦，上大学几乎成为中学生的必经之路。而大学生的主要发展目标是为自己以后适应社会、发展事业做准备。相比中学时期的发展目标，大学阶段的目标具有多样性和自主选择性。

【课堂活动】

比较中学与大学

你觉得从中学到大学有哪些变化？你对大学生活的适应情况如何？请思考并填写表2-1。

表2-1　中学与大学的对比

内容	中学	大学
生活		
学习		
交往		
其他		

（二）大学生活新变化

大学与中学相比，在许多方面存在较大的差别，尤其是在学习方面，大学生要作好及时调整的准备。

大学生学习环境的变化，主要体现在学习方向专业化、学习内容多元化、学习方式自主化、师生关系松散化、人际交往复杂化五个方面。

1. 学习方向专业化

中学阶段主要是基础性教育，突出知识的普及性和理论性，为升入大学做准备。大学要为社会培养具有专业技能的人才，因此大学生的学习方向更加注重专业化和应用性。

2. 学习内容多元化

中学时期开设的课程相对较少，学生对学习内容没有太多的选择余地。而大学的课程开设纷繁复杂，既有基础课，又有专业课，还有各类选修课；大学生不仅要学习专业理论，而且要培养实践能力。

3. 学习方式自主化

大学阶段的学习，教师课堂讲授的时间减少、讲授内容增多、讲授速度加快、讲授主题跨度大，强调启发性、自学式的教学，尤其是大一、大二年级的基础课，教师授课时不一定按照课本内容讲，只是提纲挈领地讲学习思路、学生重点和学习难点。大学时期的学习弹性强、自由空间大，十分强调学生的自主性，这就要求大学生要学会自主学习。

4. 师生关系松散化

中学阶段的师生关系相对比较紧密，中学教师在学习、思想、生活等许多方面和学生交流较多。大学时期的师生关系相对松散,大学教师一般在下课后与学生的交流较少，班主任或辅导员也不一定能够与学生天天见面，班级中的日常工作大多由班干部组织同学完成。

5. 人际交往复杂化

中学时代，学生很少接触社会，他们主要和父母、教师、同学进行人际交往，人际关系相对单纯。到了大学后，学生的人际交往范围发生了很大变化，不仅要与来自不同地区、有着不同习俗的同学交流，而且要与有关部门的教职工沟通。由于要参加各种社团、勤工俭学、教学实践等社会活动，必须与各种各样的人接触，因此大学生的人际关系更为复杂。

二、大学生消费和业余生活管理

独立生活对每一位大学生来说都是一场考验，尤其是消费和业余生活管理。可以说，在大学中，谁先闯过学会独立生活这一关，谁就将先体会到成长的快乐和生活的幸福。

（一）学会合理消费

大学生应该认识到，在自己的读书生涯和生活历程中，父母已经花费了许多的金钱和精力，这是他们对孩子的爱，我们应该珍惜。在保证自己有足够的学习和生活经济条件之后，大学生要秉持勤俭节约的美德，如果自己可以节省一点，那么父母的负担就可以减轻一点。挥霍父母的劳动所得，以满足自己的虚荣心，这对大学生来说并不是光彩的事情。

大学生的消费误区主要表现在：

① 追求名牌。在日常生活中，有些大学生追求衣物、用品都要来自名牌，否则便觉得自己“掉价”，在同学朋友面前抬不起头。为此，他们不考虑自己的家庭条件，哪怕“打肿脸充胖子”，也要逼迫父母满足自己的要求。

② 盲目从众。这实际上是大学生的一种盲目从众心理，表现为社会上流行什么，自己也追求什么。如：看到他人穿某种式样的衣服，自己非要买一件；看到他人有某种行为，自己一定要模仿；等等。从众心理发生在大学生身上并不奇怪，因为大学生主要生活在集体之中，自然会受集体中其他人的影响。但是在这种从众心理的支配下，大学生的消费行为常常会出现浪费现象。

③ 过早地受社会风气的影响。社会上礼尚往来等风气会影响大学生的消费观。在当前的大学氛围中，同学之间的礼尚往来现象已较为普遍，在遇到生日、节日时，同学之间互赠礼物的行为很常见，但礼物越来越高级，甚至有一部分大学生会到高档饭店中摆酒席宴客。对没有太多经济来源的大学生而言，这种消费行为明显是不合适的。

大学生在求学的过程中，已经产生了一笔不小的花费，对一些经济较为困难的家庭来说，这种礼尚往来给父母增加了不小的负担。在这种情况下，大学生应该树立正确的消费观念，避免自己受到不良潮流的影响。大学生应量力而行，根据家庭情况设定每月的支出上限，保证基本的生活开支，社交性支出从简，避免奢侈品消费。

【课堂活动】

消 费 能 力

在消费方面你有困惑吗？你有什么好的消费招数，请写下来与大家分享。

我的困惑是：________________________________。

我的经验是：________________________________。

（二）安排业余生活

大学阶段是人生最美好的阶段之一，是从学生过渡到成人的关键时期，大学校园也是大学生实现自我价值的理想场所。进入大学校园后，学生有充足的课余时间，据有关部门统计：除每天8小时的睡眠时间外，以每周40节课，每节课45分钟计算，大学生每周的上课时间为1 800分钟，而课余时间为4 920分钟，几乎是上课时间的3倍。那么，大学生怎样才能较好地安排自己的课余时间呢？

【课堂活动】

业余生活论坛

全班分小组活动，每4人一组，讨论2～3分钟，回答下列问题：

1. 进入大学后，你的业余生活有哪些内容？

2. 你对自己目前的业余生活状态满意吗？你觉得你和周围同学的业余生活有哪些不够理想的地方？

3. 怎样丰富自己的业余生活？

1. 志愿活动

参与志愿活动，可以看作大学生的一种归属需要。大学生的日常生活主要被上课、考试占据，参与社会活动的时间与机会非常有限，但他们内心有着融入社会的强烈愿望。被包容在这样的期望下的大学生，其归属需要满足的程度一定会比其他机会下归属需要满足的程度大。

2. 学生社团活动

高校的学生社团是指由具有某方面共同兴趣爱好的大学生自发成立、为实现成员的共同愿望而开展活动的学生组织，这是大学生进行自我教育、自我管理、自我服务的有效形式。

从目前高等学校社团发展的现状来看，学生社团大致可以分为以下七种类型：理论学习类、学术科技类、社会实践类、文娱体育类、兴趣爱好类、志愿服务类、综合类。

通过参加社团活动，大学生可以提高自身综合素质、锻炼自身能力、培养个人爱好、完善自我发展。我国实行弹性学制、完全学分制等现代高等教育制度以后，以班级为单位的大学教育管理模式淡化，而以共同的兴趣爱好为基础，以学生的自治管理为运行模式的各种学生社团，正在成为大学生历练自身品质、拓展综合素质的重要途径。因此，适应社会的需要，发展个人多方面的才能，成为当前在校大学生的迫切需要，而学生社团为实现他们的这一需要提供了平台。

三、大学生的时间管理

一个人能够成功，有效的时间管理是关键因素。当学生进入大学以后，会发现自己的“时间多了很多”，这正是高校生活与中学生活之间的巨大差别。因此，大学生需要学会自己安排时间、计划时间、管理时间，学做自己时间的主人！

【课堂活动】

我的时间银行

假设每天都有86 400元进入你的银行账户，而你必须当天就全部用掉这些钱，否则余额就会自动消失。每个人可能会有不同的用法和规划，请问：你会怎么运用这笔钱？你有哪些计划与想法？请将前五个写下来。

1. ______________________________。
2. ______________________________。
3. ______________________________。
4. ______________________________。
5. ______________________________。

其实，我们每个人真的有这样一个账户，那就是“时间”。每个人的每一天都是24小时，1 440分钟，86 400秒。时间对人生来说，是具有特别意义的资产。

（一）时间的特性

人生是由时间组成的，时间是人们最宝贵的财产。

1. 时间的一维性

一维性是时间最基本的特征。时间之所以珍贵就是它是一种不可再生的资源，时间过去了之后就不可能再挽回。我们只能从昨日到今日，今日结束后就不可能重来，因此我们只能在时间中前进，不能回头。

时间总是沿着过去—现在—未来这个方向前进，人们对它的度量只能在一个单线上进行。时间不可替代，不可购买，不可储存，不可增减，并且一去不复返。一小时60分钟，一分钟60秒，时间对每个人都是公平的，也是毫无弹性的。无论你用什么办法，时间都无法失而复得。

2. 时间的有限性和无限性

时间的另一个重要特征是它的有限性和无限性。

对每一个具体事物来说，时间是有限的：人生有限，青春有限，事物产生的历史有限（如地球形成至今约45.5亿年），一天24小时有限，一年365天有限……

对整个宇宙来说，时间又是无限的，因为它无始无终。整个物质世界是无限的，时空是其基本属性，因而只要物质世界存在，那么时空就存在，时间就具有无限性。从理论上讲，一个有限的时间段可以被无限分割，如同一个有限的线段包含着无限个点，这一个个的点就可以看作时间，即有限的时间中仍然包含着无限更小单位的时间。而且，人们对有限时间的利用也是无限的。自然界中的万物都是无限时间中的有限存在物，但只有人能自觉意识到自身时间的这种有限性。人正是因为自己处在这种时间无限与有限的矛盾之中，所以不愿自己在无限的时间长河中随波逐流，而把注意力放到对有限时间的利用上，以探索提高时间效率的正确途径，充分利用有限的生存时间使自己获得尽可能大的发展，即有限的时间可以被无限地加以利用。

（二）时间管理的益处

所谓“时间管理”，就是在充分认识时间性质和价值的基础上，科学、合理、有效地利用时间资源，以获得最大的效益。时间管理不是去管理时间，而是管理与时间息息相关的我们自身的行为，因为是我们在选择怎样使用时间。

【微视频】时间管理知多少?

任何人在任何时候、任何情境下都在与时间打交道，虽然时间看不见，摸不着，但却是最实际、最实在的。因此，合理地开发、利用时间有着巨大的价值。每个人每天都有24小时，但是时间在每个人手里的价值并不相同，产生的效益也大相径庭，这就是人们在时间管理上的差异。

具体而言，如果一个人善于管理时间，那么他将获得以下五个益处：

- 提高效用和效率，使人们在工作、家庭生活及个人爱好方面获得更多的成果。工作效率提高，意味着我们将拥有更多可以自主使用的时间，以及一种协调的生活状态，可以更加全面地发展自己。

- 增加工作的愉悦感——假如我们能够熟练地安排工作，而不是让工作操纵自己，便会对工作感到愉快，容易在工作中抓住重点，更好地应对各种干扰，避免办事拖延，有利于提高会议效率，发展优秀的团队精神等。

- 减轻学习压力，使我们得到更多休息的机会，获得更加充沛的精力，为自己将来短期计划和长期计划的完成赢得更大的可能性，为此个体也会变得更加自律。

♥ 使学习和生活更加系统、有条理、有成效。显然，如果我们能够腾出时间思考，创造力就会得到更好发挥。有效的时间管理还会使个体获得更加明确的努力方向，拥有更多的动力去实现自己的目标，从而实现成功。

♥ 给他人带来好处。例如，提升团队效率与协作、减少紧急求助、改善人际关系、创造积极的环境（树立榜样、降低群体压力）、支持他人成长，推动他人优化时间管理，使他人有效地完成工作，进而推动整个社会提高效率。

【课堂活动】

你的时间管理是否有不妥之处？

1. 你是否想在某一节课同时完成几个学科的作业，虽然自己边听课边做其他学科的作业，但这似乎是无法完成的？

2. 你是否因顾虑其他的杂事而无法集中精力来做目前该做的事？

3. 如果你的学习计划被一些突发事件打断，那么你是否觉得这是可以被原谅的而不必找时间弥补回来？

4. 你是否经常觉得一天下来身心俱疲却又好像没学到什么？

5. 你是否觉得自己总是没有什么时间做运动？

6. 你是否觉得自己总是没时间做一些喜欢的事，哪怕只是摆弄一下喜欢的花草也没空？

以上问题中，如果有两个答案为“是”，你的时间管理就有欠缺之处，需要重新审视并进行优化。

让我们来看看法国作家巴尔扎克的时间表：

8：00—17：00，除早、午餐外，校对、修改作品清样。

17：00—20：00，晚餐之后外出办理出版事务，或走访友人，或进古玩店过把瘾——寻求一件珍贵的摆设或一幅古画。

0：00—8：00，写作，0点准时起床，一直写到天亮。

正是由于巴尔扎克的目标明确，并为此安排了紧凑的工作日程，才促使他能在自己短暂的人生中完成了96部小说，并将其组合成了流芳后世的鸿篇巨制《人间喜剧》。

【课堂活动】

时间使用调查

1. 你一天中最有效的时间段是什么时候？

2. 你一周中最有效的一天是星期几？

3. 你睡眠最有效的时间是什么时候?
4. 你每天读书、工作花费的时间是多少?
5. 你每天会浪费多少时间? 这些时间在做什么?
6. 如果每天有额外的两个小时的时间，你会用来做些什么?
7. 在过去一年中，你曾用至少一个星期的时间来记录自己的时间使用状况吗?
8. 你是否有过根据事情的紧迫性与重要性对其进行分类?
9. 你是否总有时间做最重要的事情?
10. 你能够按照计划在预定的时间内完成工作吗?

（三）时间管理的本质

我们管理的其实不是时间而是人生的目标，如果一个人没有目标，那么他的时间花在哪里都无所谓。对时间管理来说，设定明确的目标非常重要。

1. 确立目标的意义

确立目标是人们进行时间管理的基本要素。确立目标，就是确定自己的人生方向，预见自己经过努力争取达到的所希望的未来。一个人只有自己的目标足够明确，才能够全力以赴。

对时间管理者来说，如果没有明确的目标，那么就会弄不清自己到底需要什么，不能确定哪些任务重要以及完成这些任务的先后顺序，不能控制事情发展的进程，不能用结果公正地评价为做事所用去的时间，这样就会白白地把时间消耗掉，而自己却一事无成。只有自己明确了目标，才能最大限度地节约时间。

一般情况下，人们不愿为自己设定目标的原因有以下三点：① 恐惧，担心万一达不到目标所设定的结果，会产生失败感；② 自己没有设定目标的意愿，每天只要过得开心就可以了；③ 误将行动当作成就，每天忙来忙去，好像很有成就感。但其实行动不等于成就，行动有结果了才算有成就，所以行动之前一定要确立明确的目标。人生的道路，存在着时间与价值的对应关系。有目标，一分一秒都是成功的记录；没有目标，一分一秒都是生命的流逝。所以，确立目标对实现时间管理极为重要。

2. 确立目标的原则

- 目标的现实性（符合社会现实需要，切合实际）。
- 目标的可行性（具备达到目标的条件）。
- 目标的可衡量性（易于看到对目标的进展和实现）。
- 目标的限时性（为实现目标采取行动的时限，时间管理尤为重要）。

- 目标的具体性（明确、清晰，如“我想考上××院校的硕士研究生”等）。
- 设定时间计划表（便于推动和执行目标）。

3. 目标设定的步骤

对一个人来说，目标是多层次的，既有总体目标，又有为达到总体目标而设立的一个个子目标；目标，是分阶段的，既有长远目标，又有为实现长远目标而设立的一个个阶段目标，如中期目标、近期目标等。对自己的目标进行分解后，有利于总体目标和长远目标的最终实现。而且，一个个近期目标的实现，会给人以最终必定实现总体目标的信心和力量。

在此基础上，我们可以按照以下六个步骤设定目标：

- 消除恐惧心理，不要担心失败，确定目标是必须要做的事。
- 认同每个人一定要有“设定目标”的想法。
- 设定明确的目标。
- 坚持自己的目标，如果自身任由挫折和打击所摆布而放弃，那么永远达不到预定的目标。
- 制订日程表。
- 确实做，马上做。

【课堂活动】

学期计划（根据目标管理时间）

根据目标管理时间的原则，制订你本学期的计划，具体见表2-2。

表2-2 本学期的计划及具体安排

我想达成的重要目标	预定完成日期	为了达成目标必须完成的事
1		
2		
3		
4		
5		

（四）克服拖延

进行有效时间管理的敌人之一是拖延，因此克服办事拖延的行为将会使大学生终身受益。

有许多人常以“商量商量再说”“等等再做”“今天没空，下周再说”等为借口，把自己应该及时做的事一拖再拖，这是一种浪费时间的不良习惯，是时间管理的敌人。

【同伴案例】

我发现自己做事很拖延。例如，放假的时候，我因为迟到而错过了登机时间；作为一名大学生，几乎每节早课我都会迟到；每次都是到需要交作业的前一天，我才开始赶作业；平时只有在饿得实在受不了的时候，我才会去吃饭……通常我都会把这些琐事当作笑话讲给身边的人听，但是我知道这些事件的本质并不滑稽。我在网络社区上看到过很多关于拖延症的帖子，对照自己的情况，我觉得自己应该是有慢性拖延症的人。每次发生拖延情况的时候，我都会一边内心感到愧疚，一边继续拖延下去，结果越拖延越难受，越难受越拖延。我逐渐开始反思自己总是到最后一刻才去做其实早就该做的事情的原因。

拖延会产生较大危害。拖延的人总是生活在自己应做而未做的工作压力下，导致情绪焦虑不安，心情总是不愉快。拖延并不会使自己节省时间和精力，当事情拖到最后不能再拖时，人们往往会为了完成工作而心力交瘁，这样不仅不能较有质量地完成任务，而且会白白浪费许多宝贵的时间。因此，拖延实际上让人们付出了更大的代价。除此之外，拖延还会造成任务的堆积，给工作带来损失。

产生拖延的原因，一是拖延者对自己缺乏信心，害怕失败，拖延可以使自己暂时解脱内心深处的恐惧感，事情往后拖延了，就不用立刻面对失败了；二是因为自己不喜欢这项工作，在这项工作中感到不愉快，总想把它拖延到“以后”，然而这并不会使自己不喜欢、不愉快的工作变得受欢迎；三是追求完美的心理，即总想把事情做得十全十美，会因为担心自己无法做得完美，或当没有足够的时间把事情做到完美时，就会将它拖延，最后获得的结果往往并不完美，甚至会发现对某个问题最终的解决办法还不如按最初的解决办法效果更好。实际上，追求十全十美是不现实的，它只会带来增加心理压力、浪费时间的消极结果。

所以，做事时要增强自信心，不怕失败，学会“早做行动”；要迅速行动去完成不喜欢、不愉快的工作；以追求切合实际的优秀来代替追求完美，是我们克服“拖延”心态要做到的。

（五）时间管理的技巧

1. 制订合理的时间计划表

写出你的渴望、目标及梦想，每天至少大声念两次，有助于将其融入自己的潜意识中。

确立了目标后，要依此制订时间计划表。有人认为这是“多此一举”“浪费时间”，然而“磨刀不误砍柴工”，合理的计划不仅不会浪费时间，反而有助于节省大量时间。

制订时间计划表时应具体、细致，因为太过粗糙的计划等于没有计划；计划要有完成每项任务的最后期限，这样可使自己集中精力去行动；制订计划表时要留出机动时间，以应对突发事件；公开自己制订的时间计划表，可以展示自己的决心，也可以得到更多的帮助；对制订的时间计划表要适时进行检查和评估，使计划能够按时按质完成，以保证各阶段目标和整体目标的最终实现。

制作一份可行的待办计划表并身体力行，每晚在熄灯前自己要制订好第二天的工作计划。计划表应简单明了，并且要定期检查，最好每天早上起床后先查看计划表，这样就不会“忘记”自己这一天将要做的事了。要注意的是，应当在每个计划项目旁标注好日期与时间，同时不要忘记制订长期时间计划表。

2. 勿轻言放弃

非常浪费时间的一件事是过早地放弃自己的计划。人们经常在做完90%的工作后，放弃可以让他们成功的最后10%的工作。这不但丢掉了自己开始的努力，而且丧失了经由最后的坚持而发现宝藏的喜悦。如果科学家没有坚忍不拔的毅力，放弃了自己坚持数百次的试验，那么许多发明创造也不会问世了……

1922年冬天，探险家卡特几乎放弃了自己可以找到法老王坟墓的希望，他的赞助者也即将取消赞助。他在自传中写道：

“这将是我们待在山谷中的最后一季，我们已经挖掘了整整六季，春去秋来毫无收获。我们一鼓作气地工作了好几个月却没有什么发现，只有挖掘者才能体会到这种彻底的绝望感；我们几乎已经认定自己被打败了，准备离开山谷到其他的地方去碰碰运气。然而，要不是最后垂死地努力一锤，我们永远也不会发现这远超出我们梦想所及的宝藏。”

正是再坚持一下、不轻言放弃的信念，使得卡特最终发现了近代唯一一个完整出土的法老王坟墓。

3. 学会拒绝

生活中常常会有各种各样意料之外的人和事，可能会干扰自己的计划。因此，时间管理者应当学会适时说“不”，懂得拒绝的艺术，以保证自己人生规划的实现。

时间管理专家会尽量避免浪费自己时间的会议、约会及社交活动。但如果是必须参加的例行活动，他们却无法逃避。他们会尽量想办法改善，一旦自己可以不参加就会尽可能地请他人代替。假如有朋友请你接手一个计划，但是你已经负荷过多或者对计划并不感兴趣，许多优秀的时间管理专家会有如下的反应：“抱歉，我现在没有办法帮你。”

不要让其他人浪费自己的时间，不要接手任何人想要抛给你的问题或责任。如果你全盘接受了所有找上门的问题，那么你的生活将会变成一场噩梦。许多人要花费几天、几个月甚至几年的时间来处理他们从其他人那里接过来的“烫手山芋”。因此，如果你珍惜自己的时间，那么要学会适时说“不”。

关于如何拒绝，这里有九个注意事项可以供大家参考：

- 耐心倾听他人要求；
- 如果自己无法当场决定接纳或拒绝对方，那么要清楚明白地告诉对方你仍需要时间进行考虑；
- 表达自己已经慎重考虑过对方的请求，并充分了解其重要性；
- 拒绝时应和颜悦色；
- 拒绝时态度要坚定；
- 最好能对请托者说出自己拒绝的理由；
- 要表明自己拒绝的是对方的请求，而不是对方本人；
- 可为其提供其他可行的途径；
- 切忌通过第三者拒绝对方的请求。

4. 巧用生物钟

如果你能找出自己一天之中何时效率最高，那么就用这段时间去处理最重要、最难做的工作，这将会为你节约时间，提高效率。

有专家发现，对一般人而言，上午时间的后半段和晚上时间的中间段是人们精神状态最佳的时段。中午之后，人们开始产生睡意；14：00—15：00，人们的工作效率达到了“谷底”。有专家建议，人们要利用一天中的高效时段去处理棘手的工作和从事创造性的思考，而低效时段可用于读报纸或整理信件等。巧用生物钟，我们就可以用较少的时间做更多的事情。

实际生活中，我们常常可以看到三种有着不同思维效率曲线用脑的人。

（1）百灵鸟型

这种类型的人在一天的清晨和上午精神焕发，朝气蓬勃，记忆和创造的效率提高，而在晚上到了一定的时段，他们大脑的工作效率就降低了。英国小说家司各特即是此种类型的人。他说："我的一生证明，睡醒和起床之间的半小时，非常适于我创造性地进行工作。期待的想法，总是在我一睁眼的时候大量涌现。"如果你属于早上起床后精力充沛，做事效率较高的类型，那么你可能是百灵鸟型的人，可以考虑将最困难和最重要的工作放在早上来完成。

（2）猫头鹰型

这种类型的人就像昼伏夜出的猫头鹰一样，白天无精打采，一到晚上，就变得神采奕奕，高度兴奋，思维活跃，工作效率极高。鲁迅先生常写作到深夜，有一次竟让梁上君子都等得不耐烦，只好空手而返。有的作家也会因此就把自己的作品命名为《灯下集》《月下集》《燕山夜话》等。如果你晚上感到特别兴奋，做事效率高，那你很可能是猫头鹰型的人，可以考虑利用晚上的时间处理一些能够带回家的棘手问题或进行一天的重大构思。

（3）混合型

除前两种类型的人外，还有一种人随时都可以进行工作和创造，他们全天的用脑效率都差不多，没有白天、黑夜之分，可称为"混合型"。他们在一天之中的效率高低划分得不是非常明确，而中午常常要短暂地休息一会儿。

了解自己是何种思维效率曲线用脑的人，就是要将最重要的任务放在自己工作效率最高的时段来完成，这将是节约时间、提高效率的良好方法。

5. 找出隐藏的时间

时间效率专家阿列斯·伯雷认为，一天的时间就像大旅行箱一样，只要知道装东西的方法，就可以装两箱之多的物品：开始时不要把东西放到箱子的正中间，而是不留缝隙地往四个角和箱子的边缘填充，最后再向旅行箱的中间填。如果毫不浪费地使用了零碎的时间，你就可以把一天当作两天用。这是一个非常好的建议，如果你每天能利用30分钟的零碎时间，一年累计下来就可达一周，这是很可观的。那么，这些可能被找出来的"隐藏"的时间在哪里呢？

- 过渡时间。如早上可以边洗脸边听广播，或在房间内放一些报纸杂志，可以随手拿来翻阅。

- 旅途时间。在旅途中，可以收听广播或背诵外语单词，也可以打腹稿，反省昨天的工作或计划明天的行动。著名的未来学家赫尔曼·卡斯就特别喜欢在旅途中看书，他无论走到哪里，都终日与书为伴。

- 等待时间。办事、约会、排队时的等待时间都可以加以利用，如听广播、看报纸、读书、算账、作计划、整理备忘录等，或是思考问题，观察周围有趣的事情，做几次深呼吸、伸展身体等简单的放松练习。

❤ 睡眠时间。一般成人的睡眠时间为6～8小时。你可以试着每天少睡半个小时，坚持一段时间适应这种新情况。如果身体能适应，精力也不减弱的话，那么一年之内，你就可以节省出一周多的时间。除此之外，午休时间最好不要超过45分钟，小憩15～30分钟可以让人精神倍增。早上醒来之后不要赖床，否则会失去许多宝贵的时间，这样每天可节省出20～50分钟。

❤ 多出来的每一分钟。抓住每天多出来的时间，去实现自己所确立的重要人生目标。如你想学好一门外语，可以“见缝插针”地背几个单词。

【课堂活动】

找出隐藏的时间

想一想：

1. 你在路途中可以做什么？

____

____

2. 你在排队时可以做什么？

____

____

3. 请在表2-3中记录日常事务所花费的时间。

表2-3　日常事务所花费的时间

日常事务	每天花费时间	每周花费时间	备注
睡眠（包括午睡）			
吃饭（每日三餐）			
个人卫生（洗漱、洗衣、洗澡等）			
上课			
自习和作业			
上网、刷手机			
阅读报纸、杂志			
运动锻炼			
娱乐（看电视等）			
社团和社会活动			

续表

日常事务	每天花费时间	每周花费时间	备注
朋友聚会（聊天等）			
打电话、发微信			
其他			
总计	24小时	168小时	

你的发现是：______

6. 分清任务的轻重缓急

事情重要或不重要是相对目标而言的，某件事情是否可以为实现目标创造条件，某件事情是否有助于预防危机的出现。效率和效果是相互联系的，注重效率可以让我们更快地朝着目标迈进，注重效果可以使我们能够确定自己会朝着目标坚实地迈进。在时间管理中，我们可以按照图2-1所示的坐标图来加深理解重要、紧急的任务。

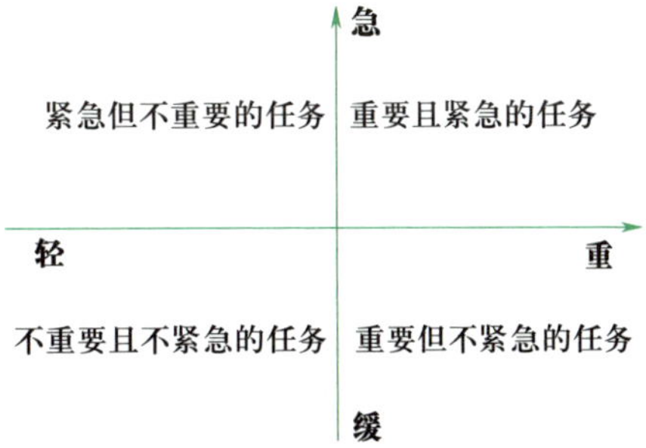

图2-1　时间管理坐标体系

如图2-2所示，以圆代表每天的24小时，圆内的每个小格表示1小时。请根据你在表2-3中记录的平均活动状况，将自己各类活动所花费的时间按比例在“目前的时间馅饼”上（左边的圆）画出。然后想一想你个人期望的时间安排是什么样子的，并将其画在“理想的时间馅饼”（右边的圆）上。将它们进行比较，看看可以进行哪些改变，使自己对时间的利用更加有效。

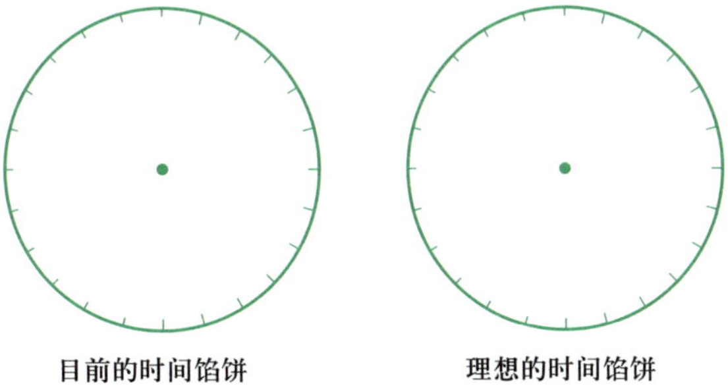

图2-2　时间馅饼

与生命赛跑的是时间，与时间赛跑的是自己！放弃时间的人，时间也会放弃他。如果你不珍惜时间，那么时间也不会珍惜你。未来的挑战就在今天，生命只有一次，生命中的每一天都不容错过。为了明天，请珍惜今天！

【拓展阅读】

1. 刘志则，白杨. 时间管理［M］. 北京：台海出版社，2019.

2. BRENT. 时间管理从入门到精通：如何击败99%的人［M］. 北京：北京大学出版社，2017.

3. 姚讲. 时间管理：成为效率高手的98个工具和策略［M］. 北京：中国纺织出版社，2023.

第3讲

接纳真实的自己——自我概念及其调适

【知识导图】

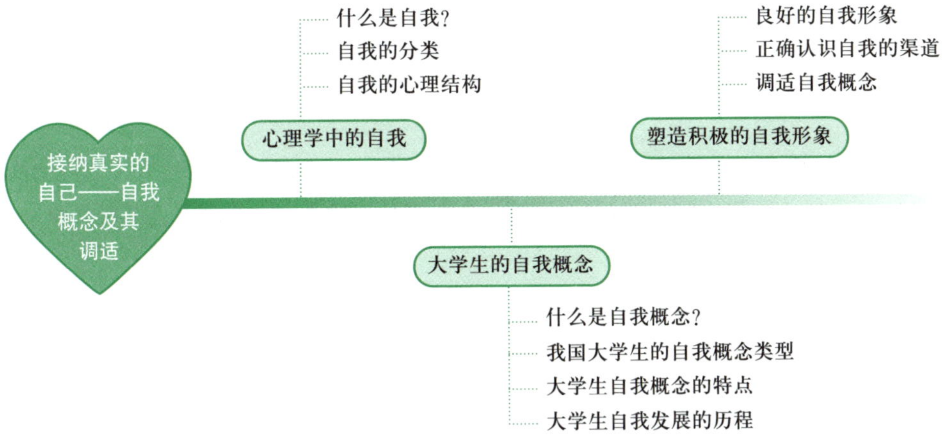

请思考:

1. 我是谁?
2. 我最欣赏自己的哪些方面?
3. 我的自我概念有什么特点?
4. 如何塑造积极的自我形象?

一、心理学中的自我

【微视频】我是谁？

【课堂活动】

照 镜 子

“我是谁？”“我是一个怎样的人？”“我喜欢自己吗？”你思考过诸如此类的问题吗？无论你以前是否想过，现在我们会提供一面“镜子”，带领你对自己进行探索，具体做法如下。

1. 照一照：请调整你的坐姿，选择最舒服的姿态，闭上眼睛，放松身体，深深吸一口气，慢慢地呼出，然后开始想象在你的面前有一面明亮的镜子，你清楚地看见了镜中的自己后，在心里问：这是怎样的一个人？……慢慢地，你看得很清楚，越来越清楚……（2分钟后）睁开眼睛，在下面的横线上写下你所“看到”的自己。

____

____

2. 读一读：请将自己写下的内容大声地读出来，读给你的同学或朋友听。声音越大越好。

3. 看一看：

我希望改变的有：____。

我必须接受的有：____。

4. 如果是和同学一起做这个活动，那么请和同学分享参与练习的感受。

在课堂活动中，“我看到同学”中的“我”是第一人称，是“我”在看。照镜子时“我所‘看到’的自己”有两个自我，“我”仍然在看，而“我”看到的是“自己”。

“自我”在19世纪以前是哲学家探讨的主要话题，现在的心理学研究越来越关注这个概念。美国心理学家詹姆斯最早认识到“自我”的二元性，那么，“自我”是怎么一回事呢？

（一）什么是自我？

英文单词*self*和*ego*都可以翻译为“自我”，但在心理学中，二者所指代的却是不同的“自我”意义。*self*是指认识、行动的主体，是由生物性、社会性以及自我意识诸因素构成的有机统一体，分为主我和客我，主要受后天和社会环境的影响。*ego*是弗洛伊德提出的概念，是从本我（id）分化而来的，是保证个人适应环境、健康成长、取得个人自我意识统一的根源，主要由先天遗传因素决定。本讲中的“自我”侧重前者。

“自我”一词最早可以追溯至19世纪末，1890年，詹姆斯在《心理学原理》一书中首次提出“自我”的概念。他将“自我”划分为主体自我（I）和客体自我（me），主体自我是指个体的纯粹经验，客体自我是指个体经验的内容。基于此种划分方式，你可能会认为，主体自我似乎与人们所有的心理过程（如感觉、知觉、思维）有关，实际上是我们对这些心理过程的主观意识（而不是这些心理过程本身）构成了主体自我，所以主体自我又称自我意识。客体自我是我们对自己是谁以及自己是什么样的人的想法，是被认知的我、被经验的我，是对自己在社会中所处地位、承担责任、扮演角色等的自我认识。

（二）自我的分类

由于研究角度和理论基础的差异，心理学界提出了形式各异的“自我”的类型。

1. 主体自我和客体自我

客体自我分为物质自我、社会自我和精神自我等不同的层次。其中，物质自我是基础，社会自我高于物质自我，精神自我处于最高层。

米德等人在对上述自我结构进行了深入研究后，对主体自我和客体自我的关系进行了论述。米德说：人类与动物不同，就在于人类有自我。米德所用的“自我”主要强调：人类会针对自己采取“行动”，就像我们针对另外一个人一样。在“行动”中，我们在与“自我”交流，即与一个内在的“人”交流，和我们与另外一个人交流一样。这是人类意识最重要的、独一无二的特征。①米德认为，客体自我是自我意识的对象，它通过接受他人对自己的有组织的态度系统而形成；主体自我是自我的动力部分，是自我活动的过程，虽然它在客体自我的框架范围内活动，但它具有前瞻性，可使人超出现有客体自我的框架，使个体行为具有自由性、创造性与新异性。

【微视频】如何更全面地认识自我?

2. 现实自我、理想自我和投射自我

【同伴案例】

矛盾的我

我是一个真正意义上的矛盾体，经常感到身体里有两个“我”在进行斗争：一个“我”健康活泼、积极向上、懂事孝顺、控制能力强、做事有计划、效率高；另一个“我”强迫性暴饮暴食、消极悲观、怨天尤人、毫无自制力，在自我折磨中浪费时间、挥霍金钱。一个“我”喊：“停！你不能再继续堕落下去了！”另一个“我”说：“唉，反正都已经这样了，何必和自己过不去呢？”于是我自身处在痛苦的挣扎中。大多数情况下，我会被那个放任的“我”俘虏，不停地放纵自己。但有

---

① 波普诺. 社会学：第11版［M］. 李强，等译. 北京：中国人民大学出版社，2007：131.

的时候，这个魔鬼般的“我”会暂时离开，理智的“我”开始回想自己做过的一切，会产生一种毛骨悚然和陌生的感觉，我经常问自己：“这还是我吗？我怎么会变成这样？”总是保证：“这是最后一次了。从明天开始，我一定远离这个毛病。”可是，我会一次又一次地让自己失望，我在自己心中的形象也渐渐地跌到了谷底。

自我可以分为现实自我、理想自我和投射自我三种类型。现实自我是个体从自身的立场出发，对自己实际状况的看法，它是个体对自己现实的观感。如上述“同伴案例”中的同学说：“另一个‘我’强迫性暴饮暴食、消极悲观、怨天尤人、毫无自制力，在自我折磨中浪费时间、挥霍金钱。”理想自我是个体想要拥有的完善的形象，是个体所追求的目标，它引导个体达成理想中的个人自我。如上述“同伴案例”中的同学说：“一个‘我’健康活泼、积极向上、懂事孝顺、控制能力强、做事有计划、效率高。”投射自我是个体想象自己在他人心目中的形象，想象他人对自己的评价，以及由此而产生的自我感。

现实自我和投射自我之间往往存在着距离。当两者的距离加大时，个体便会感到自己不为他人所了解。现实自我与理想自我也不一定是一致的。理想自我虽非现实自我，但它对个体的认识、情绪和行为的影响很大，是个体行为的动力和参照系。这三种类型的自我之间可能彼此会存在差距和冲突，个体的某些心理问题也会因此而产生。

3. 生理自我、社会自我和心理自我

我国心理学家提出了自我意识发展的三阶段模式，即生理自我、社会自我和心理自我三个发展时期。

（1）生理自我

个体刚出生时并不能区分自我和非自我的东西，处于主客体未分化的状态；婴儿在七八个月时开始出现自我意识的萌芽，即能意识到自己的身体，当听到自己的名字时会做出明确的反应；2岁左右的儿童开始掌握第一人称“我”的使用，这在自我意识的形成过程中是一个飞跃；3岁左右的儿童开始出现羞耻感、占有心，做事情会要求“我自己来”，其自我意识强调自主性。3岁以前，幼儿的行为是一种以自我为中心的行为，即以自己的身体为中心，用自己的想法和情感来认识和投射外部世界。因此，这一时期的自我意识被认为处于“生理自我”的时期，也有人称为自我中心期，它是自我意识最原始的形态。

（2）社会自我

3岁到青春期是个体接受社会教化影响最深的时期，也是自我角色学习的重要时期。儿童在幼儿园、小学、中学接受教育，通过在游戏、学习、劳动等活动中不断进行练习、模仿和认同，逐渐习得社会规范，形成各种角色观念，如性别角色、家庭角

色、同伴角色等，并能有意识地调节和控制自己的行为，其道德意识也在不断发展。虽然这时青少年开始积极关注自己的内部世界，但他们还是会主要依据他人的观点去评价事物、认识外部世界，对自己的认识也常常服从于权威或同伴的评价。因此，这一时期个体自我意识的发展被称为“社会自我”发展阶段，也称“客观化”时期。

（3）心理自我

从青春期开始到青年后期（25岁左右），是自我意识发展的关键期。其间，自我意识经过分化、矛盾、统一后趋于成熟。此时个体开始清晰地意识到自我的内心世界，关注自身的内在体验，喜欢用自己的眼光和观点去认识和评价外部世界，开始有明确的价值探索和追求，强烈要求独立，产生了自我塑造、自我教育的紧迫感和实现自我目标的驱动力。[①]这一时期称为“心理自我”发展时期，也称自我意识“主观化”时期。青年世界观、人生观、价值观的形成是其心理自我成熟的标志。

【课堂活动】

20个“我是谁”

请以“我是”开头写出关于自己的20个句子；

我是____________________；我是____________________；
我是____________________；我是____________________；
我是____________________；我是____________________；
我是____________________；我是____________________；
我是____________________；我是____________________；
我是____________________；我是____________________；
我是____________________；我是____________________；
我是____________________；我是____________________；
我是____________________；我是____________________；
我是____________________；我是____________________。

（三）自我的心理结构

自我既是心理活动的主体，又是心理活动的客体，是涉及认知、情感、意志等过程的多层次、多维度的心理现象，包括自我认知、自我体验、自我调节。

1. 自我认知

自我认知主要涉及“我是一个什么样的人”“我为什么是这样的人”等问题，

---

① 教育部人事司. 高等教育心理学［M］. 北京：高等教育出版社，1998：270.

它分为自我感觉、自我观察、自我概念、自我分析、自我评价等。

2. 自我体验

自我体验属于情绪范畴，它以情绪体验的形式表现出个体对自身的态度，主要涉及“我是否接受自己”“我是否对自己感到满意”“我是否悦纳自己”等问题，多为一种自我的感受，以自尊、自卑、内疚、成就感、自我效能感等表现出来。

3. 自我调节

自我调节主要表现为人的意志行为，它监督、调节、控制个体的行为活动，和个体对自己以及对他人的态度，它涉及“我怎样节制自己”“我如何改变自己”“我怎样成为理想中的自己”等问题，表现为自制、自主、自立、自我监督、自我控制、自我教育等。

以上三者相互联系，有机组合，完整统一，成为一个人自我的核心内容，如图3-1所示。

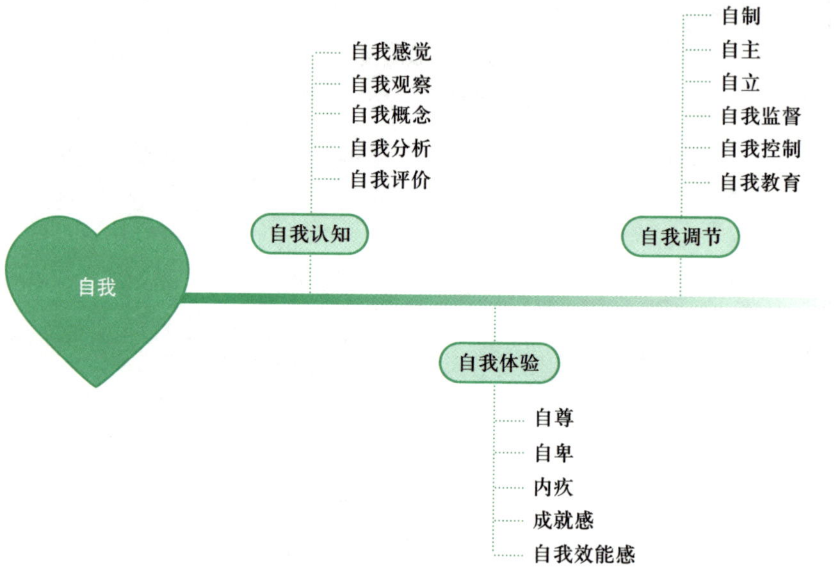

图3-1 自我的心理结构

二、大学生的自我概念

（一）什么是自我概念？

罗杰斯于1951年在詹姆斯自我理论的基础上对“自我”进行了新的探讨，明确提出了“自我概念”的理论。罗杰斯将“自我”置于一个现象场中，认为所有人都生活在自己的主观世界中，“自我”仅仅是现象场中在内容上与个体自身明显有关的一部分，自我概念是我们对自己是谁，以及我们看来像什么的主观知觉。①

关于“自我概念”的定义，心理学界众说纷纭。萨威尔森认为，自我概念是个体对自己的知觉，这种知觉是通过对环境的经验和解释形成的，同时受他人的评价以及对自己行为的反馈和归因的影响。②

国内对自我概念结构的研究起步较晚，但随着社会大众对心理科学的需求和现代心理学的发展，越来越多的研究者开始关注自我概念。乐国安认为，自我概念是个体通过自我观察、分析外部活动及情境、社会比较等多种途径获得的对自己的生理状况、心理特征、社会属性等方面的比较稳定的认识和看法。③

总体看来，上述研究对自我概念的定义都包括这样的内容：自我概念是个体对自身全面而相对稳定的认知，它是个体在社会生活过程中通过人际互动而形成的。

（二）我国大学生的自我概念类型

大学生自我概念的结构是多维度、多层次的。由于每个人在社会背景、生活经验、智力水平、追求目标等方面存在差异，青年期自我分化、矛盾、统一的途径不同，其得到的结果不同，统一的类型也不同。国外学者将自我的类型分为四种：达成型（achievement），理想自我与现实自我相结合，独立性强，勤于思考，自我肯定，人格健全；早定型（foreclosure），自我认知来自他人的评价，缺乏独立思考，自主性不够，遇到挫折容易迷茫；延缓型（moratorium），理想自我与现实自我的统一延迟，逐步开始思考自我发展；迷惘型（diffusion），对现实自我不满，理想自我又难以实现，陷入自我确认的困惑中。国内学者黄希庭等人于1988年根据理想自我与现实自我之间的关系，将自我概念分为自我肯定型、自我否定型、自我矛盾型三类；郑涌等人于1998年通过研究发现，中国大学生的自我概念分为交际、友善、信义、容貌、学业、志向、家庭、成熟、自纳9个维度，其中友善、家庭、信义、学业、志向构成内在品质，容貌、成熟、自纳、交际构成外在品质。

综合前面的观点及临床实践，我们发现大学生群体中存在以下五种自我：

1. 自我肯定型

自我肯定的人其理想自我符合实际，既符合社会需求，又可以经过自我努力实现。此外，对现实自我的认识比较清晰、客观、全面、深刻。理想自我和现实自我

---

① 郑涌，黄希庭．自我概念的结构：Ⅱ．大学生自我概念维度的因素探析［J］．西南师范大学学报（哲学社会科学版），1998（5）：51-56.

② SHAVELSON R J, HUBNER J J, STANTON G C. Validation of constructs inter pretations [J]. Review of educational research, 1976: 46.

③ 姚信．大学生自我概念发展状况研究［J］．中国心理卫生杂志，2003，17（1）：42-44.

能通过相互整合达到积极的统一。统一后的自我完整而有力，既适应社会发展的需要又有助于自身成长。

2. 自我否定型

自我否定的人对现实自我评价过低，其理想自我与现实自我的差距甚大，或者差距虽然不大，但缺乏自我驾驭能力，缺少自信心，不但不接纳自己，反而拒绝自己甚至摧残自己，即个人不肯定自己的价值，处处与自己为敌。他们不是通过积极地改变现实自我去实现理想自我，而是在一定程度上放弃理想自我，趋同现实自我，以求得自我意识的统一，其结果则使自己感到更加自卑。

3. 自我扩张型

自我扩张的人对现实自我的认识和评价过高，虚假的理想自我占优势，认为理想自我的实现轻而易举，于是理想自我和现实自我达到虚假的统一。这类人以幻想的我、理想的我代替真实的我，其自我带有白日梦的特点。在自我认知不足的情况下，个人所追求的学业、事业、友谊和爱情都因自己的主观条件远逊于客观条件，所以失败的概率较大。这类人喜盲目自尊、爱慕虚荣、心理防卫意识强，容易产生心理、行为障碍。个别人还可能会用违反社会道德规范或违法的手段来谋求自我意识的统一。

4. 自我萎缩型

自我萎缩的人极度丧失或缺乏理想自我，对现实自我深感不满，但又觉得无法改变。消极放任、得过且过，或几近麻木、自卑感极强，从对自己感到不满开始到自轻、自怨自艾、自暴自弃、孤独沮丧，最终缩在极小的圈子里，自生自灭。

5. 自我矛盾型

自我矛盾的人理想自我和现实自我难以统一，对自己的所作所为缺乏“我是我”的整合感觉，从而产生“我非我”“我不知我”的分离倾向。自我意识矛盾强度大，延续时间长，自我认知、自我体验、自我调节缺乏稳定性和确定性，内心不平衡，充满矛盾和冲突，新的自我无法统一。

自我由分化、矛盾到统一这个过程并不是绝对的，具体到每一个人，由于身心发育的水平、经历不同，自我分化的早晚、特点不同，矛盾斗争的水平、倾向不同，统一的早晚、模式也不同。而且自我的发展是终生的，并不是说自我意识在青年这个阶段分化、矛盾、统一就意味着它不再发展，只是在青年期以后自我意识的发展不再像青年期那么突出，而是比较稳定和平缓。

（三）大学生自我概念的特点

大学生正处于自我概念形成的关键时期，这个时期大学生心理发展的重要内容是自我统合。大学生的自我概念包括以下五个特点。

- 全面性。大学生能够对各类自我进行分析，从而更深入地揭示自己的内心世界，表现出自我认知的深刻性。大学生可以利用大学的这段时间进行学习并试验各种角色、学习各种本领，以及接触各种世界观、人生观和价值观，尝试做出自己的选择。
- 客观性。大学生的自我评价较为客观。“我是谁”和“我将向何处去”这两大问题会进入大学生的脑海中，并引发他们进行深入的思索。
- 矛盾性。大学生的现实自我有许多内容不符合理想自我的要求，因此他们偶尔会产生自我迷失，许多大学生尚未形成稳定成熟的自我认同。
- 自主性。大学生对自我的态度中的独立意向加强。由于受个体年龄、能力、经验、家庭背景、性别等多种因素的影响，一部分人最终能够完满地找到上述两大问题的答案，呈现完善的人格，而另一部分人则会对两大问题出现统合困难的情况，从而迷失自我。
- 虚幻性。大学生将理想自我与现实自我进行统合的能力尚且较低，容易产生不切实际的幻想。当今社会改变了个体获得自我定位的某些传统支撑点（如学历、职称等），越来越多的人通过对商品的占有来凸显自我。消费社会中的这种自我认同造成了人与自身以及人与社会的关系紧张，使正处于形成自我认同关键期的大学生对其自我认知和自我定位产生了焦虑和困惑，他们会认为似乎人的价值只能依赖消费符号。

总之，大学时期是从青少年后期向成年早期转变的关键时期，在此期间形成的关于自我的感受、态度、喜好和意向等影响和支配着大学生今后的行为，对他们适应社会具有重要影响。

【课堂活动】

时间中的你

在纸上先画出三个圆圈：一个代表过去的你，一个代表现在的你，一个代表未来的你。然后在三个圆圈里绘画。创作结束后，与朋友或同学分享。

看看自己画的这三个圆圈是否连贯。如果它们是连贯的，那么表明你对自己的看法较为完整；如果它们不够连贯，那么说明你对自己的看法是零碎的。在三个圆圈中，如果把过去的我和现在的我画得很小，而把未来的我画得很大，这表明你对过去的自己和现在的自己感到不尽满意，而对未来的自己寄予了很大希望。你盼望有一天当从目前的生活中醒悟过来时，自己的世界观、人生观、价值观已发生了改变，然后可以信心满满地投入未来生活的怀抱。这说明你尚不够脚踏实地，自己仍然由于目前在许多方面存在不足而缺乏信心。如果这三个圆圈都能连贯起来，那就表明你对自我在此时此地的感受是满意的，态度是肯定的，你充满现实感，自我意象是积极的。

大学生能够正确认识自己、接纳自己提高自我评价，善于发现自己的长处和优点，并不断进取，进行自我激励，这是迈向成功的基础。

（四）大学生自我发展的历程

心理学家埃里克森指出，人的自我发展会持续一生，但要经历不同的阶段，每个阶段都有一个核心课题，大学时期的主要发展课题是“自我同一性”。埃里克森对它的定义是：自我同一性是一种熟悉自身的感觉，一种知道个人未来生活目标的感觉，一种从信赖的人中获得所期待的认可的内在自信。这种内在自信是一个人对他人认可的内在一致性和连续性方面的内在自信，即个体跨时空的内在一致感和连续感。自我同一性发展不良者表现为对自己缺乏清晰而完整的认识，“自我”各部分是混乱的、矛盾的、冲突的，迷失自我和生活的方向，难以应对复杂的社会生活。角色混乱和消极的同一性是美国青少年中经常出现骚乱和攻击现象的原因之一[①]。相反，自我同一性发展良好者会具有深刻的自我认同感，其自我概念清晰，接纳自我，有生活的目标和前进的方向，这就为自我以后的发展打下了良好的基础。

大学生正处于青少年后期，他们在这个时期要经历生理、认知和社会角色的转变，因此他们对自我的认同将会对其适应性产生重要影响。在自我逐步成熟的这一过程中，许多大学生也品尝了人间的酸甜苦辣，有的为此付出了艰难的代价，也为解决自己内心的矛盾冲突进行了不懈努力，逐渐使得自我认知、自我体验、自我调节协调一致。

1. 自我的分化

青年期个体自我意识的发展表现为“理想自我”和“现实自我”逐渐分化，这是个体的自我形象开始走向成熟的标志。自我出现明显的分化，使人们更加主动、迅速地关注自己的内心世界和行为，并由此产生新的认识和体验。同时，因此而来的种种激动、不安、焦虑、喜悦的情绪增加，自我沉思增多，人们开始要求有属于自己的一片空间和世界，并渴望为他人所理解和关怀。例如，许多大学生在中学时是引人关注的优等生，进入大学后却成了普通生，这一转变会促使他们重新审视自

① 埃里克森. 同一性：青少年与危机［M］. 孙名之，译. 杭州：浙江教育出版社，1998：1-37.

己。大学生的内心活动随着时间的增加会逐渐丰富，自我反思和反省的时间开始增多，他们对自我的重新认识、调控和感受以及由此带来的各种烦恼、忧虑、激动和喜悦也明显增加，对自己该做什么、怎样去做有了更多的思考，不会再像中学时代那样“随心所欲”。

2. 自我的矛盾

自我意识的分化，使个体开始意识到自己以前不曾注意到的许多关于“我”的细节。随着自我冲突的加剧，大学生往往会因为自我意识不能统一、自我形象不能确立、自我概念不能形成，而表现出明显的内心冲突，甚至产生强烈的内心痛苦和不安感。他们对自我的态度常常是波动的，对自我的评价常常是矛盾的。归纳起来，当代大学生自我的矛盾主要表现在以下四个方面。

第一，主观自我与客观自我的矛盾。由于大学生的生活范围比较窄，交往对象多限于老师、同学、父母，人际关系相对简单、直接，因此大学生对自我的认识参照点少、局限性较大。加之社会大众对大学生的期望较高，无形中使大学生对自我的认识也沾染上了光环色彩，而现实生活中的自己其实比较平凡，和想象中的自己仍存在较大差距，这种差距会给大学生带来苦恼和不满。

第二，理想自我与现实自我的矛盾。这是大学生自我意识最突出、最集中的表现。大学生富有理想，抱负较高，获得成就的欲望强，对自己的未来充满信心。然而，他们较少接触社会，还不能很好地把理想和现实有机地结合起来，而且自己的现实条件往往与自己的理想相差甚远，这给大学生带来很大的压力。也正是因为这样，才会激发大学生奋发进取的积极性。但是，如果大学生的理想自我和现实自我迟迟不能趋近、统一，那么就会引起自我的分裂，导致一系列心理问题。

第三，独立意向与依附心理的冲突。进入大学后，大学生的独立意向迅速发展，他们希望能在经济、生活、学习、思想等各个方面独立，摆脱父母和教师的管束。但大学生在心理上又十分依赖成人，无法真正做到人格上的独立。这种独立的意向和依附心理的矛盾也是大学生苦恼的问题。

第四，交往需要与自我闭锁的冲突。大学生迫切需要建立友谊、渴望理解、寻求归属感。他们有强烈的交往需要，希望能够和朋友探讨人生，分享彼此的苦与乐。同时大学生又存在着自我闭锁的趋向，他们往往把自己的想法深藏起来，与他人交往时常存戒备心理，总是有意无意地保持一定的距离。正是这种矛盾冲突，使不少大学生常处于孤独的煎熬中。

自我的矛盾使大学生在心理和行为上表现出某些不适应甚至适应困难，他们感到苦恼焦虑、痛苦不安，会影响其心理发展和心理健康，但这些都是他们迈向成熟所必需的一步，是个体逐步获得自我内在力量的必经之路。

3. 自我的统一

自我的分化、矛盾所带来的痛苦会不断促使大学生寻求方法以获得自我的统一，即建立自我同一性。同一性是自我的一种复杂的内部状态，包括四个不同的方面：个体性，是指一种意识到的独特感，因不同的、独立的实体而存在；整体性和整合性，是指一种内在的整体感，产生于自我的潜意识整合作用，成长中的儿童会形成许多零碎的自我表象，而健康的自我会把这些零碎的表象整合为一种有意义的整体；一致性和连续性，是指潜意识中追求一种过去和未来之间的内在一致感和连续感，从中感受到一个人生命的连贯性并朝着有意义的方向前进；社会团结性，是指具有团体的理想和价值的一种内在团结感，个体从中感受到社会的支持和认可。

自我统一，主要指主体自我和客观自我的统一、自我与客观环境的统一、理想自我与现实自我的统一，也表现为自我认知、自我体验、自我调节的和谐统一。消除矛盾以获得自我统一的途径有三条：

- 努力改善现实自我，使之逐渐接近理想自我。
- 修正理想自我中某些不切实际的过高标准，使之与现实自我趋近。
- 降低理想自我而认清现实自我。

按照心理健康的标准，不管个体通过哪种途径达到自我意识的统一，只要统一后的自我是完整的、协调的，对个体来说，这就是积极和健康的统一。

三、塑造积极的自我形象

自我形象不仅会影响个体的心理健康，而且会影响个体的成就水平。正如马斯洛所指出的，一个有稳固基础的自我形象是个体迈向自我实现的先决条件。贾奇首先提出“核心自我评价”，他认为这是个体对自身能力和价值所持有的最基本的评价，是由自尊、一般自我效能、控制点和神经质四种人格特质构成的高阶概念。[1]一般而言，人有自尊心，才能尊重他人；有自信，才能相信他人。积极、健康、正确的自我形象是获得成功人生、快乐人生的基础。

---

① JUDGE T A, LOCKE E A, DURHAM C C. The dispositional causes of job satisfaction: a core evaluation approach [J]. Journal of applied psychology, 1997 (1): 80-92.

（一）良好的自我形象

【课堂活动】

镜 中 的 我

看看镜子中的自己，你对自己满意吗？

人的自我是丰富的、立体的、多角度的，自我形象一般包括以下三个方面：

1. 个体对自身生理状态的认识与评价

个体对自身生理状态的认识与评价指个体对自己的身高、体重、容貌、身材、性别等的认识，以及对生理病痛、温饱饥饿、劳累疲乏的感受等。这是个体自我意识中最先发展的部分，是自我概念的一个重要的基础部分。家庭、同伴、学校、大众传媒等众多因素都会对学生的生理自我满意度产生重要影响。① 如果一个人不能接纳自己的生理自我，如嫌弃自己个子矮、长得不漂亮、身材较差等，那么就会讨厌自己，表现出自卑情绪、缺乏自信。

2. 个体对自身心理状态的认识与评价

个体对自身心理状态的认识与评价指个体对自己的知识、能力、情绪、兴趣、爱好、性格、气质等的认识和体验。如果一个人对自己的心理状态自我评价较低，如认为自己能力差、智商不高、情绪起伏太大、自制力差、性格不够成熟等，那么就会否定自己，从而产生消极的情感体验。

3. 个体对自己与周围关系的认识与评价

个体对自己与周围关系的认识与评价指个体对自己在群体中的地位、作用以及自己和他人相互关系的认识、评价和体验。如果一个人认为自己不善于交流和沟通，感觉周围的人不喜欢自己、不接纳自己，自己也没有知心朋友，就容易感到孤独寂寞。

【课堂活动】

自 尊 评 量

下面所列的是一些关于自我的陈述句，请你根据自己的实际情况做出选择。如果描述非常符合你的情况，请填“4”；符合你的情况，请填“3”；不符合你的情况，请填

① 羊晓莹，陈红，高笑，等．社会比较在媒体对女大学生身体意象影响中的作用［J］．中国心理卫生杂志，2010，24（1）：51-68.

"2"；非常不符合你的情况，请填"1"。

(　　) 1. 即使我存在缺点，我仍然喜欢自己。

(　　) 2. 我在各个方面都对自己感到比较满意。

(　　) 3. 在陌生人面前，我常常无话可说。

(　　) 4. 每到一个新环境，我都容易同他人接近。

(　　) 5. 我喜欢参加社交活动，我感到这是结交朋友的好机会。

(　　) 6. 我认为我是和他人具有同等价值的人。

(　　) 7. 我经常感到自己确实没用。

(　　) 8. 我对自己持有向前看的积极态度。

(　　) 9. 我没有多少能使自己感到得意的事情。

(　　) 10. 我愿意对他人表达自己的心情。

该量表由罗森伯格于1965年编制。其中，第3、7、9句反向计分（−1分），其余正向计分（+1分）。总分越高，表明个体的自尊水平越高。

自我形象在个体的一生中会慢慢成长和发展，大学阶段是建立自我形象的重要时期。自我形象得到良好建立，会使人对生活充满信心和动力，能够了解并接纳自己的优点和缺点，对自己有合理的期望，满足从容，处事积极，善于利用每一个成长的机会改进自己；与他人交往能展示自己的内心世界，真情流露，容易与他人建立深厚的情谊；对自己和生活充满信心，相信自己对生命拥有内在的控制能力，有能力达到个人的目标，从而能进一步迈向成熟的阶段。个体如果未能建立良好的自我形象，那么就会产生一种角色混淆的感觉。他会不知道自己是谁，也不知道自己要到哪里去，与他人相处也会感到困难。表3-1列出了良好自我形象与不良自我形象的对比。

表3-1　良好自我形象与不良自我形象的对比

良好自我形象	不良自我形象
接纳自我	否定自我
喜欢和尊重自己	不尊重和讨厌自己
有安全感、自我肯定	没有安全感、怀疑自己
能够清楚地认识自己的能力	不能清楚地认识个人的能力
独立自主、自律	依赖他人、情绪化
对自己的行为负责	逃避责任
对自己有恰当的期望	对自己没有恰当的期望
勇于表达自己	不敢表达自己
有成就感	害怕成功

（二）正确认识自我的渠道

认识自我是一个人自我意识发展的基础。美国心理学者勒夫特和英格汉姆于1955年提出了关于自我认知的“约哈里之窗”理论，如图3-2所示。“约哈里”是两位提出者名字的组合。

该理论认为，人对自己的认识是一个不断探索的过程。每个人的自我都有四个部分：公开的自我、盲目的自我、秘密的自我和未知的自我。通过与他人分享秘密的自我，或是通过他人的反馈减少盲目的自我，人对自己的了解就会更加丰富和客观。一般而言，认识自我主要有三种方法。

	自知	自不知
他知	A 公开的自我	B 盲目的自我
他不知	C 秘密的自我	D 未知的自我

图3-2 “约哈里之窗”理论

1. 比较法——从我与他人的关系中认识自我

他人是反映自我的镜子，与他人交往是个人获得自我认知的重要途径。一般情况下，我们会先从家庭中的亲情关系扩展到社会上的朋友关系，长大后也会体验到人与人之间的利益关系。有自知之明的人能从这些关系中积极向他人学习，获得一定的经验，然后按照需要去规划自己的前途。通过与他人比较认识自己时，应该注意正确地选择参照系：

第一，与他人比较的是行动前的条件，还是行动后的结果？大学生进入大学的主要目标是学习，如果认为自己的经济条件不如他人，将自己置于低人一等的地位，那么心态自然会受到影响，而实际上大学里要看行动后的成绩才有意义。

第二，与他人比较时，依据的是相对标准还是绝对标准？是可变标准还是不可变标准？经常有大学生认为自己不如他人。其实他们关注的可能是身材、家世等不能改变的外在条件，这并没有实际比较的意义。

第三，比较的对象是什么人？是与自己条件相似的人，还是个人心目中的偶像或是不如自己的人？确立合理的参照体系和立足点对认识自我尤为重要。

【课堂活动】

群体中的我

在群体中，你感到自己属于什么样的人呢？例如，在教室中或小会议室里，你通常会选择坐在哪个位置？是前面还是后面，是中间还是旁边？

如果你选择前面或中间的位置，那么说明你的自我认知是自信的；如果你选择角落的位置，那么这是你对自我形象缺乏自信心的表现。

2. 经验法——从我与事的关系中认识自我

经验法是指从自身的经历中了解自己。许多人通过自己所取得的成绩及社会影响力来分析自己，常常过分看重成败经验。其实对个体来说，任何经历都是一个学习的过程，成败得失对个体的价值因人而异。对聪明又善用智慧的人来说，不管什么样的经验都可以促使他们取得成功，因为他们了解自我，同时有着坚强的人格特征，善于学习，因而可以使自己避免重蹈失败的覆辙。对某些自我比较脆弱的人而言，他们无法认识到失败乃成功之母，不能从失败中吸取教训，不懂得改变策略以追求成功，而且挫败后容易形成害怕失败的心理，不敢面对现实，惧怕应对困境或挑战，以致失去许多良机。对有些许自负的人而言，成功反而可能成为失败之源。他们会为侥幸取得的成功感到骄傲，以后做事时便高估自己，这往往会导致失败，或者是其成长过程过于顺利，又有家世、关系的支持，使得其一旦失去“保护源”后，便一蹶不振，不能支撑起独立的自我。因此，大学生对在成败经验中获得的自我意识要细加分析和甄别。

3. 反省法——从我与己的关系中认识自我

曾子曰：吾日三省吾身。从我与己的关系中认识自我，看似容易实际上十分困难。我们可以从以下三个“我”中认识自己：

- 自己眼中的“我”。个人实际观察到的客观的“我”，包括身体、容貌、性别、年龄、职业、性格、气质、能力等。
- 他人眼中的“我”。与他人交往时，由他人对自己的态度、情感反应而觉察自我。具有不同关系的人对自己的评价不同，它是个人从多数人对自己的反应中进行归纳的结果。
- 自己心中的“我”，也指自己对自我的期许，即理想自我。

对当代大学生而言，虽然有多个“我”可供认识，但让他们形成统合的自我观念还比较困难。加之现代社会的急剧变迁，以及多元价值观念的影响，当代大学生的自我认知难以客观、全面。

（三）调适自我概念

【课堂活动】

完成句子

请完成下列句子：

假如我是一种动物，我希望是__________，因为__________。

假如我是一种花，我希望是__________，因为__________。

假如我是一棵树，我希望是＿＿＿＿＿＿，因为＿＿＿＿＿＿。
假如我是一种食物，我希望是＿＿＿＿＿＿，因为＿＿＿＿＿＿。
假如我是一种交通工具，我希望是＿＿＿＿＿＿，因为＿＿＿＿＿＿。
假如我是一个电视节目，我希望是＿＿＿＿＿＿，因为＿＿＿＿＿＿。
假如我是一部电影，我希望是＿＿＿＿＿＿，因为＿＿＿＿＿＿。
假如我是一种乐器，我希望是＿＿＿＿＿＿，因为＿＿＿＿＿＿。
假如我是一种颜色，我希望是＿＿＿＿＿＿，因为＿＿＿＿＿＿。

1. 战胜自卑，增强信心

自卑是一种个体对自己感到不满、否定自己的情感，这往往是个体的自尊心屡屡受挫的结果。自卑的人对自我的认识不够客观，往往只看到自身的缺点而忽略优点，不喜欢甚至否定、抱怨、指责自己，看不到自我的价值，或夸大自身的不足，感到自己各方面都不如他人，处处低人一等，从而丧失自信心，严重的还可能由自我否定发展为自我厌恶甚至走向自我毁灭。

要战胜自卑，增强自信心，可以从以下做起：

- 对自卑心理产生的危害要有清醒的认识，能够有勇气和决心改变自己。
- 客观、正确、自觉地认识自己，勇于接受自己，欣赏自己的优点，接纳自己的不足，做到扬长避短。
- 正确表现自己，对自身经验持开放态度，合理修正自我概念。
- 根据自身经验，调整自我期望，确立合适的目标水平，区分长期目标和短期目标，区分自我潜能和现实表现。
- 不受外界纷扰的影响，理性对待得失，勇于坚持正确观点、积极改正错误，同时保持一定程度的容忍。
- 经常进行自信心的训练，保持乐观、开朗的心境，对未来充满希望。

2. 克服自我中心，赢得信任

大学生强烈关注自我，会表现出从自我的角度、标准去认识、评价事物并采取行动的意愿，容易出现自我中心的倾向。当这种倾向与某些不良的思想意识（如个人主义、自私自利）和心理特征（过度的自尊心）相结合时，就会表现出过分的、扭曲的自我中心主义。以自我为中心的人凡事从自身出发，不能设身处地地对事物进行客观的思考，只关心自己，遇到事情时先考虑自己，不顾及他人的感受和需要。他们往往以同学的导师或领袖身份出现，处事中总认为自己是对的，他人是错的，喜欢把自己的意志强加于他人。因而不易赢得他人的好感和信任，人际关系多不和谐，行动和做事难以得到他人的帮助，易遭受挫折。

要克服自我中心，赢得信任，可以从以下做起：

❤ 摆正自己的位置，既重视自己又不贬抑他人，自觉地把自己的意见、他人的意见和集体的意见结合起来，相互参考，不断地对自己的想法进行修正、补充，走出自我的小天地，这才是真正的自信。

❤ 实事求是、恰如其分地评估自己，既不盲目自大又不妄自菲薄，自己要有自信，但这不等于偏执、狂妄，真正的自信充分体现在对自己以及他人的尊重中，能兼容他人的思想和观点。

❤ 学会设身处地地从他人的角度思考问题，尊重他人的感受，关心他人。

3. 避免过分追求完美，发挥才干

不能客观地认识和评价自我的情况有许多种，其中最明显的是苛求自我和追求完美。每个人都有"追求完美之心"，但不切实际、过分追求完美的心理容易引起自我适应障碍。这样的人对自己的要求过高，期望自己完美无缺却不考虑自身的实际状况。此外，他们不能容忍自己出现"不完美"的表现，对自己有缺陷的地方过分看重，甚至把人人都可能出现的问题看作自己的缺点，总是对自己不满意，从而严重影响了自我的情绪和自信心。他们对自我的要求十分苛刻，只接受理想中的、"完美"的自我，不肯接纳现实中平凡的或有缺点的自我，其后果往往适得其反，使得他们对自我的认识和适应更加困难。

要避免过分追求完美，发挥才干，可以从以下做起：

❤ 树立正确的认知观念。自己要意识到，没有人是十全十美的，每个人都有优缺点。人既不会事事行，也不会事事都不行；一事行不能说明事事行，一事不行也不能说明事事都不行；自我的优点和缺点不能随意增加或丢掉，成功或失败也不是个体自说自定的。一个人应该能够完全接纳自己，并肯定自己的价值，不自以为是也不妄自菲薄。

❤ 确立合理的评价参照体系和立足点。人只有在比较中才能决定高低优劣，自我评价以不同的方式（相符的、过高的、过低的）来激发或者压抑人的积极性。如果以弱者为参照，那么个体会变得自大；如果以强者为标准，那么个体会变得自卑。因此，人应该选择合适的标准认识自我，更重要的是要以自己为标准，按照自身的条件评定自我的价值。有的大学生往往会在无形中重视了他人，贬抑了自己，这样是失之偏颇的。人应该立足自己的长处，接受并尽力改进自己的短处。成功时应多反省自身的缺点以再接再厉，失败时多看到自己的优点和成绩以提高自信和勇气。

❤ 目标合理恰当。在充分了解自己的基础上，个体要有恰当的目标和要求，使之符合自身的实际能力，不苛求自己，也不为他人的要求所左右。真正地认清自

己、规划自己的发展方向，最终确立独立的自我。

❤ 接纳自己的不完美。尺有所短，寸有所长，每个人都是独特的、与众不同的。要欣赏自己的独特性，不断进行自我激励。

【课堂活动】

天生我才

请完成下列语句吧！

我最欣赏自己的外表是________________。

我最欣赏自己对朋友的态度是________________。

我最欣赏自己对学习的态度是________________。

我最欣赏自己的一次成绩是________________。

我最欣赏自己的性格是________________。

我最欣赏自己对家人、长辈的态度是________________。

我最欣赏自己做事的态度是________________。

我最欣赏自己的优点是________________。

…………

写完后，请与周围的朋友进行交流，你会发现身边的每一个人都很优秀！

4. 加强自身修养，超越自我

加强自身修养，不断进行自我塑造，达到完善自我、超越自我的境界是健全自我的终极目标。

每位大学生都有较高的抱负和远大的理想。经验告诉我们，认识自我十分不易，自我控制也较为困难，若再期望开拓、提升、超越自我更是难上加难，但做人一生唯求做自己。对大学生而言，塑造自我、实现自我是其终身努力的目的。要想运动健身，就需要天天练习自己喜欢的体育活动；要想开阔思路，就要多读书，多听讲座。在采取行动时，无论对人对事，都要全力以赴，使自己的能力、品格得到最大限度的发挥。行动之后反省自己得失的原因，以便再度投入。一旦有所成果后，便可以进行反省总结。如此循环进行后，自我就可以一步步地得到扩展和深化，自我的境界也就自然而然地得到开拓与提升。

完善自我、超越自我并不是一帆风顺的过程，需要付出艰辛的努力和沉重的代价，这也是一个新的“自我”形成的过程，是从“小我”走向“大我”，从“昨日之我”向“今日之我”“明日之我”迈进的过程。大学生要珍惜已有的自我，追求更好的自我，做一个“自如的、独特的、最好的自我”。

【拓展阅读】

1. 凌辉. 自我［M］. 上海：上海教育出版社，2022.

2. BROWN J D，BROWN M A. 自我：第2版［M］. 王伟平，陈浩莺，译. 北京：人民邮电出版社，2015.

3. 张笑笑. 马克思“自我意识”理论的德国古典哲学来源［M］. 北京：九州出版社，2024.

第4讲

快乐伴我行——情绪及其管理

【知识导图】

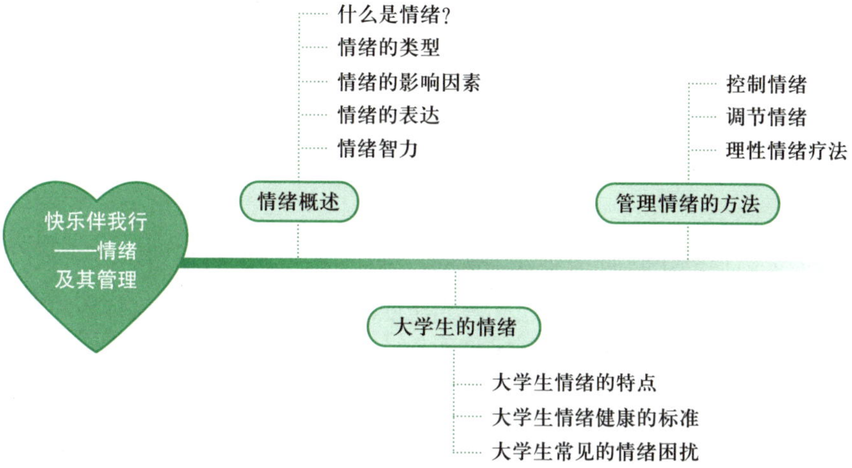

请思考：

1. 你了解自己的情绪吗?
2. 你能识别他人的情绪吗?
3. 你如何管理情绪?

一、情绪概述

每个人都有不同的情绪，有时积极，有时消极；有时温和，有时暴躁；有时平静，有时起伏；有时轻松，有时焦虑；有时幸福，有时痛苦；有时快乐，有时烦恼……情绪与人们的生活密切相关，我们自身每时每刻都伴随着一定的情绪状态。情绪就像大海中的波涛有起有伏，太平静了就没有生气，太汹涌了就会冲垮堤坝。许多心理学研究显示：情绪成熟的人，在人生的各个领域都占据优势，他们对生活的满意度也较高。但是在生活中能真正做到情绪成熟十分不易，因为几乎每个人都会受到不良情绪的困扰，大学生群体也不例外。

（一）什么是情绪？

情绪是人心理活动的重要表现，它产生于人的内心需要是否得到满足。在某种程度上，人的情绪反映了其对外界事物的态度。从这个意义上讲，情绪是人内心世界的“窗口”。

心理学家给情绪下过许多定义。美国心理学家阿诺德将情绪定义为：“情绪是对趋向知觉为有益的、离开知觉为有害的东西的一种体验倾向。这种体验倾向为一种相应的接近或退避的生理变化模式所伴随。这种模式在不同的情绪中是不同的。”另一位心理学家利珀则认为“情绪是一种具有动机和知觉的积极力量，它组织、维持和指导行为”。苏联心理学家认为“情绪是对事物的关系或主观态度的体验”。一般认为，情绪是人对客观事物的态度、体验及相应的行为反应。

【同伴案例】

“当情绪高涨时，我就像一座喷发的火山，充满豪情壮志，好像有用不完的力量，愿意将自己所有的热情和智慧，与认识的所有人分享；当情绪低落时，我又好像是一座冰山，对所有的事情都失去了兴趣，会感到命运乃至周围所有的人都与自己作对，我是那样的沮丧与无奈，甚至想到过死……”

每个人在生活中都体会过不同的情绪，如成功时会感到快乐，遇到不如意的事时会倍感忧愁……一般人谈论情绪时，都是就自身的主观体验而言，认为情绪是人对客观事物的体验及相应的行为反应。但实际上，要完整地理解情绪应从三个方面进行考查和界定，即主观体验、生理唤醒和外部表现——表情。

1. 情绪是人的主观体验

人的不同情绪状态必然会反映到人的知觉和意识中，从而形成不同的内心感受和体验。通常人们会用不同的词语对自己的主观体验加以描述，如害怕、生气、快乐、悲伤等。人们在受到伤害时，会感到痛苦；在参加朋友聚会时，会感到由衷的快乐；当面临极度危险的境地时，会产生毛骨悚然的恐惧感；当某些需要得到充分满足时，会感到幸福愉快；在被欺辱时，会感到愤怒；在失去亲人时，会感到悲伤……当然，面对同样的客观事物，不同的个体有不同的主观体验，因为情绪是以个体的愿望和需要为中介的。如大学生小王和小张的数学测验成绩都是85分，小王可能感到很高兴，因为日常数学成绩总是70分左右的他取得了很大的进步，但以前数学总是能考90分以上的小张就不会很开心，因为他没有达到自己的期望值。

2. 情绪有其生理唤醒的基础

生理唤醒是指情绪引起的生理反应，即情绪的生理成分，它包括人们所有的身体变化，如我们在日常语言中经常会用“像有只小兔子在心里扑腾”表示害怕、忐忑不安的情绪，用“犹如咽下一只苍蝇”表示厌恶的情绪，用“嗓子里像堵了一块东西”表示悲伤的情绪，用“我感觉好像飞上了云霄”表示快乐的情绪，等等。因为情绪体验需要有生理上神经系统、内分泌系统的参与，所以人的情绪活动常常伴随着内部脏器如心脏、胃的活动感受。人们的任何情绪都伴随着身体中的一系列生理变化，即生理唤醒状态，它是一种生理上的激活水平。不同的情绪引起的生理反应模式是不一样的，如满意、愉快时，心跳节律正常；恐惧或暴怒时，心跳加速、血压升高、呼吸频率增加甚至出现间歇或停顿；痛苦时，血管容积缩小；焦虑时，感到呼吸急促、心跳加快；愤怒时，会出现汗腺分泌、面红耳赤等生理特征。心理上的变化受人的自主神经支配，不为人的意识所控制。因此，不同情绪状态下的心理变动，具有极大的随意性和不可控制性。例如，当我们遇到考试失利、情感挫折、学习上的压力时，会不可避免地出现一些生理上的反应，即使你不情愿甚至努力控制，也会出现一些异于日常的生理变化。

3. 情绪的外部表现是表情

情绪不仅体现为人们的主观体验和生理唤醒，而且会直接反映到人的行为中，主要体现为表情。表情是情绪的主观体验的外部表现模式，分为面部表情、身姿表情和言语表情。

面部表情是面部肌肉变化组成的模式，如高兴时眉头舒展、面颊上提、嘴角上扬。面部表情模式能够精细地传达人们不同性质的情绪，直接反映人的情绪状态，是鉴别情绪的主要标志。我们可以通过一个人面部表情的变化，来了解他的情绪状态。如一个人双肩颤抖、泪流满面，表明其正处于极度的悲伤之中；全身肌肉紧张、双目圆睁是害怕的表现；当自己所喜欢的球队获胜时，会不由自主地喜笑颜开；当生活中遇到困难和挫折时，则会愁容满面。

身姿表情是指除面部表情以外的身体其他部位的表情动作，包括手势、身体姿势等，如人在痛苦时会捶胸顿足，感到愤怒时会摩拳擦掌等。考试过后，坐立不安、手舞足蹈和垂头丧气等表现都可以反映出不同的人在此时此刻的情绪状态和所面临的境地。

言语表情是指人们在与其他人交流时，语音的声调、音色和声音节奏的快慢等方面的变化。如当一个人悲伤时，会表现出语调低沉、言语缓慢、语言断断续续；当一个人兴奋时，则会语调高昂、语速加快，声音抑扬顿挫、清晰有力。

【课堂活动】

你可以根据表4-1来记录自己的情绪。

表4-1 情绪日记

时段	积极情绪	消极情绪
早晨		
上午		
中午		
下午		
晚上		

（二）情绪的类型

人们的情绪是复杂的、各种各样的，对其分类时难以确定统一的划分方法。情绪的类型大致可概括为以下三种。

1. 基本情绪和社会情绪

从情绪形成与发展的角度来看，可将情绪分为基本情绪和社会情绪。基本情绪主要是指与人的生理需要相联系的内心体验，例如恐惧、焦虑、满足、悲哀等。它在人的幼年时期就已经形成，带有先天遗传的因素。社会情绪是指与人的社会性需要相联系的情绪反应，表现为一种较为复杂而又稳定的态度体验,如人的善恶感、责任感、羞耻感、内疚感、荣誉感、美感、幸福感等。它是随着人的后天成长而逐步发展和形成的。社会情绪是在基本情绪之上建立起来的，同时又通过基本情绪表现出来。大学生可以丰富自己的社会情绪体验。

2. 积极情绪和消极情绪

从情绪的功效角度来看，可以将愉快、欢乐、舒畅、喜欢等视为积极情绪；将痛苦、烦恼、气愤、悲伤等视为消极情绪。积极情绪有助于增加人们生活的乐趣，提高其工作和学习的效率，促进他们的潜能开发，有助于人们自信心的建立。培养积极健康的情绪，是心理健康的重要内容。消极情绪通常是指那些不愉快甚至引发人痛苦和愤怒的情绪体验。不少人认为愤怒、恐惧、焦虑、痛苦等消极情绪都是不好的，不应该使之出现。其实许多情绪包括一些消极情绪，在我们的日常生活中是必要的，有不可替代的作用。每一种情绪都有其特定的功能，如当人处于危险的境地时，恐惧能使人更快地脱离险境；当人在工作或学习中承担的负荷超出了自身的承受能力时，疲惫会使人不得不放弃一些工作而获得休息；在被他人伤害时，愤怒会使人奋起反抗，进行自我保护。

【课堂活动】

辨别消极情绪

（1）问君能有几多愁，恰似一江春水向东流。

（2）怒发冲冠。

（3）四面楚歌。

（4）风声鹤唳，草木皆兵。

（5）杯弓蛇影。

（6）哀民生之多艰。

（7）邯郸学步。

（8）垂头丧气。

（9）杞人忧天。

（10）本是同根生，相煎何太急。

你知道上面这10个成语或诗词的典故吗？请将上述成语或诗词按照下述的提示词进行归类。

哀愁：________________。

自卑：________________。

嫉妒：________________。

愤怒：________________。

忧郁：________________。

恐惧：________________。

结合这些成语或诗词的含义与典故，谈谈你对其中具有的消极情绪的理解。你还知道哪些消极情绪？能否用上述类似的成语或诗词表达出来？

序号	消极情绪	表达消极情绪的成语或诗词
1		
2		
3		
……		

3. 七情之分

喜怒哀乐是人们最为普遍的情绪反应。我国自古以来，人们通常将情绪按其表现分为喜、怒、哀、惧、爱、恶、欲，称为七情。喜，即喜悦，是人在需求达到充分满足时产生的一种满意、愉快和欢乐的情绪体验，会使人感到轻松、舒畅和满足。怒，指愤怒，往往是因为当事者的愿望、需求不能得到满足或是为此而进行的活动受到阻碍时，产生的一种不满、恼怒的情绪体验，会使人产生紧张、压抑甚至狂躁的感觉。哀，即悲哀，常起因于当事者的愿望不能得到实现和满足，或是遭遇重大的丧失而引起的一种悲凉、哀叹的内心感受，会使人感到一种失落、无奈、痛苦的心理感受。惧，指惧怕、恐惧，是当一个人面对危险的境地或巨大灾难时，产生的一种极度的恐慌、畏惧感，会使人感觉呼吸急促、紧张、心悸、全身战栗，甚至使人本能地想逃离。

需要明确的是，许多时候一个人的情绪状态会表现为复合情绪反应。例如，一个人做了错事后，会有一种内疚感，它包含自责、悔恨等方面的内心体验；当一个人经过多年的努力终于取得了成就后，会处于百感交集的情绪状态，它包含着酸甜苦辣各种心情。

（三）情绪的影响因素

我们的日常活动都伴随着一定的情绪，有时轻松，有时焦虑，有时欢乐，有时忧愁。那么是什么因素在影响我们的情绪？情绪发生的机制是什么？

1. 情境与情绪

人的情绪不会无缘无故地产生，必然有其产生的情境。正如谚语所说，人逢喜事精神爽。当人们获得学业的成功、处在优美的环境中时会产生愉快的心情；反之，人际的冲突、学习的压力、生活中的挫折甚至恶劣的天气，会使人感到烦躁和抑郁。除外在的环境和事件会直接引起情绪的变化外，人自身的生理和心理反应同样会引起情绪的变化。例如，由于内分泌的紊乱，青春期的青少年会产生情绪上的躁动。

2. 需要与情绪

为什么人的情绪有时候难以自制？情绪产生与变化的背后，实际反映着我们的需要。例如，当我们得到来自他人的称赞时，自尊和成就的需要就会得到满足，从而产生一种荣誉感和喜悦感；相反，当自己受到他人的冷落时，就会产生失落感和孤独感，因为自己被接纳和归属的需要没有得到满足。大学的学习和生活过程，也是大学生追求和实现自身各种需要的过程。大学生的需要是多样化的，如完成学业、培养能力、发展自我、追求爱情，还有娱乐、健康、实现梦想等等。这些需要是多层次的，有些是当前的需要，有些是长远的需要，彼此之间可能互相矛盾。大学生为了实现和满足自身的这些需要，受到各种条件的限制与制约，必然引起情绪上的波动。

【微视频】影响情绪的因素有哪些?

3. 认知与情绪

一位心理学家做过这样一项实验，他要求被试把自己每天最重要的一件事记录下来，然后判断：这是一件令人高兴的事，还是一件令人不高兴的事。一周后，被试再次回顾7天内所发生的事，然后为自己的心情打一个与幸福感相关的分数（如一点都没感到幸福、感到有点幸福、感到非常幸福等等）。如此下去，被试每天记录一件重要的事，判断自己是否为此高兴，并在每周结束时评价自身的幸福感。实验进行了几个月之后，心理学家将这些被试的资料收集起来进行分析。结果发现，被试对幸福感的评价依据大相径庭，有的人根据每周所发生的令人高兴的事的多少断定自己的幸福感；而有的人则以每周所发生的令人不高兴的事的多少评价自身的幸福感。请问，假如他们经历了同样的事，所得的幸福感分值会相同吗？谁的分值会更高一些？为什么？虽然情绪与客观事物是否能够满足人的需要相联系，但是面对同样的事物，不同的人却会有截然不同的情绪感受。如在同一门考试中，三个成绩刚刚及格的学生对此却有着不同的感受：一个学生会感到庆幸，觉得自己终于及格了；另一个学生可能会觉得惋惜，认为自己没有考取更高的分数；还有一个学生或许会感到无地自容，因为他在上学期间从没得过这么低的分数。为什么会如此？这是认知的作用。心理学研究表明，人们只有通过对客观事物产生认知并做出评价，才会产生与之相联系的情绪反应。如果大学生改变了自我认知，那么情绪也会发生相应变化。

（四）情绪的表达

【课堂活动】

情绪龙虎榜

请从表4–2中选出你生活中的10种重要情绪，并在其后打“√”。

在你选择的10种情绪中，较多表达的情绪以“↑”表示，较少表达的情绪以“↓”表示，没有表达的情绪以“×”表示。

表4–2 生活中重要的情绪

序号	情绪	√	↑×↓	序号	情绪	√	↑×↓
1	愤怒			11	被安慰		
2	愉快			12	失望		
3	冷漠			13	尴尬		
4	兴奋			14	轻松		
5	烦恼			15	紧张		
6	满足			16	放松		
7	内疚			17	羞怯		
8	自信			18	热情		
9	害怕			19	急躁		
10	安全			20	镇定		

思考：你敢于表达自己的情绪吗？你愿意表达的情绪更多的是积极情绪还是消极情绪？什么原因使你难以表达自己的情绪？你如何克服这些困难？你觉得自己是否需要向他人表达自我的情绪，包括消极情绪？

恰当地表达自我情绪和理解他人情绪在人际沟通中有十分重要的作用，它可以增进自己和他人之间的相互了解，从而改善人际关系。一些人以为只要不表达自己的感受，就可以与对方维持和谐的人际关系，双方之间的不愉快会随时间的流逝而消失。殊不知，只有真实表达自己的感受，他人才能真正了解你的立场、观点，你们才可能成为真正的朋友。被压抑的情绪可能不会随着时间的流逝而自动消失，反而在心中郁积，在以后的某天爆发，产生更糟糕的结果。所以，学习恰当地表达自我情绪，对我们每一个人来说都很重要。有效表达情绪的方法，主要有以下四种。

1. 觉察自己真正的感受

我们常常会在报道中看到某些人因为自己一时情绪失控而伤害他人，这主要是因为当事人在当时的情况下不太清楚自己的真正感受，放纵情绪，随意发泄，从而导致了恶果。因而，我们在任何情境下都要保持清醒的头脑，明白自己的真实感受，并且让他人也意识到你的感受，只有进行有效的交流和沟通，才可能建立和增进良好的人际关系。觉察自己真正的感受是有效表达情绪的第一步。

2. 选择适当的时机表达自己的情绪

觉察自己真正的感受之后，在适当的时机表达自己的情绪也很重要。当他人没有心情和时间关注你的情绪而你自己又没有意识到这一点时，你们彼此之间的交流和沟通也可能受阻，你的情绪仍然得不到他人的理解或正确解读。

3. 正确、清楚、具体地表达情绪

每个人都需要学习如何面对情绪并清楚地把它表达出来，因为让他人了解自己的唯一方法就是将你的情绪、感受、需要、期待等，正确、清楚、具体地表达出来。有效的表达方式是平静地叙述自己真实的情绪体验，而不是发泄。表达情绪的方式得当与否，会具有迥异的效果。在表达情绪时，要清楚地告诉对方，自己产生这一情绪的理由和当时特定的情境，这样他人才可能真正了解你的状况。如果你还没有更加娴熟的表达技巧，可以使用如下“公式语句”表达情绪：“当……的时候（引发情绪的具体情境），我觉得……（自己的感受），因为……（引发情绪的理由）。”

4. 适时地表达积极情绪

那么我们应该如何面对他人的情绪呢？当他人来找我们倾诉，表达其具有的感受时，我们应当做出怎样的反应呢？最好的做法是积极倾听——与对方保持眼神接触，表现出轻松、自然、开放的姿势与表情，适当地运用点头、蹙眉、微笑等身体语言，表达出你对对方的接纳与尊重，专注地倾听对方的言辞，仔细辨别对方所要表达的真正含义。双方沟通中更高的要求是在人际交往中要有“同理心”，即要能站在对方的立场体会他们的感受，了解他们的内心想法，并及时告知对方。如果能做到这些，那么相信你的人际关系一定会很不错。

（五）情绪智力

20世纪90年代初期，美国耶鲁大学的心理学家彼得·萨洛韦和纽罕布什大学的心理学家约翰·迈耶提出了情绪智力、情绪智力商数（情商）的概念。在他们看来，如果一个人在社会上想要获得成功，那么其中起主要作用的不是智力因素，而是情绪智力，前者占20%，后者占80%，他们还列举了不少事例证明这个观点。然

而，真正让情绪智力一词走出心理学的学术圈，成为人们日常生活用语的心理学家是哈佛大学的丹尼尔·戈尔曼教授。他于1995年出版的《情绪智力》一书，登上了世界各国的畅销书排行榜，在全世界掀起了一股情绪智力的热潮。在书中，他认为情绪智力是个体的重要生存能力，是一种用以发掘情感潜能、运用情感能力影响个体生活各个层面和未来人生的关键因素。简单来说，情绪智力是一个人调适自我情绪以及管理他人情绪的能力指数。戈尔曼认为，在人们成功的要素中，智力因素是重要的，但更进一步深入的是情感因素。

那么，情绪智力到底包括什么呢？情绪智力的内容大致可以概括为以下五个方面：① 自我认知能力（自我觉察）。个体认识情绪的本质是其情绪智力的基石，这种随时认知感觉的能力对个体了解自身非常重要。不了解自身真实感受的人必然会沦为感觉的奴隶；反之，只有掌握自我的感觉才能成为生活的主宰，面对婚姻或工作等人生大事时，才能有所抉择。② 自我控制能力（情绪调控）。情绪管理必须建立在自我认知的基础上，如何自我安慰，摆脱焦虑、恐惧或不安等状态，这方面能力较匮乏的人经常会受到低落情绪的困扰，而情绪自控力较强的人能够很快走出自身情绪的低谷，重新开始。③ 自我激励能力（自我发展）。无论是集中注意力、自我激励还是发挥创造力，将情绪专注于某一目标是绝对必要的。任何人成就任何事情都要有情感的自制力——克制冲动与延迟满足，保持高度热忱是获得一切成就的动力。一般而言，能进行自我激励的人做事的效率都比较高。④ 认知他人的能力（同理心）。同理心就是能想他人所想，设身处地地理解他人，这也是基本的人际交往技巧。具有同理心的人能从细微的信息中觉察他人的需求，这种人特别适合从事医护、教育、销售与管理等工作。⑤ 人际关系的管理能力（领导与影响力）。一个人的沟通、领导能力和人际和谐程度都与这项能力有关，充分掌握人际关系管理能力的人常常是社会上某一行业的佼佼者。

一个人在学校中取得了优异的成绩并不能保证自己一生都会获得事业成功，也不能保证其可以在企业中得到领导地位或达到专业领域的巅峰。虽然我们并不否定其在学校中的学习能力，但在今天竞争日益激烈的社会中，这不是成功的唯一条件。换句话说，在现代社会中，情绪智力的重要性不亚于一般智力，值得研究的是自我如何在理性与情感之间求得平衡，否则会使自己徒有智慧而心灵贫乏，在复杂多变的时代极易迷失方向。诸多研究显示，情绪智力较高的人无论是在谈恋爱还是在人际交往中，成功的机会都比较大。此外，情感能力较佳的人通常对生活感到比较满意，能维持积极的人生态度。反之，情感生活失控的人必须花费许多的心力与自己的内心“交战”，这会削弱其自身的实际理解力与清晰的思考力。

二、大学生的情绪

（一）大学生情绪的特点

大学生正处于青春期向成年期的过渡时期，在生理发育接近成熟的同时，心理上也经历着急剧的变化，尤其反应在情绪上，有如下特点：

- 外向、活泼、充满激情。就大学生的整体水平而言，他们在情绪特点上表现出乐观、活泼、开放、热情，精力旺盛、积极向上的特点，充满朝气和激情。
- 情绪趋向于心境化。情绪的心境化指情绪往往会受制于外界情境并随着它的变化而改变，面对不同的情境，大学生的情绪反应来得快，消失得也快。
- 情绪体验更加深刻、丰富。大学生的情绪体验较之以前会更加丰富多彩，并能够随着自我意识的不断发展和各种需要及兴趣的拓展而表现得更加丰富、敏感、细腻和深刻，并发展为更加带有社会内容的情感体验。
- 波动性与两极性。大学生的情绪年龄正处于未成年与成年的转变阶段，在情绪状态上具有两者情绪并存的特点。一方面，相对未成年时期，大学生的情绪趋于稳定和成熟；另一方面，与成年人相比，大学生的情绪带有明显的起伏波动性，容易从一个极端走向另一个极端，他们的情绪有时会表现出大起大落、大喜大怒的两极性。
- 冲动性与爆发性。大学生的情绪特点表现为他们的情绪体验特别强烈和富有激情。大学生对许多事物都比较敏感，一旦自己的情绪爆发，就相对难以控制，甚至表现为一定的盲目狂热和冲动。在处理同学关系、师生关系的矛盾，对待来自学业和生活中的挫折时，他们常常会比较冲动，容易爆发情绪，给自己及他人带来伤害。
- 矛盾性与复杂性。大学时期是大学生面临许多人生重大选择的时期，他们常常会表现出一种矛盾和复杂的情绪状态。例如，希望自己独立和希望依赖他人同时存在；对自己既不满意又不想承担责任；既希望得到他人的理解，又不愿意接受他人的关心等复杂矛盾的心态。
- 内隐性与掩饰性。虽然大学生有时会喜形于色，但他们已经不像未成年时期那样直率坦露，不少大学生常会将自己的情绪隐藏和掩饰起来，使自身的外在表现与内在体验并不一致。这也无形中会给他们的人际交流带来障碍，使一些大学生出现孤独苦闷的情感困惑。
- 想象性。有时大学生还会陶醉于以前某一特定的愉快时光中，或是沉湎于某种负性的情绪状态之中，甚至会陷入某种想象出来的情境之中而不能自拔。例如，有的人在一次运动会比赛中失利后，感到无地自容，后来会渐渐泛化到认为周围的人都轻视自己，从此产生自己处处都不如他人的不良心态。

【课堂活动】

找出情绪的影响源

写出最近困扰你的几件事情并分析其原因，然后与小组成员讨论，分享各自的感受。让同组的成员分别给自己一个评价，同时自己也给他们相应的评价，注意对他人的评价要中肯、客观、实事求是。我们每个人都要虚心接受他人的建议，但是也要辩证地看待这些评价。

（二）大学生情绪健康的标准

健康的情绪是指良好的情绪状态。这首先表现为情绪上的成熟，即一个人的情绪发展、反应水平和自我控制能力与其年龄和社会对此的要求相适应，而且也要为大众所接受。

结合中国大学生的情况，这里提出保持情绪健康的五点参考标准。

1. 保持积极乐观的心态

保持积极乐观的心态，需要具有好奇心，善于关注和发现自身生活、学习中的美好事物，并能够充分地享受它们所带来的愉快。同时自身也要主动发现和创造能使自己感到快乐的事物，快乐不能等待和被赐予，而要自己去发掘。

2. 能接纳自己的情绪变化

喜怒哀乐人皆有之，不能也不必予以过分压抑。我们要能接受自己的情绪，使其恰当地表现出来，不苛求自己的同时也不过于追求完美。我们要用平常心面对自己情绪上的波动，尤其是当负面情绪出现时，要保持良好的心态。

3. 善于及时调整自己的不良心态

善于及时调整自己的不良心态，其中包括能够保持正确客观的理性认知；采用多种方式及时宣泄自身的情绪；在生活中遇到挫折时，能够积极地进行自我心理暗示；能使自己的情感升华。

4. 宽容别人，增加愉快体验

与他人要保持良好的沟通，能够理解和宽容他人，尤其是在对方出现过失时，不能怨恨他人，更不要用他人的错误惩罚自己。怨恨是一把双刃剑，它既会伤人，又会伤己。宽容他人是为了让自己释然，同时也可以增加自身的愉快体验。

5. 掌握有效的情绪调节方法

掌握有效的情绪调节方法，包括保持幽默的方法、自我认知的方法、行为调节的方法、积极自我暗示的方法、转移升华的方法和自我宣泄的方法等。

（三）大学生常见的情绪困扰

常见的情绪困扰又称情绪的适应不良。按照起因，情绪困扰具体表现为情绪反应过度、情绪反应不足、消极情绪持续时间过长或泛化以及情绪难以控制等。

1. 情绪反应过度

【同伴案例】

张某是某大学三年级的学生，平时少言寡语，但周围的同学能从他冷漠的态度和充满敌意的目光中，感到此人难以接近。一天，张某因一点小事与其他班级的一位同学发生了冲突，对对方大打出手，还动用了凶器，使对方致残，以致自己被开除了学籍。事后老师了解到，张某在中学期间曾受到过校园暴力的伤害，从那之后，他对任何人都抱有敌意，凡是他认为有意伤害自己的人，会马上对其产生企图报复的愤怒情绪，最终酿成了恶果。这就是情绪反应过度的表现。

（1）愤怒

愤怒是人的基本情绪反应，根据程度不同可分为不满、气恼、发怒、暴怒、狂怒等。上述“同伴案例”中的张某因为无法控制自己的愤怒情绪而做出了过激的行为，实际上是他自身在过去的经历中被伤害后所遗留下来的仇恨和愤怒发生了转移，这也称为迁怒，结果是伤害了他人也伤害了自己。这种情况如何解决呢？曾经有过被伤害经历而常有愤怒情绪的大学生，应主动找心理老师帮自己调整心态，使自己早日摆脱愤怒的阴影；用不当的方式表达过激行为的大学生，应学会采用心理调节的方法，缓解自己的冲动情绪。

（2）焦虑过度

几乎每个大学生都经历过考试前的焦虑情绪。焦虑情绪本身并非一种情绪困扰，这里所说的焦虑过度是指自身的焦虑程度已经构成了对学习和生活的不良影响或干扰。应该说，适度焦虑有益于个人潜能的开发。如果一个人没有焦虑或是焦虑不足，那么会导致注意力涣散，工作和学习效率下降。所以，无论是听课还是课下自习，都需要保持一定的焦虑。但是焦虑过度会使人陷入紧张状态、思维受阻，导致工作或学习效率降低。

焦虑情绪可分为情境性焦虑、情感性焦虑和神经性焦虑。情境性焦虑又称反应性焦虑，指由于面临考试、竞争、当众演说等外界压力而引起的焦虑情绪；情感性焦虑是指对预期发生的事情感到担心、对自己的过错感到自责等引起的焦虑反应；

神经性焦虑是指由于情绪紊乱、恐慌、失眠、心悸等心理和生理原因引发的焦虑。克服焦虑的方法有多种，主要有放松训练法、改变认知法、角色扮演法等。

（3）过度应激状态

应激是指当事者在某种环境刺激的作用下，由于客观要求和自身的应对能力不平衡而产生的一种适应环境的紧张反应状态。应激状态往往伴随着多种消极情绪，如会附加恐惧、震惊、厌恶、痛苦、敌意、惧怕、失望等情绪感受。

2. 情绪反应不足

（1）抑郁

抑郁是一种愁闷的心境，表现为情绪反应强度不足，出现没有激情、忧心忡忡、长吁短叹、话语减少、食欲缺乏等心理和生理反应。抑郁情绪在大学生群体中表现得较为普遍。例如，有些学生因为无法面对学业中的竞争和学习上的压力，或者对所学的专业不满意，而陷入抑郁的情绪状态，表现为对生活和学习失去兴趣，无法体验到快乐，行为活动水平下降，回避与人交往。严重者还伴有心境恶劣、失眠甚至出现自杀倾向。特别需要指出的是，抑郁情绪与抑郁症既有联系又有质的区别。前者属于一种不良情绪困扰，需要进行心理上的调整；后者属于心理障碍的范畴，需要及时到医院就诊。

（2）冷漠

冷漠同样是一种情绪反应强度不足的表现，其外显化为大学生对其他人或事的漠不关心。具有冷漠情绪的大学生，在行为上常会表现为对生活没有热情和兴趣；对学习漠然置之，无精打采；对周围的同学冷漠无情，甚至对他人的关心无动于衷；对集体活动避不参加。日本心理学家松原达哉教授形容处于冷漠情绪状态的大学生是无欲望、无关心、无气力的“三无”学生。冷漠是一种逃避环境和现实的退缩性心理反应，它本身虽然带有一定的心理防御性质，但是会导致当事者萎靡不振、退缩躲避和自我封闭，并严重影响一个人的身心健康。大学生要克服冷漠情绪，需从建立责任意识入手，逐步建立起自己的生活目标，同时应多开展人际交往，使自己积极投入生活和学习。

3. 消极情绪持续时间过长或泛化

【同伴案例】

一位大学生在课堂上回答老师的提问时，由于一时紧张出现了口误，引起班上同学的哄笑，并被老师批评。从这以后，每次听这位老师的课，该学生都感到极度紧张、焦虑而后发展为恐惧。为此，每次上这门课他都坐在教室中的最后一排，但还是恐惧老师注视他的目光，并逐渐严重到不敢进教室听课，后来又发展到害怕进教室和惧怕所有上课老师的目光。

上述“同伴案例”中的同学将当初的偶然事件所引发的消极情绪体验，逐渐泛化到所有相似的情境之中，造成了自身学习和人际交往中的情绪障碍。前面我们说过，消极情绪并非一定是不良情绪，因为伴随着一定的紧张状态，愤怒、憎恨、忧愁、恐惧、痛苦等情绪的产生，同样是人们作为适应环境的一种必要反应，它们可以激起人们的内在潜能，使人们改变或脱离导致这种不良心态的环境。但是，如果此种情绪反应的持续时间过长或者泛化，就会严重影响人们正常的工作、学习和生活，而且会给人的身心带来严重的负面影响。针对大学生的此类情绪，可以采用系统脱敏、暴露治疗、认知改变等多种心理调节方式。

4. 情绪难以控制

在日常生活中，大学生的情绪困扰有时还来自自己不能接受或无法控制情绪现状而产生的不适感。如在日常的学习中，一名大学生常为自己头脑中闪现一些毫无意义的杂念而烦恼不已。本想将其克服，但没想到出现杂念的情况不仅没有减少，反而更加严重。那么这位学生的情绪困扰，就来自其不能接受自己的情绪反应。前面我们说过，情绪是人的一种自然和本能的感受，无论自身是否愿意，或情绪是否为负性感受，它都不以人的意志为转移。当我们对某一种情绪采取排斥和不接受的态度时，实际上自身却正在关注和强化它。

三、管理情绪的方法

（一）控制情绪

控制情绪指人们选择情绪反应的方式和内容，调节情绪反应的强度。一般而言，喜怒哀乐是人的正常情绪反应。但是，什么时间、什么地点、什么场合、对什么人、采取什么样的方式做出情绪反应，有一定的社会和道德规范标准。也就是说，大学生的情绪反应以及因此所表现出的行为要符合社会的规范。控制情绪，还包括自我调节情绪的能力。例如，表达愤怒的情绪时，要将其控制在他人能够接受的程度内；当情绪兴奋时，要将其表现在使自己不失态的范围内；在自己产生忧虑情绪时，要尽量将其保持在不影响自己正常学习和生活的状态内；等等。

（二）调节情绪

对情绪的调节可以从不同的角度予以分类。依据情绪调节过程的来源不同，可分为内部调节和外部调节。内部调节来源于个体内部，如个体生理、心理和行为等方面的调节；外部调节来源于个体以外的环境，如人际、社会、文化以及自然等方面的调节。依据情绪的不同特点，可分为修正调节、维持调节和增强调节。修正调节主要指对消极情绪所进行的调整和修正，如降低狂怒的强度从而恢复平静；维持调节主要指人们主动维持对自己有益的正情绪，如兴趣、快乐等；增强调节指对情绪进行积极的干预，常在临床上被采用，如对抑郁或冷漠症采用这种情绪调节方式，使个体调整到积极的情绪状态。依据调节的内容，可分为原因调节和反应调节。原因调节是针对引起情绪的原因进行调整，包括对情境的选择、修改，注意调整以及认知策略的改变等。通过改变自己的注意力来改变情绪，对诱发情绪的情境进行重新认识和评价等。反应调节发生在情绪激活或诱发之后，是指通过增强、减少、延长或缩短反应等策略对情绪予以调整。依据调节的效果，可分为良好调节和不良调节。当情绪调节使情绪、认知和行为达到协调时，这种调节是良好调节；相反，当调节使个体失去对情绪的主动控制，其心理功能受到损害，阻碍认知活动，并导致个体适应不良时，这种调节是不良调节。

怎样才能较好地调节自己的情绪，做情绪的主人？可以试着这样做：

❤ 接纳自己的情绪。紧张、焦虑、烦恼等消极情绪并不可怕，如果它们出现，那么我们不需要惊慌失措。努力让自己平静下来，这样就会有更多的精力去考虑如何应对自己所面临的真正问题，从而使问题更容易得到解决。

❤ 学会对自己的情绪负责。如脾气暴躁的同学，请不要轻易断言“我不能控制我的坏脾气”，可以试着反省自己是不是“其实并不想控制自己的坏脾气”。或许正是这种潜意识的观念，使你对自己的不良情绪和行为感到无能为力，而任由它控制你的生活。

❤ 有效地处理与应对消极情绪。大学生对生活是否有幸福感，并不在于自己遇到消极情绪的多或少，而在于自己是否能够有效地对其进行处理与应对。尽管我们的情绪比较多变，但并非完全不可控制，自身也无须对其压抑和伪装，只要认清自己的情绪，了解引发它的原因，找出有效的应对方法，我们就可以做情绪的主人。有效应对消极情绪的方法有认知调节法、环境改变法、行为调整法、注意力转移法、放松训练法等。

【课堂活动】

放松训练引导语

放松训练旨在帮助个体主动松弛自身，增强个体对身体的控制能力。现在开始，请你选择一个恰当的姿势，调整一下身体，使自己尽量舒服些。首先请注意听，然后按照下面所说的去做。

首先，请你把眼睛闭上，尝试感觉全身的重量是不是均匀地分配在脚、大腿、臂部、背部或者手部。请你感觉自己身体左右两边的重量是否平衡。接着，请你把一部分注意力转移到你的心跳上，尝试着去感觉它。现在，你试着把注意力分散在两个方面：一方面感觉身体的平衡，另一方面感觉自己的心跳。

其次，请你再把一部分注意力转移到你的呼吸上。轻轻地把气吸进来，慢慢地呼出去，尽量自然地吸气。现在，请你把注意力分散到三个方面：一是注意身体的平衡，二是试着感觉你的心跳，三是试着控制你的呼吸。接下来请把注意力转移到你的两个手掌心，然后强烈地暗示自己："让我的手心温暖起来。"并继续尝试下去。现在请你把注意力分散到四个方面：一是注意身体的平衡，二是感觉你的心跳，三是控制呼吸，四是注意你的手掌心。并再次暗示自己："让我的手心温暖起来。"之后继续尝试上述步骤。

最后，现在你正处于十分轻松舒适的状态，因为太急促、剧烈的活动会对你的身体造成伤害，所以请缓慢地、轻柔地活动一下身体的各个部位，再开始做你想做的事情。

（三）理性情绪疗法

心理学家艾利斯提出理性情绪疗法，让人们用其来调整自己的情绪，这种方法经过多年的实践检验，颇为有效。理性情绪疗法的基本假设是：我们的情绪根源于我们自身对这个世界的信念、评价与解释，人同时具有理性信念与非理性信念。人们的困扰来自本身的非理性思考，而不是外在世界发生的某些事件。艾利斯认为，人们强烈的不适当情绪主要是其非理性的思考导致的，而这些不合理与不合逻辑的非理性思考源于人们早期的学习经历或者父母与环境的影响。人们具有改变认知、情绪及行为的潜能，可以使自己不必受制于早年经验，学习理性思考，降低自身不良情绪的发生频率，增加积极情绪的发生频率。

ABC人格理论是理性情绪疗法的精华，不仅说明了人类情绪与行为困扰的原因，而且提供了解除情绪及行为困扰的应对方法。A（activating events）代表引发事件，B（beliefs）代表个人持有的信念，C（consequences）代表最后的结果。即引发事件（A）并不是情绪反应或行为结果（C）的原因，人们对事件持有的信念（B，想法、解释、看法）才是真正的原因。

艾利斯常用一句名言来阐述自己的观点：人不是被事情本身困扰，而是被其对事情的看法困扰。例如，有一个女孩因患了咽喉炎而声音沙哑（A），导致她整个人畏缩、自卑、孤立（C）。依照艾利斯的ABC理论，声音改变的事实（A）并不直接导致女孩的情绪和行为（C），而是她坚持认为女性的声音一定要娇柔清脆、有女性化特征，这种信念（B）使她处于不良情绪的困扰之中。

同样的事情如果发生在其他人身上，那么也许他们不会有这种过分强烈的消极情绪反应，因为他们对此会有不同的看法，如“没有证据表明我注定要失败，即使失败，也只是这一次，它不能表明我以后会怎样”，或“女性的价值为什么一定要表现在声音上，还有比声音更重要的东西”。这些都是理性信念，它们会保护个体，使其避免陷入不良情绪的困扰。

由此可见，面对同一事件，不同的信念会导致不同的结果。如果B是合理的、现实的，由此产生的C就是适应的，否则个体会产生情绪困扰和不适应行为，即非理性的信念是人们出现情绪困扰的根本原因，可以通过改变B来调控情绪。这也正是理性情绪疗法的核心，即对非理性信念加以驳斥和辩论，使之转变为理性信念，最终改变人们的不良情绪。

理性情绪疗法强调情绪困扰源于个体的非理性信念，治疗的重点也在于改变这些信念。那么这些信念包括哪些内容呢？艾利斯通过临床观察，总结出日常生活中常见的会给个体带来情绪困扰的11种非理性信念，分别为：① 一个人应被周围的人喜欢和称赞，尤其是生活中的“重要他人”；② 一个人必须能力十足，在各方面都有成就，只有这样才有价值；③ 那些邪恶可憎的人，应该受到责骂与惩罚；④ 当事情不让自己满意的时候，是很可怕也很悲惨的；⑤ 不幸福、不快乐是外在因素所造成的，个人无法控制；⑥ 我们必须非常关心危险可怕的事情，而且要时时刻刻为此忧郁，并防止它再次发生；⑦ 面对困难和责任很不容易，倒不如逃避更加省事；⑧ 一个人应该依靠他人，且需要找一个比自己强的人去依靠；⑨ 过去的经验决定了现在，现在是永远无法改变的；⑩ 我们应该关心每个人的问题，也要为他人的问题感到悲伤难过；⑪ 人生中的每个问题，都有一个正确而完美的答案。

非理性信念会给人们带来情绪困扰，个体可通过咨询、治疗、训练等方式转变认知，从而提高情绪管理能力。

【课堂活动】

找找自己的不合理想法

表4-3列出了五项不合理想法，你是否有过？若有，尝试调整你的想法，因为不合理的想法可能会给你造成压力，并带来情绪上的困扰。

表4-3 不合理想法及其分析

不合理想法	分析
二分化、全或无的思考方式	具有“不是成功，就是失败”等不符合现实的想法，没有人会完全成功或完全失败
忽略或贬低好的结果	扩大负面事件的影响、忽略好的结果或成就，对你一点帮助都没有，只会让你批评自己，否定自己
灾难化，假定最坏的情况就要发生	有人以为此种想法可避免失望，事实上此种想法会令人绝望、丧气
贴标签，当你犯了错后，可能告诉自己“我真是个白痴”	用“我犯了一个错误，让我想想如何改善”来取代消极想法
个人化与自责，将与自己无关的事件看作与自己有关，特别是某些失败的事件，会认为是自己造成的	此种归因除使你更加难过外，没有任何帮助。当你这么想时，最好仔细想清楚有哪些因素影响了该事件，而不是把失败一股脑地往自己身上揽

【拓展阅读】

1. 艾利斯. 让你快乐起来的心理自助法［M］. 李迎潮，李孟潮，译. 北京：中国人民大学出版社，2010.

2. 彭凯平. 生活中的情绪心理学［M］. 北京：清华大学出版社，2024.

3. 傅小兰. 情绪心理学［M］. 上海：华东师范大学出版社，2016.

第5讲

尽展人格的风采——人格及其完善

【知识导图】

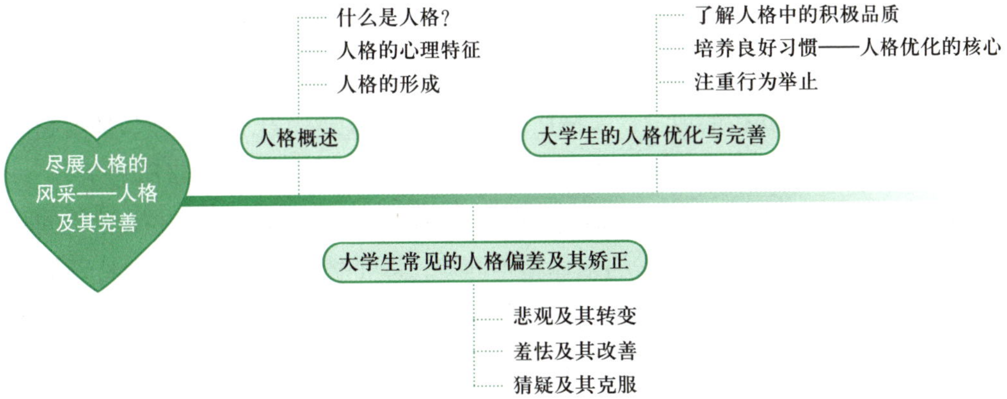

请思考:

1. 什么是人格?
2. 人格的心理特征有哪些?
3. 你觉得人格对一个人的成长与发展有哪些影响?
4. 你打算如何优化与完善自己的人格?

一、人格概述

生活赋予了每个人独有的特质，造就了无数个不同的个体。人的内心不同，面貌也有差异，人格也像人的内心和面貌一样千差万别、千姿百态。有人活泼，有人文静；有人勇敢，有人懦弱……这些差异就是心理学研究的人格。

（一）什么是人格?

每个人都有自己独特的人格特征。那么，什么是人格？它有什么特点？它包括哪些结构?

“人格”源于拉丁文persona，意指面具、脸谱。《简明不列颠百科全书》对“人格”一词的解释是：“每个人所特有的心理—生理性状（或特征）的有机结合，包括遗传的和后天获得的成分，人格使一个人区别于他人，并可通过他与环境和社会群体的关系表现出来。”从心理学的角度看，人格是个体在遗传素质的基础上，通过与后天环境的相互作用而形成的，具有一定倾向性的，相对稳定的和独特的心理行为模式。人格反映一个人的整体精神面貌，即个体心理品质或心理特征的总和。人格的结构是多层次、多侧面的，包括活动倾向性方面的特征，如需要、动机、兴趣、信念、理想等；也包括人格心理特征，如气质、性格、能力等。这些特征相互渗透、相互影响、相互制约，有机结合成一个整体，对人的行为进行调节和控制。

1. 人格的特点

人格具有独特性、稳定性和整体性等特点。

独特性是人格最突出的特点，即一个人区别于他人的特征。世界上没有人格完全相同的两个人。“我就是我。”“我是独特的、与众不同的。”人格的独特性是指每个人的人格都是独特的，这种独特性不仅仅表现在某些个别的心理或行为特征上，更主要的是表现在整个行为模式上，从而使得人与人之间可以相互区别开来。当然，我们并不否认人与人之间在某些心理或行为特征上有共同性，但从整体上来讲，每个人的人格都是独一无二的。

人格的稳定性是指一个人的人格及其特征在时间上具有前后一贯性，在空间上具有相对一致性。例如，如果某个人性情比较急躁，那么他昨天是这样的，今天是这样的，明天很可能还是这样的。同样，如果这个人在学习和工作中的表现比较急躁，那么其在日常生活和人际交往中也会表现出急躁的性格。这并不排除这个人有时在某种场合偶尔也会表现得比较沉稳，这时其他人可能会说：“他的行为举止不太像他本人。”人格的相对稳定性并不意味着个体是一成不变的，在人的一生中，人格仍具有可塑性和可变性。

人格的整体性是指人格虽然由多种成分和特质组成，但这些特质在同一个体身上不是孤立存在，而是相互关联的，并形成一个有机整体。当一个人人格结构的各个方面（如认知、情感、性格等）彼此和谐统一时，其人格就是健康的。

2. 人格五因素模型

人格的内涵丰富，结构复杂，研究视角多样，探讨人格的构成对于人格评价和人格优化有着重要意义。经过几十年持续不断的研究，心理学界越来越认同人格五因素模型是人格研究的前沿理论。人格五因素模型也称大五人格理论，是指人格由神经质、外向性、开放性、随和性和谨慎性五种因素组成，如表5-1所示。人格五因素模型具有极普遍的适用性和很高的应用价值，从20世纪90年代开始被广泛应用。

表5-1 大五人格的结构

人格因素	有代表性的人格特质	两极表现
神经质	焦虑、敌对、压抑、自我意识、冲动、脆弱、自我防卫等	平静—烦恼，坚韧—脆弱，安全—危险
外向性	热情、社交、健谈、果断、活跃、冒险、乐观、激动、好动、表现等	孤独—交际，寡言—多语，克制—冲动
开放性	想象、思考、审美、情感丰富、求异、智能、创造、兴趣等	守旧—创新，胆怯—勇敢，保守—开明
随和性	信任、直率、利他、依从、谦虚、同情、体贴、友好等	暴躁—温和，粗鲁—文静，自私—无私
谨慎性	胜任、条理、尽职、自律、谨慎、可靠、能力、责任感、效率等	粗心—细心，独立—依赖，冷漠—热忱

国内有学者提出，根据我国的国情和时代发展特征，结合社会进步对大学生人格发展的要求，可以将大五人格的核心内涵加以阐释，为大学生的人格发展提供参照。例如，神经质即用理性调控情绪，提高心理成熟度；外向性即具有社会适应能力的意向和性格表现；开放性即不断获得新知和探索未知，创造性地面对社会；随和性即有爱心和同情心，尊重他人，不以自我为中心；谨慎性即社会责任心强，人格特质与人品统一。

（二）人格的心理特征

人格的心理特征可以分为能力、气质和性格三个方面，这三个方面特征的结合，就构成一个人较为稳定的人格特征。下面重点介绍气质和性格这两种心理特征。

1. 气质

现代心理学认为，气质是个体不以活动的目的和内容为转移的、典型的、稳定的心理活动特征。在日常的生活、工作、学习中，我们会发现有人性情急躁，喜怒形之于色；有人说话、做事总是慢条斯理、不慌不忙；有人活泼好动、善交朋友；有人则喜欢独处，安静并且少言寡语；等等。这些差别正是个体所具有的气质不同所致。

（1）气质的类型

最早提出气质学说的是古希腊的医生兼学者希波克拉底，他认为人体内有四种不同的体液，即血液、黏液、黑胆汁、黄胆汁，分别生于心脏、脑、胃、肝。它们各自不同比例的配合导致了人们的气质差异，哪种体液在人身体内占主导成分，个体便会形成相应的某种气质，因而就产生了多血质、黏液质、抑郁质、胆汁质四种气质类型，每种气质类型都有其相应的行为风格。虽然仅根据四种体液来说明人们气质的差别不合乎现代医学的认识，但这种象征性的分类因为有其合理性而一直被沿用至今。四种气质类型的特点如表5-2所示。

表5-2 四种气质类型的特点

气质类型	主要特点
胆汁质	精力旺盛、直率、热情、刚强、动作迅速、情绪体验强烈、智力活动具有极大灵活性、解决问题有“不求甚解”的倾向、易感情用事等，具有外倾性
多血质	活泼、好动、反应迅速、动作敏捷、思维灵活但往往不求甚解、注意力易转移、情绪不稳定且易表露、易适应环境、喜欢交往、做事粗枝大叶，具有外倾性
黏液质	安静、沉稳、喜欢沉思、情绪不易外露、灵活性不足、比较刻板、注意力稳定、不容易习惯新的事物、反应缓慢、善于忍耐，具有内倾性
抑郁质	行动缓慢、敏感、情感体验深刻、容易感觉到别人不易觉察的细小事物、易疲倦、孤僻，具有内倾性

苏联生理学家巴甫洛夫用神经系统活动过程的特性解释了四种气质的不同机制，这是比较科学的。巴甫洛夫通过动物实验研究发现，不同动物的高级神经活动的兴奋和抑制过程有其独特、稳定的结合，并由此构成了动物高级神经活动的类

型。动物的神经类型有三种特性，即兴奋和抑制的强度、兴奋和抑制的平衡性、兴奋和抑制的灵活性。巴甫洛夫根据这三种特性的结合，把动物的高级神经活动划分为四种，认为动物的四种高级神经活动原则上也适用于人类。因此，四种高级神经活动就构成了人类四种气质的生理基础，如表5-3所示。

表5-3　四种气质类型的生理基础

高级神经活动类型	特点	对应的气质类型
强而不平衡型	兴奋过程强于抑制过程，阳性条件反射比阴性条件反射易于形成。这是一种易兴奋、奔放不羁的类型，可称为“不可遏制型”	胆汁质
强、平衡、灵活型	反应灵敏，外表活泼，能较快地适应迅速变化的外界环境，可称为“活泼型”	多血质
强、平衡、不灵活型	较易形成条件反射，但不容易改造，是一种心理坚毅而行动迟缓的类型，可称为“安静型”	黏液质
弱型	胆小怕事，在艰难的工作任务面前，正常的高级神经活动易被破坏而产生神经症，可称为“抑制型”	抑郁质

每种气质都有相应的代表人物。如胆汁质的代表人物有《三国演义》里的张飞、《西游记》里的孙悟空等；多血质的代表人物有《西游记》里的猪八戒、《红楼梦》里的王熙凤等；黏液质的代表人物有《西游记》里的沙和尚、《水浒传》里的林冲等；抑郁质的代表人物有《红楼梦》里的林黛玉，以及很多文艺天才，比如柴可夫斯基、肖邦等。

（2）了解气质的方法与意义

了解自己和他人的气质特征，对一个人的心理健康、职业选择、学业进步以及人际交往都有重要意义。通过气质问卷可以测量出每个人的气质类型，广泛流行的性格色彩学说其实就是源于此。比如，气质不同的人，在说话、走路、与他人交往、学习、工作、休息，以及怎样表现自己的痛苦和欢乐，怎样对不同的事件做出反应等方面都会有不同的特点。了解这一点后，对于同学间互相理解、融洽相处很有好处。许多大学生都有这样的体会：如果彼此了解了各自的脾气，自然就会相互谅解，自己也不再为他人说话急躁，他人不爱与自己打交道，他人对自己不那么热情之类的小事感到不快，大学生在人际关系问题上的苦恼就会越来越少。

2. 性格

性格是一种与社会性关联最密切的人格特征，指一个人在现实生活中表现出稳定的态度和习惯化的行为方式。研究表明：性格是人在实践活动中逐渐形成和发展起来的，客观事物施加的各种影响通过主体的心理活动在个体的反应机构中保存并固定下来，构成个体一定的态度体系，并以某种固定的形式表现在个体的行动之中，构成其特有的行为方式。这种行为方式就是我们通常说的性格。

性格的分类方法很多，不同的分类从不同的角度反映了性格的某一方面。

（1）外向—内向型

最常见的性格分类是由瑞士心理学家荣格提出的，他根据个体的心理活动倾向于内部还是外部，将人的性格分为外向和内向两大类。他认为，当一个人的兴趣和关注点指向外部客体时，就是外向型的；而当一个人的兴趣和关注点指向内部主体时，就是内向型的。外向型性格的人的心理活动倾向于外部，情感多表露在外，热情奔放，独立自主，善于交往，活泼开朗，处事不拘小节，独立性强，能适应环境，但易轻信他人，自身的自制力和坚持性不足，有时还会表现出粗心、不谨慎、情感动荡多变等特点；内向型性格的人的心理活动倾向于内部，感情较内蕴、含蓄，处事谨慎，自制力较强，善于忍耐克制，富有想象，情绪体验深刻，但不善社交，应变能力较弱，反应相对缓慢，做事易优柔寡断，显得有些沉郁、孤僻、拘谨、胆怯等。外向型与内向型性格的典型表现比较如表5-4所示。

表5-4　外向型与内向型性格的典型表现

外向型性格的典型表现	内向型性格的典型表现
注意外界所发生的事情，追求刺激，敢于冒险； 无忧无虑，随和乐观，容易冲动，易怒也易平息，常常会不假思索地行动； 有与他人交流的需要，好为人师，有许多朋友； 善于交际，对人热情，不喜欢独自学习； 喜欢变化，能面对挑战	倾向于事先计划，三思而后行，严格地控制感情，较少有攻击行为； 性情孤独，内省，生活有规律； 对某些感兴趣的事物的爱好胜于与人的交往，除亲密朋友外，对他人较冷漠，并保持一定的距离； 安静，不善交际； 重视道德标准，但有些悲观

（2）MBTI的16种性格类型

MBTI是英文Myers-Briggs Type Indicator的缩写。MBTI是20世纪40年代美国心理学家迈尔斯和布里格斯基于心理学家荣格的性格类型理论研制开发的一种迫选型、自我报告式人格测验。该测验从复杂的人格特质中归纳、提炼出四个关键要素——动力、信息收集、决策方式、生活方式，对其进行分析判断，从而把不同性格的人区别开来。MBTI的16种性格共有四个维度，每个维度有两个方向，共计八个方面，分别是：外向（E）和内向（I）；感觉（S）和直觉（N）；思考（T）和情感（F）；判断（J）和知觉（P）。四个维度、两个方向排列组合，共形成16种性格类型，每种类型以各个维度的字母来表示：ESTJ、ESTP、ESFJ、ESFP、ENTJ、ENTP、ENFJ、ENFP、ISTJ、ISTP、ISFJ、ISFP、INTJ、INTP、INFJ、INFP。各种性格类型及其表现特征如表5-5所示。

表5-5　MBTI的16种性格类型及其表现特征

ESTJ 外向—感觉—思考—判断	ESTP 外向—感觉—思考—知觉	ESFJ 外向—感觉—情感—判断	ESFP 外向—感觉—情感—知觉
务实、真实，具有经营或技术天分，不喜欢抽象理论，喜好组织与管理活动，专注于以效率最高的方式行事，关注细节且很快做出决策，易忽略他人的感受，做事风格比较偏向于团队中的权威	擅长在现场实时解决问题，喜欢做事并乐在其中，喜好技术事务及运动，喜交结同好友人，具有适应性、容忍度、务实性，会投注心力于很快见成效的工作，不喜欢冗长概念的解释及相关理论	诚挚、爱说话、合作性高、受欢迎，重和谐且长于创造和谐，常做对他人有益的事，受到其鼓励及称许会有更佳的工作成效，喜欢与他人共事	外向、和善，具有高接受性，乐于与他人分享喜乐，喜欢与他人一起行动且促成事件发生，在学习时亦然，擅长人际相处，具备完备常识，性格有弹性，能立即适应他人与环境
ENTJ 外向—直觉—思考—判断	**ENTP 外向—直觉—思考—知觉**	**ENFJ 外向—直觉—情感—判断**	**ENFP 外向—直觉—情感—知觉**
坦诚，是具有决策力的活动领导者，精于有内涵的谈话（如对公众演讲）乐于吸收新知且能广开信息渠道，易过度自信，强于表达自己的创见，喜于远程策划及目标设定	反应快、聪明、敏捷，出于兴趣会对问题的两面性加以争辩，对有挑战性的问题富有策略，但会轻视或厌烦常规性的任务与细节，兴趣广泛且易转移，对于想做的事会有技巧地找出其符合逻辑的理由	热忱、负责任，具有鼓励他人的领导风格，对别人的所想或需求会表达真正的关切，爱交际、受欢迎且富有同情心，对称许及批评很在意，能使别人或团体发挥潜能	充满热忱、活力充沛、聪明、富有想象力，几乎能达成所有感兴趣的目标，对难题很快就有对策，并能对有困难的人施以援手，为达目的常能找出强制自己行动的理由

续表

ISTJ 内向—感觉—思考—判断	ISTP 内向—感觉—思考—知觉	ISFJ 内向—感觉—情感—判断	ISFP 内向—感觉—情感—知觉
严肃、安静、精力集中、全力投入、可被信赖，行事务实、有序、实际、有逻辑、负责任，重视传统、忠诚	安静，做事预留余地、有弹性，有兴趣探索原因及效果，按照符合逻辑的原理建构事实，重视效能，擅长掌握问题的核心并找出解决方法，分析成事的缘由且能实时从大量资料中找出实际问题的核心	安静、和善、负责任、行事尽责投入、安定性高、能吃苦、力求精确，对事务的细节有耐心，忠诚、考虑周到，关心他人的感受	羞怯、安宁、和善、敏感、亲切，行事谦虚，喜于避开争论，不对他人强加己见或价值观，办事不急躁，安于现状，无意于以过度的急切或努力破坏现状，喜欢有自由的空间及按照自定的节奏办事
INTJ 内向—直觉—思考—判断	**INTP 内向—直觉—思考—知觉**	**INFJ 内向-直觉—情感—判断**	**INFP 内向—直觉—情感—知觉**
具有强大的动力与本意来达成自己的目的与创意，有宏大的愿景且能快速在众多外界事件中找出意义，具有怀疑心、挑剔性、独立性，果断，对专业水准及绩效要求高	安静、自持，具有弹性及适应力，特别喜爱追求理论与科学事理，习惯以逻辑及分析方式来解决问题，对创意事务及特定工作有兴趣，对聚会与闲聊无大兴趣，追求可发挥个人强烈兴趣的职业生涯	坚忍、有创意，在工作中投入最大的努力，默默地、诚挚地、用心地关切他人，因坚守原则而受敬重，对他人具有洞察力，做事光明正大且坚信其价值观	安静的观察者，具有理想性，对价值观与其相同和对其重要的人忠诚，有好奇心且很快能看出机会所在，常担任开发创意的触媒者角色，行事具有弹性，适应力强且承受力强，对所处境遇及物质财富不太在意

表5-5所示的16种性格类型没有好坏之分，可以帮助人们了解自己。由于MBTI的16种性格类型对性格与职业的联系阐述得比较清晰，因此这一人格分类方法被广泛应用于职业生涯规划、人力资源管理等领域。对于大学生来说，了解自己的性格类型，可以为以后的求职择业提供参考。

3. 认知风格的个体差异

认知风格是指个体在认知活动中所偏爱的信息加工的方式，表现在个体对外界信息的感知、注意、思维、记忆和解决问题的方式上。认知风格是个体的人格在认知方式上的体现，目前受关注较多的是场独立性与场依存性两种认知风格，这两个概念来源于威特金对知觉的研究。

威特金的研究发现，场独立者对客观事物做出判断时倾向利用自己身体内部的参照，不易受外在因素的影响和干扰，在认知方面，他们常常独立于自身周围的背景，倾向于在抽象和分析的水平上对信息进行加工，独立地对事物做出判断；而场依存者对物体进行知觉时倾向把外部参照作为自己信息加工的依据，自我难以摆脱环境因素的影响，他们的态度和自我知觉更易受周围的人，特别是权威人士的影响和干扰，他们善于察言观色，会注意并记忆言语信息中的社会内容。总结前人的研究可以发现，不同的认知风格对学习活动的各个方面都会产生显著的影响，场独立性和场依存性的大学生具有不同的学习特点和偏好，如表5-6所示。

表5-6　两种认知风格者的学习特点和偏好

表现领域	场独立性	场依存性
学习材料	喜欢抽象的、理论性的学习材料	善于学习与记忆包含社会性内容的材料
学习策略	独立、自觉地学习，其学习由内在动机支配	易受暗示，学习欠主动，其学习由外在动机支配
学科兴趣	更喜欢与人无关的、需要认知改组技能的领域，偏向自然科学	强调人与人之间的关系，喜欢强调社会交往技能的领域，偏向社会科学
教学偏好	偏好结构不严密的教学	偏好结构严密的教学

关于场独立性和场依存性之间的关系，张厚粲等人认为二者无显著相关关系，它们可以被认为是人格的两种不同特质（维度），但是二者之间存在着某种程度的一致性，因此，它们在人格表现中互相影响、互相制约，共同存在于人格这一统一体中。表5-6为两种认知风格者的学习特点和偏好，整体来说，场独立者和场依存者没有好坏之分，而且都可以通过训练而得到改变。大学生了解了两种认知风格的特点后，可以在学习中充分发挥自己的优势风格，进行更加有效的学习。

（三）人格的形成

前面我们已经了解了人格的基本概念和主要组成，这些不同的人格类型究竟是怎么形成的呢？下面介绍两大人格发展理论：一个是精神分析学派，强调童年的性启蒙和潜意识动机对人格的影响；另一个是积极心理学，它对积极人格的研究关注个体成长和自我实现的内在潜能。

1. 精神分析学派的观点

精神分析学派的创立者弗洛伊德认为，一个人的核心人格在6岁以前就基本形成了。他认为，人就是一个有动力装置的机器，有两个动力的来源，一个叫作力比多，另一个叫作攻击性。力比多是爱和融合的力量，而攻击性是恨和分离的力量。这很像电影《哪吒之魔童降世》里讲的那样，混元珠一分为二：一个是灵丸，代表爱和向善；另一个是魔丸，代表邪恶和破坏。根据这两种力量的不同，可以将儿童的0—6岁成长期划分为以下三个阶段。

第一阶段，0—1岁，称为口唇期。这个时候婴儿的注意力全部在嘴巴上面，他用嘴巴跟世界建立关系，并且表达自己的爱和恨。假如一个婴儿在这个时候发生心理创伤的话，对其来说就会形成一个疤痕，这个疤痕在成年之后就会表现出症状。当我们看到一个成年人像婴儿般喋喋不休地抱怨的时候，就会不自觉地跨越时空，注意到其在0—1岁口唇期所受的创伤而留下的疤痕。还会有一种非常严重的身心疾病，就是进食障碍，这也是他们在口唇期因为创伤而留下的疤痕。从治疗上来说，成长越早期的创伤，治疗的难度就越大。

第二阶段，1—4岁，称为肛门期。如果我们做过婴儿观察就知道，对于这个年龄的孩子来说，学会控制大小便是非常重要的生活事件，肛门期就是要学会控制自己，也学会控制他人和环境。这个时候如果留下心理方面的创伤的话，成年后人们就会表现出来对自己和环境的过度控制，包括金钱、人际关系等。因为他们在这个时期受的创伤所留下的疤痕，会使他们生活得过度严谨。

第三阶段，4—6岁，称为性器期。儿童开始出现对异性父母的爱慕，即出现俄狄浦斯情结或厄勒克特拉情结。男孩在潜意识里希望自己能跟妈妈亲近，在幻想层面，他希望完全地占有妈妈，但是这个事情不会太顺利，因为旁边有一个比自己强大的男人，这就是父亲。所以，男孩对此既感到羞愧，又充满受到惩罚的恐惧。弗洛伊德将这种交织的情感命名为“俄狄浦斯情结”，如果发生在女孩身上则是“厄勒克特拉情结”。这些内心的冲突（也称孩子、父亲、母亲的三角冲突）会极大地影响一个人的人格形成。在这个过程中人们会产生压抑，从而发展出不同的防御机制，人格也会分化出本我、自我、超我三种结构。

本我：幼儿储存着大量的潜意识心理能量，一直试图努力满足个体的生存、繁衍和攻击的基本驱力。本我遵循快乐原则，如果没有制约，会追求即时的满足，就像新生的婴儿，饿了就一定要吃，渴了就一定要喝，否则就会大哭大闹。

自我：随着幼儿自我的形成，他们慢慢学会了如何应对现实世界。自我遵循现实原则，寻求用现实的方式满足本我的冲动，从而给自己带来长远的快乐而不是痛苦和毁灭。

超我：从四五岁开始，儿童的自我能意识到超我的要求，仿佛这是来自良知的声音，实际上是他们想要内化父母的要求和愿望。超我遵循至善原则，追求完美，它强制自我不仅要考虑现实更要考虑理想。一个超我特别强的人可能是道德高尚的人，然而具有讽刺意味的是，他也可能是一个自感罪孽深重的人；超我弱小的人可能会自我放纵，无拘无束，也可能会无怨无悔。

为了便于大家理解，我们仍然以电影《哪吒之魔童降世》为例来进行说明。哪吒的本我就是魔丸的戾气，他会捣乱破坏，肆意报复，只要自己玩得开心就好。在电影的前半部分，我们看到的哪吒基本上都是这个样子。但是慢慢地我们发现，其实父母之爱、师傅的关心和教诲在一点点地浇灌着哪吒的内心，并内化成他的超我，在敖丙水漫陈塘关的时候，哪吒选择了原谅曾经一直排斥他的世人，决定斩妖除魔，甚至不惜牺牲自己也要拯救陈塘关的百姓。在本我和超我之间，哪吒的内心是十分对立的，其中存在着巨大的矛盾。他的自我就是在夹缝中慢慢成长，临危之际，他大喊“我命由我不由天，我要把乾坤圈戴在手腕上”，这样既获得了法力，还可以避免自己失去意识后完全不受控制。

简单地概括一下，就是我们的核心人格在生命早期，经过口唇期、肛门期和性器期的发展演变后，逐渐分化出本我、自我和超我三种人格结构。我们与父母的冲突、父母之间的冲突，以及外在世界的冲突，最后都通过人格的三重结构变成我们自己内心的冲突，这种冲突塑造并最终形成了我们的核心人格，同时发展出了不同的心理防御机制。

2. 积极心理学的观点

20世纪末，美国心理学界兴起了一种新的研究思潮，就是积极心理学，它以宾夕法尼亚大学心理学教授塞利格曼和杜克大学心理学教授米哈伊于2000年1月出版的《积极心理学导论》为标志。积极心理学是指利用心理学目前已经比较完善和有效的实验方法与测量手段，来研究人类积极的人格品质和美德。积极心理学的研究内容包括积极的情绪、积极的人格特质和积极的组织与文化，根本目的是增进人类的幸福、促进社会的繁荣。积极心理学是心理学研究的一种新模式，它是相对于消极心理学而言的。消极心理学研究主要以人类的心理问题、心理疾病诊断与治疗为中心，在20世纪的心理学研究中，更常见的词汇是病态、幻觉、焦虑、躁狂、抑郁等，而较少涉及健康、勇气和爱。

积极心理学的研究重心是人类的优秀人格特质，它有以下三个层面的含义：第一，从主观体验上关心人的积极主观体验，主要探讨人类的幸福感、满意感、快乐感，并建构其对未来的乐观主义态度和对生活的忠诚；第二，对个人成长而言，积极心理学主要研究积极的人格特质，如爱的能力，工作能力，积极地看待世界的方法，创造的勇气，良好的人际关系，审美体验，宽容和智慧灵性等；第三，积极的人格特质包括一个人的社会性、作为公民的美德、利他行为、对待别人的宽容和职业道德、社会责任感，以及成为一个健康的家庭成员。

在积极心理学的研究中，积极的人格特质引起了越来越多研究者的兴趣。他们在问卷研究的基础上对积极的人格特征与消极的人格特征进行了区分，认为积极的人格特征中存在两个独立的维度：① 正性的利己特征；② 与他人的积极关系。前者是指能够接受自我，具有个人生活目标或能感觉到生活的意义，获得独立感，从生命中感觉到成功或者是能够把握环境，迎接来自环境的挑战；后者指的是当自己有需要的时候能获得他人的支持，在别人有需要的时候愿意并且有能力提供帮助，看重与他人的关系并对已有的人际关系表示满意。

2004年，彼得森和塞利格曼共同撰写的图书《优秀品质和美德：手册与分类》（*Character Strengths and Virtues*：*A Handbook and Classification*）出版。在书中，他们将人类的美德归纳为6类，每类美德包含着几种积极人格上的优秀品质，最终发现了24种积极人格品质，如表5-7所示。

表5-7 6类美德24种积极人格品质

类别	美德	积极人格品质
1	智慧和知识	创造力 好奇心 开放的思想 热爱学习 视野
2	勇气	真实性 勇敢 坚持不懈 热情
3	仁慈	友善 爱 社会智能
4	正义	公平 领导能力 团队精神
5	自制	宽恕 谦虚 谨慎 自律
6	超越自我	欣赏美和完美 感恩 希望 幽默 宗教信仰

积极心理学认为，所有的积极人格品质都符合以下标准：

- 这些优秀品质必须是普遍存在并被世界上大多数文化所认可的。
- 这些优秀品质会使人感到满足而充实，使人感到生活上的完善和幸福。
- 这些优秀品质是有道德价值的，它们自身会得到重视和珍惜，而且它们是人们达到自身目的的手段。
- 这些优秀品质的特性是拥有它们的人不会贬低不具备这些优秀品质的人，而且他们只受到钦佩而不招惹嫉妒。
- 这些优秀品质都有其对立面，并有明显带有负面含义的反义词。
- 这些优秀品质都近似个人品格，就像一个人的人格一样具有概括性和稳定性。
- 这些优秀品质都是可衡量的，研究者们曾把它们当作个体差异加以研究。
- 这些优秀品质本身都是独特的，与其他的优秀品质完全不同。
- 这些优秀品质在历史中可以找到有代表性的范本，能够一目了然地体现在某个人身上。
- 这些优秀品质会较早地体现在一些儿童身上，他们是拥有这些优秀品质的天才。
- 这些优秀品质具有选择性不存在的特点，即一小部分的人不会存在某种优秀品质。
- 这些优秀品质具有规范性和结构性特点，也就是说，社会中的常规、习俗和礼仪会特意地培养人们的这些优秀品质。

二、大学生常见的人格偏差及其矫正

认识自己不是一件容易的事情。几乎所有对自己内心的真实想法和感受有所觉察的人都会说自己是一个拥有“多重性格”的人。这表明他们都意识到了，真实的自己其实包含很多不同的侧面，这些侧面不仅体现在自己的内心中，也外显为我们在不同时间和场合中所体现出来的各异的“角色”上。对自己身上的这些不同的人格侧面加以整合是人生的一个很重要的生命议题。

人格偏差是个体介于正常人格与人格障碍之间的一种人格状态，也可以说是一种人格发展的不良倾向，或者说某种轻度的人格障碍。常见的人格偏差有自卑、抑郁、怯懦、孤僻、冷漠、悲观、依赖、敏感、多疑、焦虑或敌视、暴躁冲动、破坏等等。这些都是不健康的心理因素，它们不仅影响个体的活动效率，妨碍其正常的人际交往，同时还会给个体的人生蒙上一层消极、阴暗的色彩。了解这些常见的人格偏差，有助于我们及时矫正人格偏差，维护心理健康。

（一）悲观及其转变

“丧”的情感中包含了复杂又微妙的内涵：判断自己很大概率会无法得到理想中的“美好生活”，感到自身努力的渺小和无意义，因而无法对美好的未来抱有预期。这种状况如何改变？前文提到的积极人格品质中引起较多关注的是乐观，而乐观有助于预防人们心理低潮时可能出现的心理问题。已有积极心理学的研究证实，和一般人相比，那些具有乐观人格特征的人具有更良好的社会道德和更佳的社会适应能力，他们能更轻松地面对压力、逆境和损失，即使面临最不利的社会环境，他们也能应对自如。塞利格曼测试了70个心脏病人，其中在17个被测试为最悲观的病人中，有16个没有经受住命运的考验，在第二次心脏病发作时去世了；19个被测试为最乐观的人，他们中只有1个被第二次心脏病的发作夺去了生命。由此可见，乐观是抵抗疾病的第一道防线，乐观者寿命更长。研究表明，在保险公司的销售人员中，具有乐观性格的人往往是销售业绩冠军。持乐观态度的学生未来很少患抑郁症，在他们走向社会后，无论是工作成绩还是社会地位均超过悲观的人。

有些人遇到不如意、失败的情况便垂头丧气、怨天尤人，面临重任、挑战时会自认无能为力而甘愿接受失败，对前途失去信心、心灰意冷……这些都是悲观的表现。引起悲观的既有人生态度、意志品质方面的原因，也有认知错误、人格不成熟的原因。悲观者的特征是相信所有不幸的事都是自己的过错，认为发生的不好的事一定会持续很久，并且会毁掉他们一生中的一切。而乐观的人在遇到同样的厄运时，会认为现在的失败是暂时的，每次失败都有它的原因，这不是自己的错，而可能是环境、运气或其他因素带来的后果。我们不要小看两者之间这个细小的区别，它往往可以决定一个人一生的成功、身体与心理健康甚至寿命。乐观者稍微有些主观，他们习惯于对现实世界稍加“歪曲”，当周围环境不利于他们发展或对他们来说有些危险时，他们倾向于人为地忽视或缩小危险，乐观地认为一切都会好的，自己要坚持下去。

乐观可以通过教育而形成，我们可以通过心理训练将悲观转化成乐观：

❤ 保持积极乐观。越担惊受怕就越容易遭受灾祸，因此，一定要懂得积极态度所带来的力量，要坚信希望和乐观能引导你走向胜利。即使处于困境，也要努力寻找积极因素。这样，你就不会放弃争取微小胜利转机的希望。如果你保持乐观，那么你克服困难的勇气就会倍增。

❤ 以幽默的态度来接受现实中的失败。有幽默感的人会有能力轻松地克服厄运，排除随之而来的倒霉念头。

❤ 既不要被逆境困扰，也不要幻想事情会出现奇迹，而是要脚踏实地、坚持不懈、全力以赴地去争取胜利。

❤ 不管你面临着多么严峻的形势，也要去发现有利的条件。不久，你就会看到自己获得了一些小的成功。这样，自信心自然也就提高了。

❤ 即使失败了，也要想到自己曾经多次获得过成功，这是值得庆幸的。如果10个问题你做对了5个，做错了5个，那么你完全有理由庆祝一番，因为你已经成功地解决了5个问题。

❤ 在你的闲暇时间里努力去接近乐观的人，观察他们的行为。这样可以培养起你的乐观态度，乐观的火种也会慢慢地在你的内心点燃。如果乐观的态度使你获得了成功，那么你就应该相信这样的结论：乐观是成功之源。

❤ 培养多方面的兴趣与爱好，多参加集体活动，多加强体育锻炼，多看幽默剧、相声等给人带来笑声的节目，也有助于培养乐观的性格。

（二）羞怯及其改善

羞怯在大学生中并不少见，比如不敢在大众场合发表意见，害怕与陌生人打交道，路上见到异性同学会手足无措，见到老师便难为情，说话感到紧张等。一般而言，害羞之心人皆有之，但过分地害羞就不正常了，它可能阻碍大学生的人际交往，影响他们正常发挥自身的才能，还可能导致压抑、孤独、焦虑等不良心态。羞怯是一个人自我防御心理过强的结果，其特点表现为：过于胆小被动和谨小慎微；过于关注自己在别人心目中的形象，觉得自己总是处在众目睽睽之下，于是变得敏感、拘束；自信心不足。虽然羞怯与神经类型有一定的联系，但更多的还是后天因素所致，所以通过有意识地调节可以改善它。

改善羞怯的方法主要包括：

❤ 对自己进行具体分析，找到自己的长处和短处，发扬自身的长处，以增强信心并补偿不足。

❤ 放下思想包袱。事实上每个人都有羞怯心理，只是有些人善于调节，注意锻炼自己。金要足赤、人要完人是不可能的，一个人说错话、办错事没什么可怕的，也不必因此感到难为情，错了及时改正就可以。

❤ 不要太在意别人的议论。如果我们总把别人说的话放在心上，便会寸步难行，失去做事和说话的勇气，自己决定的事就要大胆地去做。因为无论你做得多好，都不可能让所有人满意。

❤ 有意识地锻炼自己。人的胆量和能力都是自我锻炼的结果，我们要敢于说

第一句话，迈出第一步。一旦这样做了后，我们会发现自己有能力也有潜力把事情做好。日本前首相田中角荣在学生时代曾是一个严重的口吃病患者，他发现自己越是在众人面前说话就越加口吃。这非但没使他退却，反而使他下决心克服口吃的问题。于是他参加了学校的话剧团，迫使自己背台词，并将其烂熟于心，否则自己便无法登台演出。就这样，他百折不挠地自我锻炼后，终于战胜了口吃，不但话剧演得很成功，演讲也很精彩，后来更是出任了日本首相。可见，自我锻炼是克服人格缺陷的一个好办法。

（三）猜疑及其克服

所谓猜疑，即一猜二疑。疑建立在猜的基础上，往往缺乏事实根据，有时也缺少合理的思维逻辑。好猜疑的人往往对其他的人或事敏感多疑，当看到有同学背着自己说话时，便会疑心他们是在说自己的坏话；当某位同学没和自己打招呼时，便猜测他对自己有意见等。猜疑是对个体十分有害的人格缺陷，它会导致人际关系紧张、伤害他人感情、无事生非等，而且猜疑者自己也会陷入庸人自扰、苦闷、惶惑的不良心境中。培根在《论猜疑》一文中指出，疑心“是迷陷人的，又是乱人心智的。它能使你陷入迷惘，混淆敌友，破坏人的事业”。

克服猜疑的方法主要有以下四种：

❤ 当自己产生了猜疑时先不要外露，可留心体察所疑的人和事。若猜疑被证实，自己不会因此感到震惊；若猜疑不成立，则应打消自己的疑心。由于猜疑不曾外露，因此也不会伤害他人。

❤ 加强沟通。猜疑常常是由于误会或他人搬弄口舌而产生的，因此在碰到这种情况时，自己应主动地和被猜疑者进行沟通交流，这样有助于消除误会，增进彼此的信任感。

❤ 抛弃成见和克服自我暗示，学会全面、发展地看问题，改变自己封闭式的思维方式。

❤“心底无私天地宽”，无私者无畏，能够坦坦荡荡地做人，和同学及朋友坦诚相处。不必过分在意别人如何看待自己，要相信“日久天长见人心”。

总之，要克服猜疑的心理主要是自己做人要正直，“身正不怕影子斜”；对他人宽厚为怀，即使被别人误会也不必去计较；充分驾驭好“语言”这个工具，出现了误会或彼此不信任的情况时，可通过沟通双方的思想、说明情况后达成彼此之间的谅解。只有这样，我们才会生活得更加愉快。

【课堂活动】

改变自己的不良性格

1. 你曾经尝试过改变自己的不良性格吗？如果尝试过，遇到了哪些困难？列举出其中最难克服的3项：

（1）________；（2）________；（3）________。

2. 在你看来，进行性格优化，应该从哪些方面着手实施？

（1）________；（2）________；

（3）________；（4）________。

三、大学生的人格优化与完善

大学生健康人格的养成不仅关系到他们自身的健康成长和成才，也关系到社会的发展和进步，更加关系到国家现代化建设的进程和质量。良好人格的养成是指在一定社会环境条件下，个体吸收了一定的社会文化后，经过自身的主观努力并接受社会和学校教育的影响，使自身的人格逐步健康化的过程。

大学期间是个体人格发展的重要时期，也是个体进行人格调整、养成良好人格的有利时期。大学生应抓住这个时机，发挥自己的主观能动性，积极完善自我，提高自己的心理素质、文化素养和道德修养，矫正自我人格中的偏差，养成健康、良好的心态，为日后的自我发展奠定坚实的基础。

【微视频】怎么完善人格？

【课堂活动】

人格大盘点

1. 你认为自己的哪些人格品质有利于自身的发展？请列举5种。

（1）________；

（2）________；

（3）________；

（4）________；

（5）________。

2. 你认为自己的哪些人格品质有碍于自身的发展？请列举5种。

（1）________；

（2）________；

（3）____；

（4）____；

（5）____。

3. 你认为大学生的人格定型了吗？还有可能进行改变、优化吗？为什么？

____

____

（一）了解人格中的积极品质

积极人格品质的存在是积极心理学得以建立的基础。这方面研究的共同点是将人类看作自我管理、自我导向并具有适应性的整体，其具体研究方向包括自觉、成熟防御机制、智慧、创造性等积极人格品质。积极心理学认为，了解美德和积极人格品质有助于促进人格的发展。

塞利格曼等人对普通人群、有抑郁症状人群或抑郁症患者进行了干预研究，探索减轻抑郁、提高生活满意度的有效方法。塞利格曼等人在网络上招募被试，577名自愿报名的被试被随机分配到一个控制组和五个实验组中，实验组被试在一周时间里持续进行自助练习，练习的内容如表5-8所示。其中一个实验组的被试要参加显著优点调查，知道自己的三个显著优点，并在日常生活中创造性地使用这些优点。实验共持续了一周。①

表5-8　积极心理干预练习

组别	练习名称	描述
控制组	早期回忆	被试每天晚上回忆自己的童年，共持续一周
实验组	（1）感恩回访	给曾经帮助过自己但自己还没有来得及好好感谢过的人写一封感谢的信
	（2）生活中的三件好事	每天晚上写出当天发生在自己身上的三件好事，分析它们发生的原因，以及为何它们是好事，共持续一周

① SELIGMAN M E P, STEEN T A, PARK N, et al. Positive psychology progress: empirical validation of interventions [J]. American psychologist, 2005, 60(5): 410-421.

续表

组别	练习名称	描述
实验组	（3）你最棒的时刻	每天晚上写出自己最棒的时刻，并仔细思考那个时刻自己有何种优点，共持续一周
	（4）创造性地使用显著优点	参加显著优点调查，知道自己的三个显著优点，并在日常生活中创造性地使用这些优点，共持续一周
	（5）知晓显著优点	参加显著优点调查，知晓自己的三个显著优点

在实验前、实验结束时和实验结束一周后、一个月后、三个月后、六个月后，对被试的抑郁和快乐程度分别进行测量。研究发现：生活中的三件好事、创造性地使用显著优点两个实验小组的成员，与控制组相比，其抑郁程度有明显改善，快乐程度有明显提高。其他实验小组的成员，在实验结束后立即测试时抑郁程度会有明显的改变，但经过三个月后，他们基本会回到同控制组一样的水平。因此，在日常生活中认识自己的人格优势，或者通过良好的干预方法强化这些优势，对于人们建立积极的态度、度过快乐的生活非常有帮助。表5-9是积极人格品质简易问卷。

【课堂活动】

积极人格品质调查

指导语：请您仔细阅读表5-9的题项，在符合自己情况的数字上画“○”。每一题只能选择一个数字，请认真填写。

表5-9 积极人格品质简易问卷

序号	积极人格品质	从来没有	绝大多数时间没有	多半时间没有	半数时间有	多半时间有	绝大多数时间有	所有时间都有
1	创造性或灵活性	1	2	3	4	5	6	7
2	好奇心或兴趣	1	2	3	4	5	6	7
3	开放、虚心	1	2	3	4	5	6	7
4	爱学习	1	2	3	4	5	6	7
5	远见或智慧	1	2	3	4	5	6	7
6	勇敢和勇气	1	2	3	4	5	6	7

续表

序号	积极人格品质	从来没有	绝大多数时间没有	多半时间没有	半数时间有	多半时间有	绝大多数时间有	所有时间都有
7	坚定不移和持之以恒、勤奋、刻苦	1	2	3	4	5	6	7
8	诚实或真诚	1	2	3	4	5	6	7
9	热情或激情	1	2	3	4	5	6	7
10	爱或依恋	1	2	3	4	5	6	7
11	仁慈或慷慨	1	2	3	4	5	6	7
12	社会智力或社交技巧	1	2	3	4	5	6	7
13	忠诚和协作	1	2	3	4	5	6	7
14	公平、正直	1	2	3	4	5	6	7
15	领导能力	1	2	3	4	5	6	7
16	宽恕或仁慈	1	2	3	4	5	6	7
17	谦虚	1	2	3	4	5	6	7
18	谨慎、判断力	1	2	3	4	5	6	7
19	自制或自我调节	1	2	3	4	5	6	7
20	对美的欣赏或敬慕	1	2	3	4	5	6	7
21	感恩	1	2	3	4	5	6	7
22	希望或乐观	1	2	3	4	5	6	7
23	有趣或幽默	1	2	3	4	5	6	7
24	信念或精神	1	2	3	4	5	6	7

在这份问卷中，你排在前五项的积极人格品质是（请按顺序填写序号）：

（1）______；（2）______；（3）______；（4）______；（5）______。

在今后的学习、工作和生活中，你打算怎样创造性地使用你的优点？

____

____

（二）培养良好习惯——人格优化的核心

所谓习惯，就是人在一定情况下自然而然地或自动化地去进行某些动作的习得的倾向。如有人习惯早睡早起，把物品摆放整齐，而有人习惯睡懒觉，乱扔垃圾等。一个人之所以会表现出某种特殊的习惯，乃是一定的情境刺激和他的某些有关动作在大脑皮质中形成了巩固的暂时神经联系。

我们先来了解一下习惯在人格结构中所处的位置。人格可以划分成不同的水平，最高水平是类型，比如我们前面提到的外向和内向，就是人格的不同类型。第二个水平是特质，特质就是人的一些主要特点，如善交际、活泼等可以列为外向的一个特质。第三个水平是习惯。对善于交际的人来说，他们的习惯就是爱说话、常与人交往等。比如我们描述一个学生特别爱交流，是经过一段时间（如一个星期）观察后得出的结论，我们就知道喜爱说话是他的习惯。一系列的习惯决定了人的特质，如善交际是由人自身喜爱说话、善于与人交流等一系列有关的习惯组成的。第四个水平是一般的行为表现。这些行为可能是人们偶尔出现的，不具有任何典型意义，但是这些行为多了以后就会形成习惯。习惯在人格结构中处于类型和特质之下，是人们典型的、常见的行为表现。

习惯是人格的基础，养成良好的习惯是培养优秀人格的重要途径，习惯最终会成为一个人性格中的一部分。开始，我们培养习惯；后来，习惯塑造我们。习惯具有力量，这种力量叫作惯性。成功是一种习惯，失败也是一种习惯。习惯有好坏之分，好的习惯助人成功，不良习惯使人受挫。有些习惯对我们来说毫无意义，如果我们想收获成功和幸福，就必须克服不良习惯，培养好习惯。

1. 克服不良习惯

首先，我们要研究自己的习惯，就一定要有足够的时间去观察自己的习惯。好好想一想：自己容易被什么习惯牵着鼻子走？然后指出不良习惯到底是什么，并为它下定义。如果自己真想改变某个不良习惯，其实并不难。比如，可以这样来界定“暴饮暴食”：饭后吃了太多的面包和蛋糕。这样一来自己就知道要避免做什么了。

其次，注意观察自己什么时候会去做一些习惯性的动作。当时自己想到了什么？做这些动作时常与哪些人在一起？自己对他们的感觉如何？如果自己事前对一种习惯知道得越多，那么就越能改掉它。

最后，经过一段时间的观察与界定后，我们就可以采取行动克服它了。刚开始时，不良习惯的作用力会增强，这就是有些人改不掉不良习惯的原因。在改掉不良习惯的过程中，如果总是想做出原来的动作，可以问自己下面一些问题：为什么我想要恢复这个不好的习惯？如果没有这个不良习惯，我将会失去或错过什么？我们必须对自我进行严格的强制，使不好的习惯永无重复的机会。一些人之所以不能彻底克服不良习惯，往往是因为例外太多。殊不知，每一次破例都是对正在减弱的不良习惯的强化。

2. 培养好习惯

除了努力克服不良习惯，培养良好的习惯也很重要。有些人往往只注意到自身的不良习惯，以至于不断地会去强化它。我们需要改变自己关注的焦点，用心去培养好习惯。好习惯是自我成功的关键所在。我们必须有意识地构建新的日常行为方式，这便是有目的地去生活。

事如其人，你每天做的事情就决定了你自己是什么样的人。不论培养好习惯还是具有不良习惯，这都是由我们日复一日的行为决定的。另外，习惯不仅包括自己行为方面的惯性，还包括我们思维方面的习惯，即自己的思维方式、思考问题的立场和角度等。如果我们能改变自己思考的习惯，那么问题就解决了一大半。

比如拖延的习惯，我们做事时之所以未能迅速采取行动，并不一定是事情特别难办，更多的是因为我们已经养成了一有机会便拖延的习惯。人们很少只对某一事项拖延，通常是在许多事情上都会拖延，这是他们根深蒂固的行为习惯。

需要注意的是，当好习惯逐渐形成之际，尤其是在前期，我们必须特别提醒自己不能破例。詹姆斯将此比喻为缠线球，一次失手会破坏多次缠绕的成果。因此我们要对自己严格些，只要坚持，我们将拥有一个新的、可贵的好习惯。

【课堂活动】

更新你的习惯

列出你的良好习惯及相应的收获。

____

____

列出你的不良习惯及相应的损失。

____

____

列出你准备为改正不良习惯而采取的措施。

____

____

与同学分享。

人的行为习惯不是一天养成的，因此改变它们也需要时日。因为习惯一旦形成后，相应的行为就自动化了，当一个人按习惯行动时，自己不需要思考，不会耗费额外的力气，甚至自己对已经习惯了的行动都不容易觉察。

（三）注重行为举止

在与他人交往的过程中，一些人会因为行为举止谦和、优雅而受到普遍欢迎，另一些人则会因为自身素质低下而处处碰壁。以文明礼貌的方式与他人打交道，自己和别人都会倍感愉快。

在日常的学习、生活中，我们应注意保持良好的自我形象，干净、整洁、大方、得体。比如，头发是一个人精神面貌的体现，我们应注意自己头部的整洁和发型的宜人；在任何场合，衣着端庄合体都会给人以良好的印象；整洁更多地体现在细微处，因此，细节也绝不能忽略。在任何场合，我们都应该有良好的仪态和礼貌，表现出自己的风度。在任何时候，自身的行为举止都应稳重大方、亲切平和，让人愿意接近；在与他人交谈时切忌动作和表情冷淡而僵硬，或者过于夸张。

要使性格得到真正的优化，必须通过自我反省、自我斗争、自我转化来实现。一个人性格的培养是在克服缺点、发扬优点的过程中实现的，因此我们必须清醒地认识到自身的缺点，反省它们的来源，分析并努力克服、纠正它们，使其逐步转化，从而形成良好的性格特征。由此看来，性格培养实质上是自我教育和转化的过程。

【拓展阅读】

1. 郭永玉，胡小勇. 人格心理学［M］. 2版. 北京：高等教育出版社，2025.

2. 皮特森. 打开积极心理学之门［M］. 侯玉波，译. 北京：机械工业出版社，2010.

3. 塞利格曼. 活出最乐观的自己［M］. 洪兰，译. 沈阳：万卷出版公司，2010.

第6讲

创造性地学习——学习心理调适

【知识导图】

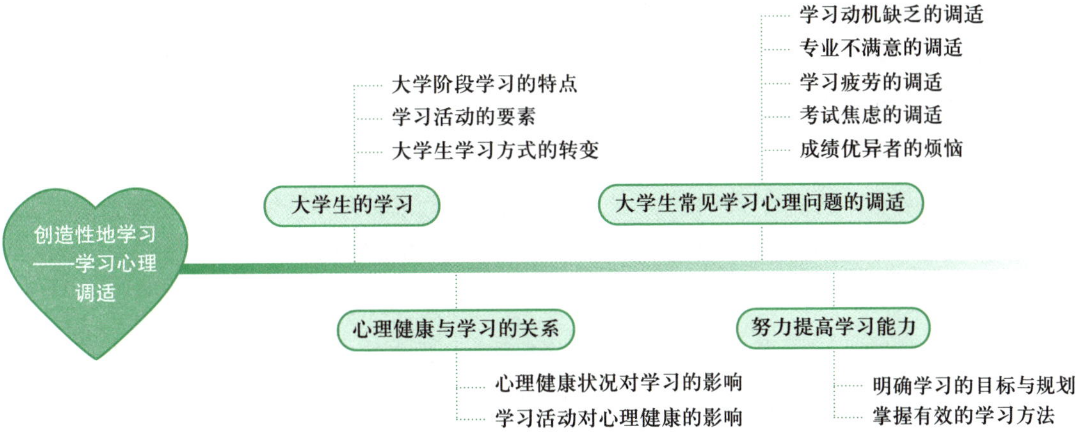

请思考：

1. 大学生的学习活动有什么特点？
2. 心理健康状况与学习有什么关系？
3. 大学生的学习心理问题有哪些？
4. 大学生如何提高学习能力？

【同伴案例】

清华大学的姐妹花：传递向上力量①

2012年秋季，一对清华大学的双胞胎姐妹原本平静而忙碌的生活被一份不胫而走的“学习计划表”打破。“早上6：00起床、锻炼、吃早饭，40分钟后开始一天的学习……晚上10：30听英语新闻广播，11：00到凌晨1：00读书、背单词……”这份“学习计划表”的主人是清华大学精仪系的学生马冬晗。在特等奖学金的答辩中，她说明了自己近3年来学分成绩名列专业第一名，多门学科成绩超过95分的优异成绩，展示了这份详细到小时的作息时间安排。她的双胞胎妹妹马冬昕在清华大学化学系就读。她们的学习成绩都是所在院系的年级第一名，并且两人同时获得了2011年清华大学的特等奖学金。这对姐妹花不仅成绩优异，而且兴趣广泛，经历丰富，分别担任所在系的学生会主席，参加下乡支教、出国交流、马拉松比赛等，让许多大学生们赞叹不已。对于这份让自己出名的时间计划表，马冬晗解释说，这是她上大学以来每日都要做的，主要是为了合理利用时间，提高效率。

姐妹俩并非天生的“学习达人”，刚上大学时都曾遇到过“瓶颈”。姐姐说，大一时的“机械制图”“微积分”课程都让她倍感压力，她常常望着一黑板的板书不知所措，甚至担心考试会不及格。妹妹也在大二的时候经历了自己的“低谷期”，竞选系学生会主席耗费了过多的精力，导致成绩下滑。就是在这样的情况下，姐妹俩开始思考如何让学习和生活同时变得高效。两人相约坚持每天早上6：00起床学习，上晚自习到22：30直到教室关门，才回宿舍休息。姐姐在给自己量身打造的计划表中，每项事情都有规定完成的时间，还会写上完成后的心得和感受、一天的精神状态和收获等。“这样一天天坚持下来，就渐渐跟上了老师的节奏，真正把进度掌握在自己手中了。”

看到她们的故事，你从中获得了哪些启发？

一、大学生的学习

大学生的生活主要是围绕学习而展开的，学习是大学生活中最重要的内容之一。学习有广义与狭义之分。广义的学习是指有机体获得经验后，行为发生变化的过程；狭义的学习则是指有机体对客观现实的逐渐认知过程。除课堂学习以外，在日常生活

① 高靓. 清华姐妹花：传递向上力量［N］. 中国教育报，2012-10-20（2）.有改动。

和社会实践中学习，通过网络等媒体学习也逐渐成为大学生重要的学习途径。大学生学习的内容包括知识学习，技能学习，以思维活动为主的能力学习，以及行为准则、习惯和道德品质的学习。如何理解学习的真正含义，有效地学习，通过学习真正地提高自身素质，培养创新能力，这些都是与大学生学习和心理健康有关的重要课题。

（一）大学阶段学习的特点

每一个大学生都希望自己能顺利地完成学业，掌握立身社会所需要的真才实学。要想在大学期间高效地学习，就必须了解大学阶段学习的特点，以及影响学习效能的因素。

【课堂活动】

整理大学学习的经验

上大学以来，你感觉大学的学习与中学的学习有什么不同？你在学习过程中有哪些感触？你如何评价自己的学习？写下来并和小组成员分享。

大学学习与中学学习在许多方面有较大的差别，需要大学生调整心态、改善方法、提高效率。其实，对于你的困惑，许多人同样存在，所以不必太介意。

1. 学习过程的自主性

【微视频】大学的学习有哪些特点?

学习过程的自主性主要表现在大学生的学习自觉性和能动性两个方面。大学生的学习虽然有教学计划、教师讲授，但是课堂之后的理解、消化、巩固等各个环节主要靠自己独立完成，这就需要大学生有很强的学习自觉性，而不能像中学生那样主要依赖教师布置学习任务、检查和督促自己的学习进程。另外，大学生对学习的内容也有较大的选择性。除必修课外，学校里还开设了许多选修课。大学生可以根据毕业的学分要求、自己的需要和兴趣有选择地进行选课、学习。此外，大学生自由支配的时间较多，这就需要他们充分发挥主观能动性，统筹规划、合理地安排自己的学习内容，选择适宜的学习方式，以便在有限的时间内获得较高的学习效率。自主学习可以拓宽大学生的学习空间，有利于他们主动探索、主动发现、主动学习、掌握自学的本领，为大学生在毕业后不断地汲取新知识、进行创造性的工作打下坚实的基础。

2. 学习方式的多样性

进入大学后，大学生普遍感到需要学习的知识浩如烟海，各类文体活动繁多。

学校为学生开设了大量的选修课，为每个人的发展提供了广阔的天地。用什么样的学习方式可以处理好课本知识与课外知识、专业学习与能力培养等诸方面的关系，是大学生学习的重要议题。

3. 学习内容的专业性

学习内容的专业性是指大学生的学习具有一定的专业指向性和职业定向性的特点。这种专业性，是随着社会对大学生所学专业要求的变化和发展而不断深入的。知识的不断更新，对技能的要求越来越高，专业目标更加具体和细致是大学生学习内容的显著特点。在校大学生是按国家需要而培养的高级专门人才，从他们一入学开始就有一个专业的定向问题。大学生对自己的专业是否有兴趣会直接影响其学习热情，并进而影响其学习效果。

4. 学习目的的探索性

学习目的的探索性是指大学生在学习过程中，要学会寻求和钻研书本结论之外的新观点。在大学的学习中，大学生不但要掌握所学的知识，而且要掌握这些知识的形成过程，了解自己所学学科的发展状况、存在的问题，以及解决这些问题的可能性，掌握科学的研究方法，培养自己独立思考、探索创新的精神。死记硬背、墨守成规、缺乏灵活性、具有较低创造性的大学生将会在大学的学习中较多地感到很重的压力和不适应。

大学阶段的学习所具有的上述特点既相互区别又互相联系，说明大学阶段的学习活动是复杂的、紧张的，需要大学生自身很大的心智能量、良好的心理素质、多方面的能力和健康的身体加以保障。

（二）学习活动的要素

学习活动主要由学习动机、对学习材料的感知、对学习内容的理解、对所获信息的巩固、对所学知识的应用五大要素构成，这些要素之间互相联系，协同作用。

1. 学习动机

动机是一切活动的原动力，学习动机是推动学生进行学习的动力。学习动机可以分为内部动机和外部动机。内部动机是指学生由于自身对学习内容感兴趣而进行学习，这是学生的内部需要。外部动机是指学生由于外部刺激而进行学习，如为了避免惩罚或获得奖励而学习。

2. 对学习材料的感知

感知是一切认知活动的开始。学习者与所要认识的事物进行直接接触时，会调动自身的各种感官去观察事物、听取讲解、阅读材料和进行操作，从而获得信息、掌握知识，这就是对学习材料的感知。

3. 对学习内容的理解

对学习内容的理解是大学生运用自己头脑中已有的知识、经验去认识事物间的联系和关系，直到掌握事物的本质、特点和规律的思维过程。

4. 对所获信息的巩固

学习过程中的巩固是人们在感知和理解的基础上对信息进行储存，即通常所说的记忆过程。根据信息加工论的观点，人在储存信息的过程中具有选择性，有用的信息能牢固地储存在大脑中，而无用的信息则会被遗忘掉。

5. 对所学知识的应用

应用就是运用自己已掌握的知识来解决问题，并由此形成相应的技能和能力。大学生对所学知识的应用既是他们学习过程中的重要环节，也是检验其学习效果的有效手段。大学生对所学知识的应用以其对知识的理解和巩固为前提，同时也使所学知识得到检验和发展。

（三）大学生学习方式的转变

随着社会的进步与发展，人们的学习观念发生了深刻的变化，对大学生的学习和发展也提出了更高的要求。个体进入大学后，其学习方式必须完成五大转变。

1. 由依赖型学习向自主型学习转变

依赖型学习，指的是一种在学习上无自立性和主动性，呈现出被动、依赖等品质和特征的学习方式。自主型学习也称为主体型学习，表现为大学生可以自觉地、能动地、有目的地、个性化地和创造性地从事学习活动。

2. 由知识型学习向智力—能力型学习、人格学习转变

知识型学习指的是重知识、轻能力，重理论、轻实践的传统学习方式。智力—能力型学习强调既重视学习者能力的提高和智力的开发，又重视学习者职业适应能力与职业发展能力的提升，这种学习方式满足了现代社会能力本位人才观对大学生的学习所提出的要求。人格学习不仅重视学习者知识和能力的相互促进和共同提高，而且更重视受教育者人格的健全发展，它要求学习者“千学万学，学做真人”。

3. 由封闭型学习向开放型学习转变

封闭型学习指的是一系列“以课堂为中心、以课本为中心、以教师为中心”的学习方式的总称。开放型学习则是一种面向社会、面向生活，多层次、全方位、开放式的学习方式。

4. 由传承型学习向创造型学习转变

传承型学习表现为重视学习在继承人类文化成果、传递生活经验方面的独特作用，却忽视了学习者在学习过程中自身的探索和发现，即忽视了对学习者创造性的

培养。创造型学习是从适应与发展两大任务出发，既强调学习者的继承与适应，又强调他们的创造与发展。

5. 由学会型学习向会学型学习转变

学会型学习指的是一种“教什么学什么，学什么会什么”的学习方式。它用“学懂”“学会”来回答“学得如何”的问题，往往突出了学习者对知识的学习，而忽视了他们对方法的掌握。会学型学习不仅包括“学懂”“学会”，还用“懂学”“会学”来回答“如何学”的问题。所谓“授人以鱼不如授人以渔”，说的就是学习者要学会学习，要学会学习的方法，善于学习。

二、心理健康与学习的关系

对大学生而言，最重要的学习是学会学习，最有效的知识是自我控制的知识。一个大学生认知过程的有效性在很大程度上取决于其对学习策略的选择，对学习效果的监控和评价，对学习过程的步骤及方向的及时调整，以及个体的努力程度，等等。这些都离不开心理健康这个有效学习的前提和基础。

（一）心理健康状况对学习的影响

学习活动是智力因素和非智力因素共同参与的过程。对于具备一定智力基础的大学生来说，他们的非智力因素比智力因素对其学习更具有影响力。非智力因素指的是自我不直接参与认知过程的心理因素，它不具有加工、处理信息的功能，而是个体内部的动力系统，影响着人们认知和行为的方式及积极性。这个系统包括需要、动机、情感、兴趣、意志、性格、价值观等因素，它对人的认识活动和行为起到驱动、定向、引导、保持、调节和强化等作用。在大学生的学习过程中，非智力因素能够转化为学习动机，成为推动大学生学习的内在动力。学生选择什么学科作为自己的主攻方向、探索哪一方面的课题，都和个体的需要、兴趣、情绪、态度、意志、个性特点等心理因素有关系。例如，学生在学习过程中浓厚的兴趣、积极的情绪、顽强的毅力、乐观的性格和不懈的勇气等都会对他们产生良好的影响。心理健康的学生会珍惜学习机会，能保持对学习较浓厚的兴趣，求知欲望的强烈，可以克服学习中出现的困难，学习成绩相对比较稳定，保持一定的学习效率，从学习中能够体验满足与快乐。

（二）学习活动对心理健康的影响

学习活动可以发展智力，开发潜能。每个人都有与生俱来的潜能，这些潜能可以在学习过程中得以表现并进一步得到开发。心理学研究认为，一定的智力水平是心理健康的基础，而潜能的开发状况则与心理健康状况直接相关。

1. 学习对心理健康的积极影响

学习能带来心理上的满足，使人体验愉快的情绪。心理健康专家认为，全身心地集中精力于完成某些工作，是人们实现心理健康的基本条件。如奥尔波特倡导，要想实现“成熟个性”就应“专注工作”“全身心地投入某种工作”；马斯洛认为，“自我实现者”是“以自身以外的问题为中心”，“与一般水平的心理健康者相比，他们工作更刻苦”；弗兰克认为“自我超越者”是“献身于事业的”。乐于工作的人常常能从工作中找到乐趣，每当完成一项任务，取得一定成绩，他们就会感受到自己的价值和尊严，就会产生一种自我效能感，收获一份喜悦和满足。而在遇到不如意的事情时，若能埋头于工作，就可以实现“注意转移”，使自己忘掉烦恼，并从工作成绩中得到安慰。大学生的“工作”主要是学习，努力学习，善于学习，有助于大学生的发展与心理健康。

2. 不良学习对心理健康的消极影响

学习活动是一项艰苦的脑力劳动，在这个过程中，如果学习者的学习方式不当，就会事倍功半，影响其学习积极性；如果学习内容过多、负荷过重，学习者就会由于压力过大而引起身心不适；长时间的学习会让人产生疲倦、松懈等情绪，如果在学习中使用“疲劳战术”，不注意劳逸结合，则会损害学习者的身心健康。这些不良的学习活动带来的种种不利因素都会直接或间接地影响大学生的心理健康。

总之，心理健康与学习活动是相互联系、相互影响、相辅相成的关系，然而大学生在学习过程中的心理健康问题长期以来没有得到应有的重视。通常人们容易把那些突然厌倦学习，考试不及格、留级乃至不能坚持学习而辍学的学生，视为学习不刻苦、对自己要求不严、智力不足或缺乏理想等。不能否认上述这些因素确实影响了某些大学生的学习活动，但是实证研究的结果发现，大学生的心理健康状况也会影响大学生的学习状况。因此，如果大学生能够了解大学学习活动的特点和规律，积极主动地进行学习，就有助于促进他们的心理健康发展。同时，大学生应自觉关注自身的心理健康状况，提高心理健康水平以促进学习，从而形成良性的循环。

三、大学生常见学习心理问题的调适

大学生学会学习的一个重要方面就是要形成良好的学习心理。在学习过程中，大学生会产生一些学习心理问题，需要努力去调适。

（一）学习动机缺乏的调适

学习动机缺乏的主要表现有：逃避学习，不愿上课；注意力涣散，易受干扰；对学习有厌倦、冷漠的情绪；缺乏适宜的学习方法；等等。当一个学生缺乏学习动机时，相对于其他学生紧张而有节奏的学习生活，他就如同一个局外人，会与学习群体不相融，如果不及时进行矫治就难以坚持学习，难以完成学习任务。大学生学习动机缺乏跟中小学的教育方式有关。学生上了初中后考重点高中的压力就随之而来，高中生活的重心就是迎接他们人生最重要的转折点之一——升入大学。一波一波的压力使得很多学生在不正确的教育方式下被压垮了，很多时候家长、教师以及学生本人都已经忘记了教育的目的。

对学习动机缺乏的调适，可以从以下几个方面着手：

❤ 正确归因。大学生学习动机的强弱在很大程度上受到自我评价的影响。自我评价主要来源于个人的生活经验。一个有较多成功经验的人一般有较高的自我评价，而一个经常遭受挫折的人自我评价一般偏低。但是，自我评价往往还与大学生的归因风格有关。假如在一次考试失败后，建议大学生不要存在这样的想法："唉，题目太难了！看来我天生没有这门课的学习天赋啊！"这样的想法就是在对自己考试的失败进行归因，在贬低甚至否定自己的价值。要知道，失败是成功之母，能够坚持到底就是胜利。我们既要努力地培养自己可贵的自尊心与自信心，肯定自己的努力，也要寻找自身学习态度或者学习方法的改进措施，呵护自己内在的学习动机。

❤ 培养学习兴趣。兴趣是最好的老师。在学习过程中，有许多自己本来不感兴趣但又必须进行学习的活动，我们对它们能否产生兴趣呢？能。对所学专业感到厌倦，很少感受到学习成功所带来的快乐，是学习动机不强的大学生的常见表现，兴趣能让他们积极愉快地去探索某种事物或进行某项活动。浓厚的学习兴趣可以使学生对学习充满热情、能主动克服各种困难、全力以赴地实现自己的学习愿望，甚至达到孔子所说的"发愤忘食，乐以忘忧，不知老之将至"的境界。如果大学生对学习不感兴趣，仅仅由于外界的强制而求知，那么他们在学习时也会感到味同嚼蜡，苦不堪言。

❤ 关注学习过程。长期以来，人们一直把对学习的关注焦点放在学习结果上，但过分关注学习结果会带来许多负面效应。除了对当前学生的学习有不良影响，过分关注结果还直接影响学生的学习态度。有的学生为了取得好的成绩会"不择手段"，比如作弊、抄袭、偷偷涂改成绩等。假如我们把着眼点转到关注学生的学习过程上，必然会有全新的体验。在这个过程中，我们要把握两个原则：一是关注学生在学习过程中的努力；二是关注学生在学习过程中的成功体验。当把精力放在关注自身在学习中的努力时，我们就不会在乎别人怎么评价自己，很难被一时的失败打倒。为了实现自己的学习目标，我们要敢于尝试和探索，这时的学习动机是持久的、内在的。

【课堂活动】

我的最佳学习时间

最佳学习时间主要指你的学习效果和记忆能力在一天中最好的一段时间，这段时间究竟是一天当中的什么时候，却是因人而异。

你在什么时候完成的学习任务最多？你在什么时候学习效率最高？或者你在什么时候学习会感到最有精神？这段时间便是你自己的最佳学习时间。

我的最佳学习时间是：________________________________。

（二）专业不满意的调适

专业不满意常常出现在那些高考录取时第一志愿没有成功而被调剂到其他专业的学生当中，这给他们带来了许多矛盾和困惑。

其实，许多学生在进入大学之前并不了解自己所选的专业，对自己适合什么专业也不清楚。目前大学教育非常强调通识教育，重视学生基本能力的培养。

对专业不满意的调适，可以从以下几个方面着手：

- 尝试改变态度。人生会面临许多自己意想不到的东西，专业学习也是如此。当我们不能改变客观环境时，应尝试改变自己的心态，用全新的心态面对周围的一切。

- 尝试新东西。尝试一种新的东西，就会有新的可能。如果我们打开一扇新的窗子，会看到新的天地，也会从中学到新的知识，所以，有时可以潇洒地对自己说“不妨试一试”。

- 在变化中取胜。当原有的路走不通时，尝试换一条路径。正所谓“条条大路通罗马”，当我们选择转身时，也许路就通了，我们的世界就更加广阔。

- 培养新兴趣。人生的兴趣是多种多样的，对专业的兴趣也是可以发生变化和培养的。大学生应努力培养新的学习兴趣，并从中得到乐趣。

（三）学习疲劳的调适

学习疲劳是因长时间持续学习，在生理、心理方面产生劳累，学习效率下降，甚至头晕目眩而不能继续学习的状态。学习疲劳是个体的一种保护性抑制，经过适当的休息即可消除，是一种合乎生理、心理规律的现象。如果长期处于疲劳状态，大脑有关部位持续保持兴奋，就会导致大脑兴奋和抑制过程失调，严重的还会引起神经衰弱。个体在出现学习疲劳时，应给予重视，及时采取相应措施，一般都可以得到缓解。

学习疲劳的主要原因是：学习时过分紧张，注意力高度集中；持久进行积极思维和记忆；学习内容单调乏味；缺乏学习兴趣；在温度、湿度异常，有噪声和光线不足的环境下学习；睡眠不足；等等。

对学习疲劳的调适，可以从以下几个方面着手：

❤ 科学用脑。大脑两个半球具有不同的功能，左半球与逻辑思维有关，主管智力活动中的计算、语言、逻辑分析、书写及其他类似活动；右半球则与形象思维有关，主管想象、色觉、音乐、韵律、幻想及类似的其他活动。如果长时间运用大脑一侧半球，人就容易产生疲劳。因此，应根据大脑两个半球的不同分工而交替使用大脑，就可以延缓疲劳现象的发生。

❤ 劳逸结合，保证睡眠。个体在紧张学习了一段时间后，应适当休息。一天学习之后，应保证有进行文体活动的时间，只有这样，才可以使身心得到放松和调节，利于消除疲劳。保证充足的睡眠时间，可使头脑清醒，精神振奋，疲劳消除。

❤ 把握自己的生物钟。人体的各种生理和心理功能随时间推移做规律性运动。根据苏联科学家研究，人在一天中，生物机能在上午7：00~10：00逐渐上升，10：00左右精力充沛，处于最佳工作和学习状态，此后逐渐下降；下午5：00再度上升，到晚上9：00达到高峰，11：00后又急剧下降。然而，人群中最佳学习时间的分配又存在着差异，有的人上午无精打采，晚上精力十足；有的人白天精神好，晚上学习效果差。大学生应摸清自己的生物规律，在“黄金时间”安排难度大的学习内容，避免过度疲劳。

❤ 培养对学习的兴趣。兴趣在繁重的学习活动中起着重要作用。教育实践证明，如果学生对学习本身、对学习科目有兴趣，学习积极性就会较高，可以缓解疲劳或推迟疲劳的到来。

❤ 创造良好的学习环境。学习环境尽量布置得优雅、整洁，使人感到身心舒畅；不在有刺耳噪声的地方学习，以免心烦意乱、焦躁不安；不在过暗或过亮的地方学习，以免头晕目眩，出现视觉疲劳；不在空气污浊的环境下学习，以免胸闷、呼吸困难。

（四）考试焦虑的调适

考试本来的目的是对学生的学习效果和知识掌握程度进行检验。考试引起的适度焦虑有助于调动学生的心理能量和生理能量，使他们可以全力以赴、全神贯注地进行考试，让自己的学识得以正常甚至超常发挥，这对学生的身心健康和抗应激能力无疑有着积极的作用。但凡事都有一个“度”，如果学生把考试看得太重，无限夸大考试的意义，把考场看作决定自己命运的战场，认为“胜败在此一举”，急于获得成功，就会让自己陷入高度焦虑中，这不仅会危害自己的认知过程，使自己应有的知识水平不能正常发挥，不仅没法取得理想的成绩，而且会损害自己的身心健康。

考试焦虑表现为过度考试焦虑与考试怯场。过度考试焦虑是指学生对考试过于紧张，担心自己考试失败有损自尊而对其高度忧虑的一种负面情绪反应。过度考试焦虑主要表现为：考前紧张恐惧、心烦意乱、喜怒无常、无精打采；胃肠不适、莫名腹泻、多汗、尿频、头痛、失眠；记忆力减退、注意力不易集中、思维迟钝、学习效率下降；等等。考试怯场是学生在考试中因情绪激动、过度焦虑、恐慌而造成思维和操作困难的一种心理现象，它是过度考试焦虑在应考时的反应。考试怯场的主要表现有：心跳加快、呼吸急促、满脸通红、出汗、头晕、烦躁、恶心、软弱无力、思维迟钝，甚至晕倒等。

在考试过程中，焦虑水平适度的学生能够注意力集中、思维活跃、反应敏捷，可将平时积累的知识快速地从大脑记忆中调出。但过度考试焦虑容易分散和阻断他们的注意过程，使学生的注意力不能集中于学习和应试，无法正常发挥出应有的水平。学生出现过度考试焦虑的原因非常复杂，比如，对知识掌握得不扎实，把分数看得太重，对以往考试的失败心有余悸，自尊心过强又缺乏自信，担心因为考试失败而损害自己的形象和前途，害怕自己对考试准备不充分，身体健康欠佳，等等。

【课堂活动】

考试的经历

从小学到大学，我们经历了无数次大考、小考。在你的脑海里，有没有一次令你记忆深刻的考试？回忆这次考试的经历，填写表6-1。

表6-1 记忆深刻的考试经历表

时段	我的想法	结果
考前		
考中		
考后		

对考试焦虑的调适，可以从以下几个方面着手：

- 对考试应有正确的认识。考试只是衡量学习效果的手段之一，考试成绩不能全面反映一个人的学习能力和知识水平，更不能决定一个人的前途和命运，所以大学生不必把考试看得过重。

- 认真制订学习计划。大学生在平时要勤奋学习，及时掌握所学知识，对各科的学习做到“不欠账”。考试前认真总结、复习相关知识，熟悉各科的考试要求，做到“心中有数”，这样在考试时就不会出现异常现象。另外，对考试成绩的期望要从自己的实际出发，不可期望过高，否则会给自己造成心理压力，容易出现过度焦虑。

- 注意身体健康和饮食营养。考前虽然应认真复习，但不可采用“疲劳战术”，要注意劳逸结合，保证充足的睡眠，并且饮食方面要加强营养，为自身提供足够的能量。这样就可以保证自己在考试中有充沛的精力、清醒的头脑、健康的身体和良好的情绪状态。

- 学会自我暗示与放松。在考试时，如果由于过度紧张、焦虑，以致思维混乱或感到大脑一片空白，手脚发颤，头昏脑涨，应立即停止答卷，然后轻闭双眼，放松全身，做几次深呼吸后，反复自我暗示“不要着急，我很放松”，并适当地舒展身体。待情绪平稳时，再继续答题。

- 寻求专业人员帮助。考前若感到自己难以克服考试焦虑或曾出现过几次“怯场”现象，应主动向专业机构或专业人员寻求帮助。心理咨询机构或人员会通过放松训练、自信训练或系统脱敏等方法来帮助学生摆脱考试焦虑。

【课堂活动】

放松训练

坐在舒适的椅子上，微闭双眼，全身放松，按下列步骤进行操作：

1. 紧握拳头—放松，伸直五指—放松。

2. 收紧小臂—放松，收紧大臂—放松。

3. 耸肩向后—放松，提肩向前—放松。

4. 保持肩部平直转头向右—放松，保持肩部平直转头向左—放松。

5. 屈颈使下颚接触胸部—放松。

6. 使劲张大嘴巴—放松，闭口咬紧牙齿—放松。

7. 使劲伸长舌头—放松，用力卷起舌头—放松。

8. 舌头用力顶住上颚—放松。

9. 用力睁大双眼—放松，紧闭双眼—放松。

10. 深吸一口气—放松。

11. 胳膊顶住椅子，用力弓背—放松。

12. 收紧臀部肌肉—放松，臀部肌肉用力顶住椅子—放松。

13. 伸腿并抬高15~30厘米后再放松。

14. 尽可能地收缩腹部—放松，绷紧并挺腹—放松。

15. 伸直双腿，脚趾用力上翘—放松。

16. 屈趾—放松，翘趾—放松。

休息2分钟，将上述动作再做一遍。

注：在考试期间，每晚睡前都可按上述要求做两遍。

（五）成绩优异者的烦恼

【同伴案例】

“我感觉自己心理有问题，一直以来都不自信！虽然每次的考试成绩都够拿年级的一等奖学金，但在考试前我总是担心自己会考砸。另外，一般同学在获奖后都会开心地庆祝，我的内心却很平静，没有感受到那种成功后的喜悦。”

“有谁知道我的痛苦？有谁相信一个一等奖学金获得者会整天担心自己的学习成绩……当我告诉我的父母时，他们觉得不可思议，说我是我们全家的骄傲；当我说给最好的朋友听时，他怎么也不相信，说我是他最崇拜的同学；当我鼓起勇气找辅导员诉说时，他让我别想太多，说我要是也担心考试成绩，那别的人就不要活了……谁都认为我应该是快乐的、满足的，然而他们不知道我比那个门门功课都刚刚及格的同学更烦恼，更担心学习成绩……我的烦恼又有谁知道呢？”

成绩优异者也会有学习心理问题调适的需求。那么，成绩优异的大学生存在学习心理问题的原因是什么呢？

1. 过分追求完美

但凡成绩优异的学生都有追求完美的个性特征，正是这一特点驱使他们努力把学习和工作尽可能地做好，他们往往比一般的学生更认真、更负责、更细心，但过分追求完美就容易走向它的反面。成绩优异的学生过分追求完美，既表现在对自己的过高期望、过分苛求上，也表现在对他人和环境的过高期望和过分挑剔上。他们习惯于用完美的尺度衡量自己，衡量他人，衡量周围的环境，衡量生活中的一切。然而在现实中，无论是自己还是他人或者外界都是不完美的，都会存在一定的问题，所以他们常常因为感到自己不完美，不能接受他人或环境不完美而陷入失望与痛苦中。

2. 过分争强好胜

由于大学生往往是在激烈的竞争中脱颖而出的，他们在同龄人中出类拔萃，因而对自己的期望值很高。他们中的一些人甚至把“不是第一，就是失败”作为自己的生活信条，期望自己方方面面都是冠军，处处都比别人强，因而到处与人竞争，哪怕是生活中的一件小事都不甘示弱。这种争强好胜的特点一方面使他们不断获得好成绩，另一方面也让他们常常处在一种紧张、焦虑和强大的心理压力之下，让他们生活得比一般人要辛苦得多。尤其是当这种争强好胜变成他们的一种个性后，就会过分地表现在生活的各个方面，这不但不利于他们取得好的成绩，反而容易破坏他们的心态，让他们心理失衡并影响其人际关系，阻碍他们健康发展。

3. 过分在意外界的评价

一些成绩优异的大学生由于过分追求完美，所以对人、对己都颇为敏感。一方面，他们总想给别人留下良好的印象，因而很在意他人的评价；另一方面，他们过分关注事物消极面的特点也使他们在与人交往时，会对他人的言行颇多微词，或是对自己的举止不甚满意，事后反复自省。于是，不少大学生会陷在这样的矛盾中：既希望与人接近和交往，被人理解和接纳，赢得大家的好感，又害怕自己在交往中的表现不尽如人意，给他人留下不良印象。因而他们在人际交往中会格外地谨慎小心，顾忌自己的言谈举止是否得当，并对别人的评价十分在意。这会使自己压力很大，也容易让别人陷入尴尬的境地。一些大学生为此而不得不减少人际交往，但这又让他们显得有点不合群。

4. 担心、害怕失败

因为过分在意外界的评价以及自身的成功与否，所以一些成绩优异的学生对很多事情都变得畏首畏尾，他们担心失败而不敢行动。这些成绩优异的学生大多因为外界加在他们身上的荣耀和期望过于沉重，从而无法承受失败。因为他们觉得没有人会接受一个曾经的第一名的失败。这往往会使他们失去一个成功者最应有的品质——自信，甚至在面对自己渴望得到的东西时，他们也不敢去争取。

除以上基本原因外，还有些成绩优异的大学生会表现出其他的一些特征，如经不起批评、挫折承受力弱、优柔寡断、自我中心主义、生活自理能力差等等。客观地分析后发现，成绩优异的学生身上表现出来的某些特征多具有两重性：一方面，他们追求完美，办事认真负责，善于考虑各种后果，处事谨慎，严于律己，勇于竞争的品质，对自身的成长、成才是十分必要的，是他们学业有成、工作进步的重要保证。他们之所以能取得优异的成绩，与这些优秀特征是不可分的。然而，如果学生的这些特征发展过度或者被扭曲，就有可能出现弊病，甚至变成个性心理缺陷，影响其正面作用的发挥。正所谓“成也萧何，败也萧何”。因此，帮助成绩优异的大学生清楚地认识自己的个性特征、行为模式，以便他们能够扬长避短，是非常必要的。

需要补充的是，在成绩优异的大学生身上所表现出来的这些问题，在其他大学生身上也会不同程度地存在，只是在某些学生群体中表现得更加突出而已，而且他们的优秀（主要是学习成绩的优秀）掩盖了这些问题，加之他们也不愿意暴露自己的问题，或他们的陈述不容易引起周围人的关注，使得这些心理缺陷不容易被发现和被重视，难以得到及时的矫正，因而危害更大。

四、努力提高学习能力

学习能力泛指大学生个人理解、应用和批判所学知识的能力，它通常包括听课能力、笔记能力、作业能力、考试能力、提问能力等方面。学习能力受一定的先天因素影响，但其主要靠大学生在学习过程中获得和提高。人的学习能力要靠自己在学习过程中进行培养和提高，所以就有了“学会学习”的提法。当然，学会学习包含的内容比较丰富，核心是学习能力的提高。每个人的学习能力不同，但如果个体能在学习过程中注意提高自身的学习能力，基本上都能够达到创造性学习的目的。创造性学习将学习与探索、研究、实践结合起来，认为学习过程是探索、发现和创新的过程。学习者不仅要接受、消化所学的内容，而且要能够对其加以分析，并进行质疑和批判；学习者不仅要能够接受新知识、新事物，而且要能够探索未知，提出新问题、新观点，从新的角度去看待旧的问题。

【微视频】如何提高学习能力？

【课堂活动】

自我评价与调节学习能力的简易自测

（单项选择：A.经常；B.有时；C.很少。）

1. 在学习新内容之前，我会设定明确、具体的学习目标。（　　）
2. 我设定的学习目标难度适宜，既不会高不可攀，也并非轻而易举就能实现。（　　）
3. 在学习过程中，我会考虑学习目标和自己学习现状之间的差距。（　　）
4. 我会主动采取一些具体的学习方法，缩小学习目标与自己学习现状之间的差距。（　　）
5. 我对自己采取的学习方法充满自信。（　　）
6. 为了实现学习目标，我会有意识地给自己创造一个有利于注意力聚焦的学习环境。（　　）
7. 当实践证明我采取的学习方法不太奏效时，我会主动放弃而选用另一种学习方法。（　　）
8. 我依据自己设定的学习目标，评价自己的学习效果。（　　）
9. 我把自己学业成功的原因归于个人能力，因此成功会进一步增强我的自信。（　　）
10. 我把自己学业失败的原因归于努力程度不够、运气不好、采用的学习方法不对或运用得不好，因此失败的体验对我没有很大的消极影响。（　　）

评分标准：选A计2分；选B计1分；选C计0分。

17分以上，学习的自我评价和调节能力较强；12～16分，学习的自我评价和调节能力一般；12分以下，学习的自我评价和调节能力较弱。

现代学习的概念是将学习内容扩展为三个层面：知识学习，涵盖书本知识和实践知识，包括自然科学知识和人文社会科学知识；能力学习，包括学习能力、交往能力、生活能力、健身能力、审美能力、创新能力等；态度学习，又称人格学习、人文精神的学习，态度学习既渗透于知识学习、能力学习之中，又渗透于日常实践活动之中。

智力上的成就，在很大程度上依赖人格的伟大，这往往超出人们的常识。大学生的学习主要是态度学习，是对学习能力和持续而内在的学习动机的培养，是自身人格优化和完善的过程。如果大学生只重视对学习具体内容的掌握，而不是对真理的追求和未知领域的探索，只是拥有了丰富的知识和学问，但不能够将其转化为生活的智慧，只习惯用分数作为唯一的评价指标，其大学阶段的学习就没有真正完成。

（一）明确学习的目标与规划

大学生的学习活动离不开明确的学习目标和自觉的学习规划。无论是每日的学习规划，还是在学习过程中的短期、中期、长期规划，抑或是在生活上不同时期的规划，都是大学生成长和发展中至关重要的事。只有明确规划，大学生才可以科学、有效地学习，避免浪费时间，把自我的能力与价值发挥到最大限度。有了明确的规划后，大学生会发现自己的时间变得有效、充裕了，生活变得井井有条了，内心变得轻松愉悦了。有了明确的规划后，大学生才可能拥有个性化的学习方案，进而满足自身的学习要求。

（二）掌握有效的学习方法

学生在学习中取得了一定的成果时，要给予自己鼓励、肯定和奖赏，这可以增强自我在以后学习中的动力。

中国工程院资深院士龙驭球总结了自己几十年的从教经验，概括了大学学习的五字诀——“加、减、问、用、新”（如表6-2所示），对大学生科学地掌握学习方法有很大的启发和帮助。

- “加”指知识的摄取和积累过程，强调在继承中创新。
- “减”指知识的提炼和升华过程，在“去粗取精，弃形取神”中要注意“去”和“弃”，“推”和“破”。
- “问”指善问巧思。
- “用”指在应用和实践中对已有知识进行检验。
- “新”指创新。

表6-2 龙驭球的大学学习五字诀

加	减	问	用	新
广采厚积 织网生根	去粗取精 弃形取神	知惑解惑 开启心扉	实践检验 用中生巧	觅真理立巨人肩上 出新意于法度之中
勤于积累 融会贯通 用心梳理 落叶生根	概括的能力 简化的能力 统率驾驭的能力	多问出智慧 要会问 要追问 要问自己	多面性 综合性 检验性 其他：习题校核	反思性 跳跃性 灵活性 牢固性 悟性

1. 多渠道、多途径学习

在《学习的革命》一书中，作者指出，所有通过感受器官通向大脑的活动都是学习，“我们所看、我们所听、我们所尝、我们所触、我们所嗅、我们所做”均为学习的途径。当代大学生应从实践中学习，即边做边学；从观察中学习，即边看边学；从教导中学习，即边听边学。不管哪种途径，都要变被动学习为主动求知，能动地发现、探索和创新；在时空上，走出课堂、学校，走向社会，走向生活，拓展学习的空间，不断积累自身经验。

2. 实施小组合作学习

“集思广益”“群策群力”“三个臭皮匠顶个诸葛亮”，这些说法都说明了合作学习的意义。头脑风暴法就是一种在团队的情境中进行讨论，强调推迟判断和批评，以克服创造力产生的障碍，从而产生创造性观念的活动。头脑风暴法必须遵守以下四个规则：一是禁止提出批评；二是鼓励提出各种改进或补充意见；三是鼓励各种想法，多多益善；四是追求与众不同的、与主题关系不密切的甚至离题的想法。大学生的学习应是创造性的学习，集思广益出新意，头脑风暴创佳绩。

【课堂活动】

设计我的学习方案

活动目标：学会设计适合自己认知特征和学习现状的学习方案。

活动过程：

1. 了解自己的认知特征和学习现状。

（1）你觉得在哪种状态下、用什么样的方法学习效果最好？

（2）你觉得在哪种状态下、用什么样的方法学习效果最差？

（3）你觉得自己一天要睡几个小时才能保证良好的体力和精力？

（4）在一天中，你什么时候学习状态最好？

（5）你觉得一天中需要多少时间用来做作业和温习功课？

（6）哪些运动或娱乐能使你迅速消除疲劳？

（7）你能跟得上老师的教学进度吗？

（8）除了做作业，你还有其他时间来查漏补缺吗？

（9）当前，你觉得学习上最困难的是什么？

2. 在认真回答完上述问题后，尝试设计两套方案。

（1）作息方案。制作一个作息时间表，要求时间安排做到舒缓有致、张弛有度，以保证旺盛的精力。

（2）学习方案。这一方案必须是适合你的身心特点的，是“你自己的方案”，它应符合以下五个原则：

A. 学习内容必须适合你现在的水平。

B. 学习方式必须适合你的认知特征。

C. 巧妙地运用生物规律。

D. 调配好各科的学习时间和间隔。

E. 在学习时保持自信和愉快。

【拓展阅读】

1. 奥姆罗德. 学习心理学：第8版［M］. 陈陈，杨兰，张心玮，译. 北京：中国人民大学出版社，2023.

2. 刘儒德. 学习心理学［M］. 北京：高等教育出版社，2010.

3. 卢家楣. 学习心理与教学：理论和实践［M］. 3版. 上海：上海教育出版社，2016.

第7讲

人际关系你我他——人际交往

【知识导图】

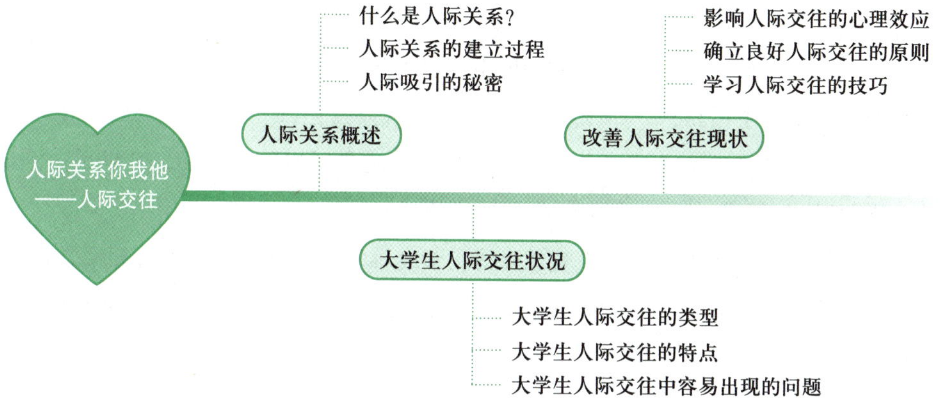

请思考：

1. 你对自己的人际交往现状满意吗？
2. 你认为影响大学生人际交往的因素有哪些？
3. 你认为良好人际交往要注意哪些方面？

一、人际关系概述

从心理素质培养的角度讲，大学生积极开展人际交往，处理好人际关系，有着十分重要的现实意义。和谐的人际关系，适当的交往能力、观察能力和表达能力是大学生们心理素质的展示。处于社会转型时期，在紧张激烈的竞争中，与他人的合作能力、协调能力都备受重视。开放的社会，要求人们以包容的心态面对人际关系。为此，大学生学习人际交往的技巧，提高沟通过程中的心理素质，已成为人生必修课。

【课堂活动】

我的朋友

请回答以下三个问题：

1. 你有没有朋友？如果有，他是谁？（你不一定要写出他的名字，可以用关系代替，比如写“室友”。）你为什么认为他是你的朋友？

2. 在你的成长过程中，对你影响最大的人都有谁？你可以列出其中的三位。

3. 当你在生活、学习中遇到困难的时候，你最可能向谁诉说？向谁求助？为什么选择他？

（一）什么是人际关系？

心理学中的人际关系是指人和人之间由于沟通而产生的一种心理关系。它主要表现为沟通过程中人与人之间的心理距离，反映人们寻求爱和归属等需要满足的心理状态。

从走进大学的那一天起，大学生就面临着许多新的人际关系：新的同学、新的室友、新的老师等。可以说，大部分人在上大学之前都对自己大学中的人际关系有过美好的想象：友爱、真诚、互助、和谐、融洽……然而，走进新环境之后，人际关系的种种问题都会逐渐地摆在每个人面前。人际关系紧张、敏感已经成为困扰大学生的一个不容忽视的问题。大学生常常会感叹：在大学里做人怎么这样难！

知、情、意构成了人际关系的要素。良好的人际关系表现为认知上肯定彼此的价值，情感上彼此接纳，行为上彼此愿意沟通、交往。具体表现为：

1. 情投意合

情投意合就是你喜欢别人的同时，对方也喜欢你，你们彼此之间互相接纳，可以避免或减少人际的摩擦与冲突，使交往得以良性循环。反之，你喜欢别人而对方不喜欢你，或者别人喜欢你而你不喜欢对方，或者你们之间格格不入，这样就无法交往，即使其中一方一厢情愿，双方最终还是会分道扬镳。

2. 价值观相似

价值观相似就是说能吸引自己的人，必须是在价值观念、态度、信念等方面与自己相似的人。双方的价值观越相似，意见越一致，就越会出现人际交往。因为交往中的双方价值观相似，不仅容易获得相互的支持与共鸣，而且容易预测彼此的反应倾向，双方的相互适应就比较容易。有研究发现，双方的价值观相似，会促进其交往频率的增加，循环往复，彼此关系便趋向稳定。

情投意合和价值观相似，是人际吸引的两大心理机制，其功能的差异是前者主要作用于人际交往前期，后者则常作用于人际交往后期。理想的人际关系是两种机制同时发生作用，在交往中既情投意合又价值观相似。异性交往中的相互了解，进而情投意合和价值观相似，常常会使年轻的大学生碰撞出爱情的火花。异性交往有助于大学生对异性建立了解和信任，进而获得异性的信赖和友谊，促进其情感的健康发展。在大学中，个别同学间的交往是这样，集体中的交往也是如此。

人生的每一个阶段必然与一定的人际关系相联系。从这个意义上讲，良好的人际关系是集体和个人生存与发展的有利环境，它可以产生合力，使人们团结协作，充分发挥群体的效能；使人们形成互补和激励，能够互相学习，取长补短，产生积极向上的积极情绪；促进信息交流，使人们可以增长知识和能力，不断完善和发展自身。不良的人际关系则会阻碍人的自身发展。一个人的成长、发展、成功、成才都是在其人际交往中完成的，一个人的喜怒哀乐也和他的人际关系息息相关。

（二）人际关系的建立过程

人际关系的建立与发展一般要经过定向、情感探索、情感交流和稳定交往四个阶段。

1. 定向阶段

定向阶段涉及对交往对象的注意、选择和初步沟通等方面的心理活动。

2. 情感探索阶段

在情感探索阶段，双方会探索彼此在哪些方面可建立感情联系。随着双方对共同情感领域的发现，彼此的沟通会越来越深入，进而有一定程度的情感卷入。

3. 情感交流阶段

人际关系发展到情感交流阶段，双方交往的性质会发生重要的变化。双方的信任感、安全感开始建立；沟通的深度和广度会有所拓展并伴随着较深的情感卷入。

此时，双方会提供评价性的反馈信息，对彼此进行真诚的赞许或批评。

4. 稳定交往阶段

在稳定交往阶段，双方在心理相容性方面会进一步拓展；彼此之间已允许对方进入自己的私密性领域，自我暴露广泛而深刻。

图7-1是对人际关系状态及其相互作用水平的直观描述。

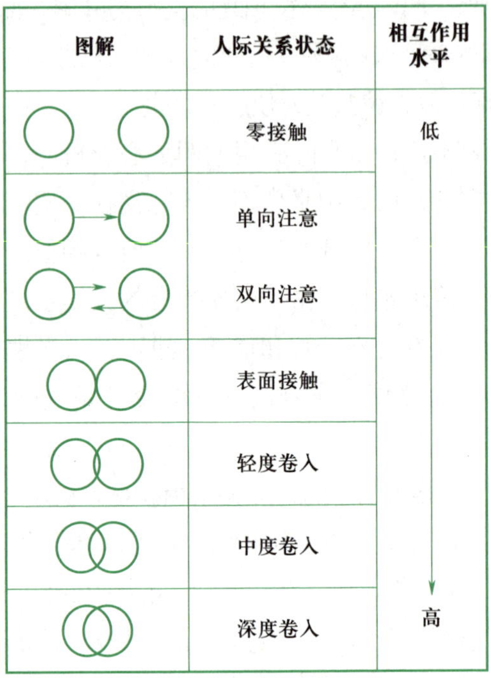

图7-1 人际关系状态及其相互作用水平

【课堂活动】

握手相识

活动目标：打破初次接触的尴尬，促进彼此相识。

所有同学在教室里自由漫步，要与每一个自己遇到的同学握手。不一定要说什么，但要表现得自然。所有同学都与他人握过手以后，继续漫步，再次与遇到的人握手时，要同时向对方说出自己的名字。

再继续自由漫步，这时，已经互相认识的同学要将遇到的对方介绍给其他同学，比如说：“让我把你介绍给×××，这是×××。”每一位同学都要和其他同学接触、握手，说出自己的名字，再把他们认识的同学介绍给别人。

分享与讨论：在这个活动中，你认识了多少同学？了解了多少个同学的信息？参加本活动后你有何收获？

【课堂活动】

人际关系中的我

每一个人都在自己的人际关系网里面，你周围一定有一些对你来说重要的人，比如你的亲人、朋友、老师等，现在请你尝试着变换自己的角色来看待你自己。用5分钟时间，在表7-1所列的每一个项目中填上3～5个形容词。

表7-1 人际关系中的我

妈妈眼中的我：	爸爸眼中的我：	亲戚眼中的我：	朋友眼中的我：
老师眼中的我：	同学眼中的我：	恋人眼中的我：	我眼中的自己：

（三）人际吸引的秘密

有的人更外向一些，但是人们会发现，这样的人常常会因为太直率而得罪别人。人际吸引的秘密是什么？

1. 接近性吸引

常言说“远亲不如近邻”，这就是最典型的接近性吸引。远亲与自己有血缘关系，本来应该比较亲近，但是因为距离远而缺少沟通，又很少接触；近邻虽然与自身没有什么血缘关系，但是因为距离近，彼此沟通、帮助的机会较多。你刚进入大学的那几天，跟你沟通最多的是什么人？一般情况下，会是同宿舍的同学，因为你们的空间距离比较近，沟通的机会较多，这就是接近性吸引。

2. 相似性吸引

接近性吸引在彼此陌生的人开始相处的时候对双方影响很大，但是他们沟通时间长了后就会有其他变化，这时双方的相似性就很重要。所谓相似就是沟通的双方在兴趣、爱好、背景、信仰、价值观等方面比较接近。如果两个人能够谈得来，彼此就会滔滔不绝，这就是相似性。因此你会看到爱好踢球的人或爱好读书的人常常喜欢聚在一起，这是因为大家有共同的话题。

3. 互补性吸引

互补性吸引是指沟通双方需要对方满足和补充自己的一部分。我们常说的郎才女貌、男刚女柔，就是互补。一对恋人，如果两个人的控制欲望都很强烈，在生活中都喜欢自己做主，那么一般来说，他们的相处就不能长久；如果其中一个人比较喜欢指挥别人，而另一个人喜欢被别人指挥，那么这两个人就会形成互补，一般比较稳定。同理，如果其中一个特别喜欢照顾别人，而另一个很喜欢接受别人的照顾，也可以形成一种相对来说比较稳定的关系。

4. 外表吸引

外表吸引最典型的例子就是一见钟情。两个人第一次见面，彼此不知道对方的内心，也不了解对方以前取得了什么辉煌的成就，这时候产生的吸引力主要是外表的吸引。外表不仅包括长相，还有气质、风度、谈吐、衣着等外在的形态。外表会影响两人最初的沟通，但是随着沟通的加深，在彼此互相吸引的因素当中，外表的占比就会减少。

《巴黎圣母院》里敲钟人卡西莫多的面部和两个眼睛不对称，刚看到他时，人们会被他的丑陋吓到。但随着故事的深入发展，读者发现他虽然有着丑陋的外表，却有颗善良的心，他比那个神父不知道要好多少，因为他会真正去帮助别人。

5. 人格的吸引

人格的吸引是长久的吸引，人的性格、气质、能力、才华、品德等是最重要的人际交往吸引因素。美国心理学家安德森通过对人际吸引的研究，发现最受人欢迎的性格特征有诚恳、善解人意、忠心、可信赖、聪明、关怀、幽默、热忱。人们的性格会影响彼此交往的深度，热情、诚恳、善解人意明显受到人们的欢迎；而冷漠、虚伪和不解人意则会拒人于千里之外。

在能力因素方面，美国心理学家阿伦森在开展了一系列关于人际吸引的实验后，得出如下结论：能力使一个人富有吸引力，但是会犯错误且能力非凡的人是最有吸引力的人。因为十全十美的人容易使他人产生自卑感，令人敬而远之，从而降低了他的吸引力。相反，一个能力非凡的人如果经常犯一些小差错，会使他更真实，从而使他的吸引力又增添了几分，这就是“差错效应”。然而，这里必须说明：一是“差错效应”不适用于能力平庸之辈，因为这只会使人觉得他能力低下，认为他连一点儿小事都做不好；二是所出现的差错不能有损于人格，即不是原则性的、重大的差错。

二、大学生人际交往状况

在大学生的同龄人中，有的同学人际关系很好，在他们周围好像有一个“磁场”，让他们能吸引很多人，使周围的人好生羡慕。

（一）大学生人际交往的类型

大学生的人际交往大致可以分为以下三类：

1. 积极型

他们对人际交往认识深刻，沟通行动积极，并表现出较大的兴趣和热情。他们大多积极参加学生社团活动，主动承担班级、学校及社会工作。

2. 被动型

他们对过去自己封闭的人际交往形式不满意，内心渴望真诚、深厚的友谊，但感到缺少知心朋友。他们主观上愿意开展积极的人际交往，却不付诸行动，因为怕耽误学习，一般较少主动交往，多是被动卷入。

3. 沉静型

他们习惯于平静的生活，性格一般比较孤僻，平日少言寡语，不善人际交往，只和少数人保持接触。这种类型的人较少。

大学生，特别是大学新生，与人交往和相处的经验较少，这在很大程度上为他们处理人际关系带来了一定的压力。一方面，他们对建立良好的人际关系抱有极大的期望，希望拥有和谐的、友好的、真诚的朋友。但另一方面，这种期望又往往过于理想化，当他们对别人要求或期望过高时，容易对自己的人际关系状况不满，这又会给他们的人际交往带来消极的影响。

（二）大学生人际交往的特点

大学生的人际交往具有以下四个特点：

1. 交往愿望的迫切性

进入大学以后，随着自身生活空间的扩展，社会化程度的不断提高，许多大学生对过去的人际交往状态不甚满意，因而人际交往的愿望和动机会越来越强烈。他们迫切希望自己能够增长人际交往的知识，对于人际交往的原则和策略极感兴趣，并且身体力行投入到与同学、老师的交往中去。

2. 交往内容的丰富性

大学生不仅存在迫切的交往动机，而且其人际交往内容也显示出丰富多彩的特点。他们兴趣广泛、情感丰富、精力充沛、思想活跃，对各种自然和社会现象都感兴趣，希望自己“博闻强识”，因此在他们的人际交往过程中所涉及的内容非常丰富，除了专业知识，还会广泛涉及文学、艺术、政治、经济、文化、历史、民俗等各个方面。

3. 交往观念的自主性

大学生逐渐成熟的自我意识和独立思考的能力，使得他们在人际交往观念上体现出独立性和自主性。在人际交往的方式、内容和对象选择上，他们十分重视自己的见解主张，喜欢用自身的观念去影响彼此之间的交往，不愿简单地接受他人的信息和影响。

4. 交往系统的开放性

大学生受自身求知欲与好奇心的驱使，容易接受新鲜事物，心理上具有开放性。他们在人际交往中容易接受新生事物，对于不同年级、专业甚至校外的同学都愿意结交，许多大学生中的非正式群体都不排斥群体外成员参与他们的活动。这就决定了大学生的人际交往是一个多层次、全方位的开放系统。

（三）大学生人际交往中容易出现的问题

大学生在人际交往中存在着不同程度的问题，主要表现在以下四个方面：

1. 不敢交往

在人际交往的过程中，人们都会存在不同程度的恐惧心理，只是每个人的反应程度有所差异。一部分大学生在这方面反应会特别强烈，由于害羞、自卑等心理的作用，他们在与人交往时会显得特别紧张，心跳加快、面红耳赤，不敢正视对方；在与人交谈时会显得语无伦次、词不达意。在人多的场合或者在集体活动中，他们更会感到恐惧，不敢和人打交道或是表现自己，严重的学生可能会患上社交恐惧症。

2. 不愿交往

有的大学生在上了大学之后，发现自己不如在中学时那么出类拔萃了，进而形成因嫉妒与自卑心理造成的人际障碍。他们认为自己不如别人，怕别人瞧不起自己，内心缺少人际交往时必要的信任与理解，使得自己的人际关系十分平淡。有的同学缺乏与他人的基本合作精神，甚至视别人为竞争对手；有的同学自高自大，瞧不起别人；有的同学群体意识淡薄，以自我为中心，对周围的人与事漠不关心，自己高兴、开心时就愿意与别人交往，否则就拒人于千里之外；有的同学遇事总是回避退让，看上去整日郁郁寡欢，缺乏人际交往的愿望和兴趣，他们自我封闭、孤芳自赏，但内心又特别敏感，心理承受力差，经常独往独来，不愿抛头露面，或是与他人交往。

3. 不善交往

有的大学生不善于了解和掌握人际交往的一些知识、技巧，在与他人交谈的过程中显得过于生硬，书生气太足或木讷，对他人心存感激也不能及时讲出，在人际交往中常常不能得到别人的理解；有的大学生存在因认知偏见而产生的理解障碍，不在意人际交往中的“第一印象”，不注意沟通方式，在劝说他人、批评他人、拒绝他人时不讲究艺术；有的大学生在与人交往的过程中，不把握交往的原则，开玩笑不注意场合，不懂得给他人留面子，或言语粗鲁伤了对方的自尊心，或不懂得尊重对方的风俗习惯，或不懂装懂夸夸其谈；等等。这些表现都有损自身的形象，影响了同学之间进一步的交往。

4. 不会交往

进入高校之后，新生大都有强烈的人际交往的欲望，但又常常感到很困难。许多大学新生对人际交往的追求带有较浓的理想色彩，容易以友谊的理想模式为标准来衡量生活中的人际关系，导致高期待感与高挫折感并存，进而表现为：有的大学生津津乐道于自己过去的事情，对于现实生活中的人际交往却表现出强烈的不满；有的大学生不懂得人际交往在于平时的积累，总希望别人主动关心自己，而自身总是处于被动的地位；有的大学生仅在自己有求于人时才会“临时抱佛脚”……

三、改善人际交往现状

在现实生活中，有的同学人际关系良好，朋友较多；有的同学人际关系不良，朋友较少或根本没有朋友。如何改善不良的人际交往状况呢？

（一）影响人际交往的心理效应

社会心理学的研究表明，在人际交往中会有一些非常有趣的心理现象，科学地使用人际交往中的心理效应对于大学生来说很有意义。人际交往中的心理效应有以下五种：

1. 首因效应

在最初认识时，有谁不愿意给别人留下美好的印象呢？首因，即最初的印象，或称第一印象。在人际交往中，人们往往会注意开始时接触到的细节，如对方的表情、身材、容貌等，而对后来接触到的细节不太在意。这种由先前信息而形成的最初印象及其对后来信息的影响，就是首因效应，即我们常说的“先入为主”。

第一印象产生的信息是有限的，因此它不一定真实可靠。由于人的认知具有综合性，随着时间的变化、认识的深入，人们可以把这些不完全的信息贯穿起来，用自己的思维填补空缺，进而形成对他人一定程度的整体印象。也就是“路遥知马力，日久见人心”。

2. 近因效应

近因，即最近的印象。近因效应，指的是最近的印象对人们认知的影响。他人最近给自己留下的印象，往往是最深刻的印象，也就是心理学上所阐释的后摄作用。首因效应与近因效应不是对立的，而是一个问题的两个方面。在大学生的人际交往中，第一印象固然重要，最近的印象也是不可忽视的。在对陌生人的认知中，首因效应比较明显；而对熟识的人的认知，近因效应比较明显。这就告诉我们，在与他人进行交往时，既要注意自己平时给对方留下的第一印象，也要注意给对方留下的最近印象。

3. 光环效应

光环效应又称晕轮效应，指的是在人际交往中，人们常从对方所具有的某个特性而泛化到其他与之有关的一系列特性上，会从局部信息对他人形成一个完整的印象，即根据最少量的情况对别人得出全面的结论。所谓“情人眼里出西施”，说的就是这种光环效应。

光环效应实际上是在人际交往中，个人主观推断泛化的结果。在光环效应状态下，一个人的优点或缺点一旦变为光环被放大，那么这个人其他的优点或缺点会隐退到光环的背后，容易被别人视而不见。在人际交往中，你遇到过这种情形吗？会对外表吸引人的同学赋予较多理想的人格特征或设计美好的未来吗？例如：“你气质好，将来求职就业一定没有问题！”“那个人第一次见面就对我关心备至，令我难忘！”

4. 投射效应

投射效应是指在人际交往中，对别人形成的印象，总是会假设他人与自己有相同的倾向，即容易把自己的特性投射到其他人身上。所谓“以小人之心，度君子之腹”反映的就是投射效应的一个侧面。投射效应可分为两种类型。一种是指个人没有意识到自己具有某些特性，却把这些特性加到了他人身上。例如，一个对他人有敌意的同学，总感觉到对方对自己怀有恨意，似乎他的一举一动都有挑衅的色彩。另一种是指个人意识到自己某些不称心的特性，而把这些特性加到他人身上。例如，在考场上，想作弊的同学总感觉到别的同学也在作弊，倘若自己不这样做就会吃亏。

5. 刻板印象

刻板印象是指社会上对某一类事物或人物的一种比较固定、概括而笼统的看法。主要表现为：人们在人际交往过程中，会主观、机械地将交往对象归于某一类人，不管他是否呈现出相应特征，都认为其是该类人的代表，进而把对该类人的评价强加于他。刻板印象作为一种固定化的认识，虽然有利于对某一群体做出概括性评价，但容易产生偏差，造成“先入为主”的成见，阻碍人与人之间的深入交流。例如，男生常常认为女生心细、胆小、娇气；女生则会认为男生心粗、胆大、傲气。农村来的同学可能会认为城市来的同学见多识广，但狡猾、小气；城市来的同学也许会认为农村来的同学孤陋寡闻，但忠厚、老实等。

（二）确立良好人际交往原则

【课堂活动】

好朋友之间该有隐私吗？

大学生小A和小Z是一对要好的朋友，在学习和生活中经常形影不离。后来小A觉察到小Z常常周末不在自习教室，就问她去做什么，小Z不想说，但又担心小A多心，影响两人的关系，内心很矛盾。小A很不高兴，认为两个好朋友之间不该有秘密，若保留个人隐私就不是真正的朋友。她们的矛盾症结在哪里呢？

个人隐私是个人感的重要体现，没有个人感就没有个人隐私，没有个人隐私也就无所谓个人感。个人隐私之所以重要，就在于它接纳了每个人拥有私生活的合法性和独立性。在上述案例中，小A、小Z没有掌握好友谊和个人隐私的分寸，因而两人都十分痛苦。

在人际交往中，无论是同性还是异性之间，都应相互尊重，保护他人的隐私，不能强迫别人暴露自己的秘密。真诚、宽容、信任是与尊重同等重要的良好人际交往原则。

1. 平等原则

平等是建立良好人际关系的前提，也是人与人之间建立感情的基础，是人际交往的第一原则。

平等首先指的是双方在情感上的对等，只有一方真诚付出的人际交往是不会存在真正的友情的，而一个总是趾高气扬、傲视一切的人，也是不会受欢迎的。

大学生们来自不同的地方，年龄、经历、知识结构和文化水平虽然相似，但是家庭情况、经济状况、个人能力等都有所不同，但这并无高低贵贱之分。如果大学生在学校中盛气凌人，把自己的意愿强加于人，缺乏对他人应有的礼貌，最终将会导致别人对自己避而远之。只有以平等的心态与他人相处，才能形成人与人之间的心理相容，产生愉悦、满足的心情。从人格的角度看，人与人之间都需要互相敬爱。平等待人，自己才能被别人平等对待和加以理解，自己的交往愿望才能被别人所接纳，从而形成良好的人际交往关系。

2. 尊重原则

俄国作家屠格涅夫有一天走在街上，看到一个年迈体弱的乞丐向他伸出发抖的双手。屠格涅夫找遍所有的衣袋，发现分文没有，因此感到惶恐不安，只好上前握住乞丐那双脏手，深情地说道："对不起，兄弟，我什么也没有，兄弟!"哪知，屠格涅夫这一声声"兄弟"，却超过了钱币的作用，立刻使老乞丐为之动容，泪眼盈盈地说："哪儿的话，这已经很感恩了，这也是恩惠啊!"这个故事说明，无论什么人，地位或高或低，他们渴求得到尊重的心情是一样的。

古人说："敬人者，人恒敬之。"尊重包括自尊和尊重他人两个方面。自尊就是在各种场合要自重自爱，维护自己的人格；尊重他人就是要重视他人的人格、习惯与价值。尽管由于主、客观因素的影响，人与人在气质、性格、能力、知识等方面存在差异，但在人格上都是平等的。只有尊重他人才能得到他人的尊重。

3. 真诚原则

真诚待人是人际交往中最有价值、最重要的原则，是人际交往得以延续和深化的保证。古人说："以诚感人者，人亦诚而应。"在人际交往中，只有彼此抱着心诚意善的动机和态度，才能相互理解、接纳、信任，在感情上实现共鸣，使人际交往关系得以巩固和发展。那种"逢人且说三分话，未可全抛一片心"的人际交往信条，会很难建立健康的人际交往关系。

真诚待人是大学生在人际交往中最有价值、最重要的一种特征，也是其高尚品质的重要体现。只有真诚才能产生情感的共鸣，获得真正的友谊，人际交往的真谛就是彼此之间真诚的互动。一个人如果当着朋友面是一套，背后又是一套，或者朋友之间互不信任、心存戒备，彼此假情假意，那么，人际交往将不再让人感到愉快，反而成为双方的一种负担。

4. 宽容原则

宽容表现在对非原则性问题不斤斤计较，能够以德报怨。在人际交往中，每个人都难免会遇到一些令人不愉快的人和事，要学会宽容、克制和忍耐。北宋文学家、书画家苏轼说得好："匹夫见辱，拔剑而起，挺身而出，此不足为勇也。天下有大勇者，卒然临之而不惊，无故加之而不怒，此其所挟持者甚大，而其志甚远也。"大学生在人际交往中心胸要宽，姿态要高，气量要大，遇事要学会权衡利弊，切不可事事苛求他人、固执己见，要尽量团结那些与自己有不同见解的人，营造宽松的人际交往环境。学会原谅别人是美德，学会宽容别人是高尚。有了这样的心境，就会有良好的人际关系，就会使自己每一天都快乐。

在人际交往的过程中，彼此由于观念或方法不同，在交往的过程中有可能产生心理上的摩擦，宽容就是自己能够理解交往的对象，原谅并主动去帮助他们，从而达到心理上的和谐。

在人际交往中，大学生要做到宽容，需要自身有较高的思想境界和道德修养，需要有宽阔的胸怀和坚强的意志，需要有正视自己心灵创伤的勇气和自控能力。对他人宽容的人才能得到别人对他的宽容，才能使自己人际交往中的感情纽带更牢固。

【课堂活动】

巧妙表达负面意见

活动目标：学会在人际交往中真实地表达自己的意见，同时让对方接纳自己。

情境：宿舍同学甲穿着一件红色上衣，一条紫色裤子，一双黄色皮鞋来征求你的意见。

你会说：

（1）好看，好看！真漂亮！

（2）难看死了，赶快脱下来，免得丢人！

（3）你的红色上衣、紫色裤子、黄色皮鞋都挺漂亮的，只不过搭配在一起可能有点乱，建议你分开穿，效果会更好些！

分析：这三种不同的回答会给人带来什么样的感受？

实践：如果是你，你会如何回答？请表达出来。

分享讨论：每位同学表达不同意见后自己有何感受。

5. 互利合作原则

互利合作是指人际交往的双方在满足对方需要的同时，能得到对方的报答，这样彼此的交往关系就能继续发展。如果一方只索取不给予，那么人际交往就会中断。互利性越高，交往双方的关系就会越稳定、密切；互利性越低，交往双方的关系就会越疏远。人际交往间的互利包括物质和精神两个方面。

俗话说得好，“孤掌难鸣”“独木不成林”，没有人能离开他人而独自生存发展下去。我们在生活的过程中，彼此合作、互相帮助，才能共同进步、开拓未来。一般说来，个体生活在一定的团队中，其中的成员只有互助合作，才能促进团队的发展，个体也才有更好的进步空间。

在人际交往中，双方相互关心、帮助与支持，既有助于考虑彼此的共同价值和共同利益，满足大家的需要，又能促进相互之间的联系、深化双方的感情。一般而言，一个成员想通过团体达到某种目的的迫切程度，总是会受团体其他成员的影响而改变。当团体的人际关系环境不合适时，个体通过团体实现自身愿望的迫切程度就会降低；当团体的人际关系环境比较合适时，个体的这种愿望就会变得更为强烈。如果团体成员彼此间注重互助合作，能够达成相对一致的目标和共同的愿望，就会促进双方的人际交往和人际关系的发展，进而会使每个成员通过团体实现这种愿望、达到相应目标的信心和干劲都变得更为强烈，在最终促进团队发展的同时，个体自身也得到了进步。

在人际交往中，关怀是双向的，如果每个人都去关怀别人，那么这样的行为就会越来越多，这个现象在心理学中叫增值交往。

6. 理解原则

所谓知己，即能够理解和关心自己的人。相互理解是人际沟通、促进交往的前提。理解不等于知道和了解。就人际交往而言，你不仅要细心了解他人的处境、心情、特性、好恶、需求等，还要根据彼此的情况，主动调整或约束自己的行为，尽量给他人以关心、帮助和方便，多为他人着想，能够体恤别人，自己不爱听的话不要说给别人听，自己反感的行为不要强加于人。古人说：“己欲立而立人，己欲达而达人。”“己所不欲，勿施于人。”如果你在人际交往中善解人意、处处理解和关心他人，别人也不会亏待你。

7. 信用原则

人际交往要讲究一个“信”字。信用有两层含义：一是言必信，即要说真话，不说假话，如果一个人满嘴胡言，尽说假话骗人，到头来他即使说真话都不能使人相信了；二是行必果，即要说到做到，遵守诺言，实践诺言。如果一个人到处许愿而不去行动，必然会引起人们的反感和唾弃。无信不立，“言而无信非君子”。

现代社会竞争日益激烈，在此背景下，人们的信用显得尤为重要，这关系到一个人的社会声誉和事业成败。对大学生来说，个人信用是其立足校园和社会的第二张“身份证”。在与同学交往的过程中，只有守信才能取得他人的信任和认可，因为每个人在人际交往中都想寻求安全感和信赖感。一个不讲信用的人很难使别人产生愉悦感，更别说与其建立良好的关系了。守信有利于在人际交往过程中增加彼此的信任感，消除可能产生的误会，加深双方的感情，有利于彼此建立良好的人际关系。

（三）学习人际交往的技巧

【微视频】人际吸引的规律

人际交往能力是现代社会高素质人才的重要素质，是衡量一个人能否有效适应社会的标志。一个人想要在现代社会生活中有所作为，应努力培养自己人际交往的能力，掌握人际关系的主动权。为此，大学生不仅要克服人际交往中的障碍，更为重要的是要了解人际交往的真谛——以内养外，掌握成功交往的技能与艺术。

1. 培养成功交往的心理品质

建立良好人际交往的内功在于：培养成功交往的心理品质，提高自身的人格魅力，如真诚、大方、热情、自信、谦虚、善解人意等。自卑感是人们产生人际摩擦和问题的原因之一，自信是健康人际交往的灵魂。悦纳自己，发现自己的优点，强化自己的内在价值，使自己快乐起来、自信起来，不断地完善自我，这是实现良好人际交往的主要途径。

【课堂活动】

哪些品质受人喜欢?

人际关系的好坏不是一个简单的技巧问题，它反映了一个人的性格特点和自己对别人的评价。人们常说："生活的磨炼可以改变一个人。"这里主要指性格的改变。气质无好坏之分，只有当气质的表现涉及人的社会关系时，才能评定这种品质是否可行，是否有价值；对人的性格，大家始终有好有坏的评价。为什么有的人广受欢迎，具有良好的人际关系，有的人却不那么受欢迎？你觉得哪些品质在人际交往中会受到欢迎呢？

1. ________________。
2. ________________。
3. ________________。
4. ________________。
5. ________________。

【课堂活动】

访问陌生人

活动目标：挑战自我，实现人际突破。

每个同学去采访一个自己不认识的人。请注意，在采访中可能会遇到一些困难，但要想各种办法，尽自己一切努力去克服，实现突破。

列出访问清单，包括自己要问的问题，可能遇到的困难（比如对方拒绝自己，回答过于简单，态度不好，对自己持怀疑、不信任态度等）及应对策略。

采访结束以后，请同学们反馈各自的采访内容，交流彼此在采访时的心理感受：有没有遇到困难？如果有，说明自己是如何克服的？有没有难以克服的困难？如果有，请同学们一起讨论解决办法。

2. 培养积极的生活态度

哈里斯提出了人生的四种态度类型：① 我不行，你行；② 我不行，你也不行；③ 我行，你不行；④ 我行，你也行。

哈里斯认为，在人的发展中，“我不行，你行”是最早形成的记录。在生命最初的两年，儿童常常处于不平衡的状态中，由于自身的弱小、无知、笨拙、依赖性，他们体会到的多是消极的情感，如沮丧、抵触、自弃、压抑等，最终会认定自己“我不行”。当然，儿童也会存储大量积极信息，如好奇、创造、探索、识别的欲望、触摸和感知的强烈要求。但他们的压抑感远远超过积极美好的情感。开始蹒跚学步时，他们被亲人爱抚的机会也就随之减少，而受到的体罚会越来越多，这时孩子就会断言“我不行，你也不行”。他会拒绝大人的拥抱，宁愿一个人躺着。从小受到父母虐待的人，在“自我安抚”的过程中就会形成“我行，你不行”的结论，这里也会包含着强烈的报复与犯罪心理。一些幸运的人，如果在生命的早期得到大量的帮助，他们将会顺利地获得“我行，你也行”的态度。这是其宽容精神的表现，既尊重别人，也尊重自己。

在“你行，我不行”这样一种自卑、怯弱与“我行，你不行”这样一种狂妄、自大的心态下，人际交往必然是“有赢有输”；在“我不行，你也不行”这种悲观绝望的心态下，人际交往可能呈“双败”局面；只有在“我行，你也行”这种积极乐观的心态下，人际交往才会“双赢”。

尝试分析一下，你的生活态度属于哪一种呢？

很多时候我们会不由自主地对他人抱有错误认知，进而发生认知偏差，我们需要学习如何科学地运用影响人际关系的心理效应。

3. 敏感性训练

敏感性训练是一种从团体心理辅导发展起来的团体训练技术。敏感性训练团体有多种形式，开展最普遍的是训练团体或称T小组，它的活动方式主要是语言交流。这类团体通常由5～15人组成，其中包括一名团体心理辅导人员，训练期限是1～4周。

训练团体主要以非指导性的方式为参与者提供真实体验“此时此地”的情境。在活动的开始，团体成员之间往往会先谈论自己参加这种活动的意图、想解决的困惑和感兴趣的问题。随着沟通的深入，人们会逐渐了解别人对自己存在的问题和当时的表现有怎样的反应。当团体成员之间的信任感和真诚的气氛建立起来后，团体作为一个整体就不容忍任何成员拒绝暴露自己的真正自我，其设计的团体训练活动可以有盲行、同舟共济等。同学们不妨参加某个训练团体进行体验。

【课堂活动】

扮演角色

活动目标：通过互换角色来设身处地地体验别人的处境，感受对方的内心世界。

1. 确定角色：A同学和B同学面对面地坐在椅子上。

2. 扮演角色：要求A同学讲一件最近令他烦恼的事情，并将它表演出来。要求B同学认真倾听，并安慰A同学，帮他想出解决的办法。

3. 交换角色：请两位同学交换各自的位置和角色，继续进行表演，A同学必须重复B同学刚才的叙述，B同学也必须重复A同学刚才的叙述。

4. 分享与讨论：全体同学进行讨论，表达自己的感受。

4. 利他行为实践

利他行为是指在人际交往过程中，自己无私助人而不指望得到任何外在奖励的行为。研究表明，利他行为与心理健康存在相关。高利他行为的人，心理健康水平也高，反之亦然；低利他行为的人在人际关系、焦虑、抑郁等项目上与高利他行为的人存在显著差异。这是因为，利他倾向强的人，常常具有较强的社会责任感和维护社会正义的意识，形成了道德义务感和责任感。这样，个体利他行为的发生就不是由于社会的要求，而是因为个体自己感到“这样做是对的”，利他行为会使人感到轻松、愉快。在学习生活之余，尝试着多为同学做一些力所能及的、其他人不太愿意做的事情，而不必在意别人对你的评价，并尝试从积极的方面记下自己的体会。

【课堂活动】

绘制自己的人际财富图

活动目标：通过活动，了解自己的人际关系现状，反思自己在人际交往中所体现出来的性格特点。

活动准备：一张白纸，一支笔。

活动过程：

1. 绘制自己的人际财富图

（1）在白纸的中央画一个实心圆点代表自己。

（2）以这个实心圆点为中心，画出三个半径不等的同心圆，代表自己的三种人际财富或者人际圈。同心圆内的任意一点到中心的距离表示心理距离。接着将亲朋好友的名字写在图上，名字越靠近中心圆点，表明他与你的关系越亲密。

（3）写在最小同心圆内的人名属于你的“一级人际财富”。你们彼此相爱，你愿意让对方走进自己心灵的最深处，分享自己内心的秘密、痛苦和快乐。这样的人际财富不多，却是你最大的心灵慰藉，也是你生命中最重要的成长力量。

（4）写在第二大同心圆内的是你的“二级人际财富”。你们彼此关心，时常聚在一起聊天、玩耍，一起分享快乐，一起努力奋斗。虽然你们之间有些秘密是无法分享的，但这类朋友会让你时常感到温馨。

（5）写在最大的同心圆内的是你的“三级人际财富”。这些朋友，可以是平时见面只打个招呼，但是需要帮助时也愿意出力的朋友；可以是曾经比较亲密但渐渐疏远，却仍然在你心中占有一席之地的朋友；也可以是平时难得见面，却不会忘记在逢年过节问候一声的朋友。

（6）同心圆外的空白处代表你的“潜在人际财富”。尽量搜索你的记忆系统，把那些虽然关系比较疏远但仍在你的人际交往范围内的人名写下来。

2. 思考和分享

要牢记“一个篱笆三个桩，一个好汉三个帮”，良好的人际关系可以使自己在温馨怡人的环境中愉快地学习、生活和工作，人际关系的改善还可以提高我们承受挫折的能力。人际关系网络如果用心维持的话，将会让你终身受益。一般而言，一个成年人需要与大约120人维持不同程度的人际关系，其中包括2～50个心理关系比较密切的人。如果人际关系过疏或过密，都容易引发个体的心理问题，或孤独无助，或自我迷失。

（1）试着整理自己的人际财富：你觉得目前你的人际关系如何？你认为是自己身上什么样的个性品质给你带来了好人缘？如果你的人缘不太好，是什么原因导致的？

____

____

（2）在你写出的朋友中挑选出一位，写出你认为在你们之间的关系中最需要改善的地方。

____

（3）你为此会做出哪些努力来改善你们之间的关系？

____

（4）一个月后，评估你与此人关系改善的程度。

____

你对这种改善的感受是：

____

【拓展阅读】

1. 匈牙利YTL项目组. 人际交往［M］. ZDLBOOKS，编译. 北京：中国社会出版社，2006.

2. 梁鹏. 沟通助你成功［M］. 广州：中山大学出版社，2006.

第8讲

沟通无极限——沟通与冲突管理

【知识导图】

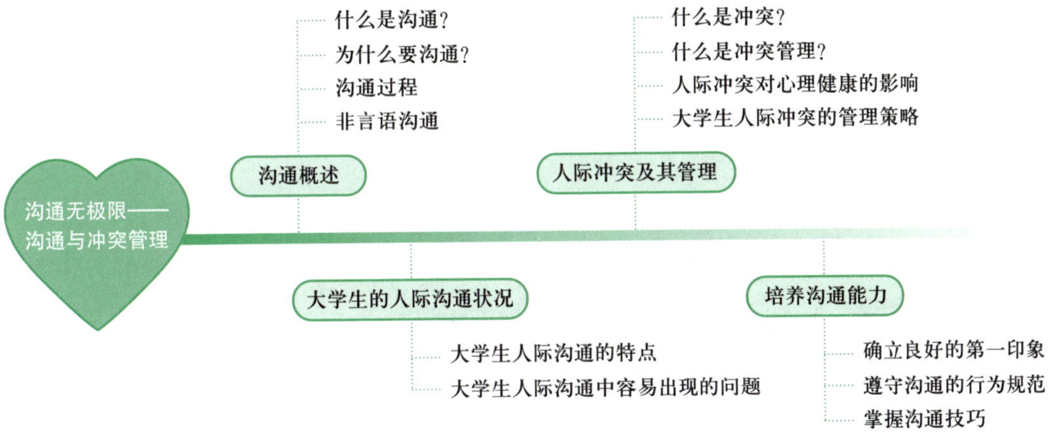

请思考：

1. 人到底能承受多少孤独？
2. 你们宿舍里存在人际冲突吗？你是如何处理的？
3. 为什么说积极倾听是最重要的沟通技巧？

一、沟通概述

人到底能承受多少孤独？1954年，美国心理学家做了一项实验。该实验以每天20美元的报酬雇用了一批学生作为被试。为制造出极端的孤独状态，实验者将被试关在有隔音装置的小房间里，并让他们穿戴用特质材料做成的衣服，还让他们戴上半透明的保护镜以尽量减少视觉刺激。而为了限制各种触觉刺激，实验者给被试戴上了木棉手套，并在其袖口处套了一个长长的圆筒，还在他们头部垫上了一个气泡胶枕。除进餐和排泄的时间以外，实验者要求被试24小时都躺在床上，营造出一种所有感觉都被剥夺了的状态。结果，尽管报酬很高，却几乎没有人能在这项孤独的实验中忍耐三天以上。实验证明，人的身心要想正常工作就需要不断地从外界获得新的刺激。

上述实验说明，人要接收信息，并与他人打交道，就需要懂得沟通。

（一）什么是沟通？

沟通是人们为了传递信息、交换意见、交流情感而利用语言或非语言的方式进行互动的过程，是人与人之间相互联系的最主要的形式。心理学研究发现，人们在清醒的时候，大约70%的时间都花在沟通上，与他人交谈、读书、上课、浏览网页等，都是在进行沟通。沟通的广度和方便度是衡量一个人生活质量的重要方面。第7讲谈到的人际关系就是在沟通的基础上建立起来的。沟通不仅直接影响着大学生在校期间的学习、生活，而且也影响着其心理健康水平。在现实生活中，许多不愉快、不顺畅、难堪、挫折、失败、不幸等，都与缺乏沟通或沟通不畅有关系。

（二）为什么要沟通？

沟通是人类的基本需求，人只有在不断地与他人进行沟通的过程中，才能促进自身的个性发展，有利于其心理健康。人际沟通是个体与周围人之间的一种心理和行为的交流过程，是由诸多因素组成的复杂系统。通过沟通，双方的心理和行为都会发生变化。在一个人走向成功的过程中，良好的人际关系至关重要，而人际关系的建立，沟通是基础。大学生正处在学习知识、了解社会、探索人生的重要发展时期，主要人际活动都是在与人沟通的过程中进行与实现的。在人的一生中，很少有像大学时那样强烈地渴望被人理解的时期了。

1. 良好的沟通可以满足社会性需要

社会性需要是社会人的本质属性。马克思认为人和动物的本质区别是其需要和需要满足的方式不同。每个人都渴望自己被他人肯定，被他人接纳，被他人喜欢，被他人爱，被他人尊重。良好的沟通可以满足人们这些方面的需要，让人心情愉悦，每个人都有一种被他人了解和了解他人的渴求。

2. 良好的沟通可以深化自我认识

大学生在与他人沟通的过程中，通过倾听、观察、分析和比较，可以了解他人对自己的态度和评价，自己在他人心目中的形象以及自己在社会中的地位，从而可以全面、客观地认识自己，并以此进行调整。

3. 良好的沟通是维护心理健康的保证

人际沟通问题是高校心理咨询中心来访者提到的最多的问题之一。大学生的一些其他心理问题也会直接或间接地与自己的人际沟通不良有关。例如，有的大学生感到孤独、空虚、抑郁、自卑，甚至产生自杀的念头，大多是没有与宿舍同学进行良好的沟通而遭孤立所致；有的大学生情绪低落，注意力不集中，学习成绩明显下降，原因之一是人际沟通不良导致的人际关系紧张；有的大学生不愿意参加集体活动，感到自己缺乏影响力和社交经验，实际上是缺乏人际沟通的技巧和经验；有的大学生失恋，是因为他们不懂得异性之间的沟通方法与技巧；等等。

（三）沟通过程

沟通过程由信息源、信息、通道、信息接收者、反馈、障碍和背景七个要素构成，如图8-1所示。

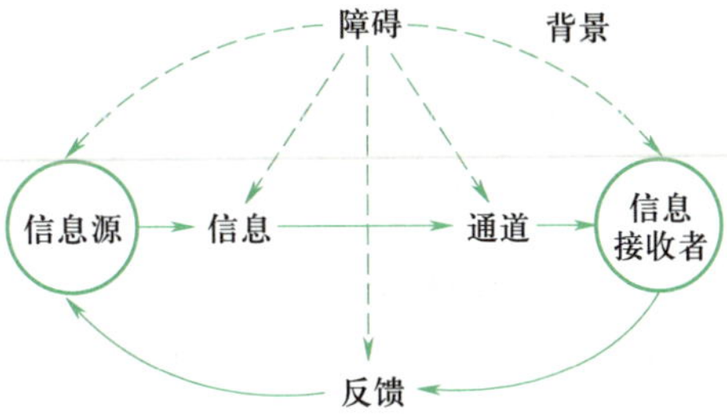

图8-1 沟通过程

1. 信息源

在人际沟通中，信息源是具有信息并试图与他人进行沟通的个体。个体选择沟通对象，确定沟通目的，启动沟通过程。沟通前人们一般需要一个准备阶段，个体明确自己需要沟通的信息，并将它们转化为信息接收者可以接受的形式，比如口语、文字、表情等。沟通的准备过程，实际上是个体明确自己的身心状态、整理沟通思路的过程。

2. 信息

信息是沟通者试图传达给他人的观念和情感。个体的感受要为他人所接受，就必须将它们转化为各种不同的、可以为他人觉察的信号。在可用于沟通的各种符号系统中，最重要的是词语。词语可以是声音信号，也可以是形象符号（文字）。在面对面的沟通过程中，除了词语本身可以传达信息，沟通者的心理状态也可以传达信息，这些信息可以使沟通双方产生情绪上的互相感染。

3. 通道

通道是沟通过程中的信息载体。人的各种感官都可以接收信息，其中视听信息所占的比例较大，人际沟通以视听为主。

日常的人际沟通以面对面的沟通为主，但也可以通过书信、网络、电话等媒介进行。在各种沟通方式中，影响力最大的还是面对面的沟通。在面对面的沟通中，除信息丰富以外，沟通者和接收者还有彼此之间的反馈和互动，这些因素综合起来，保证了沟通的顺利进行。

4. 信息接收者

信息接收者是进行沟通的另一方，在接收带有信息的各种音形符号后，会根据自己的已有经验把它“转译”为沟通者试图发送的信息、态度或情感。由于信息源和信息接收者是两个不同的经验主体，所以信息源发送的信息内容，与经过个体“转译”和理解后的信息内容是有差异的。双方沟通的质量取决于这种差异。信息接收者有责任认真倾听信息源并核对自己掌握的信息是否准确。

5. 反馈

在人际沟通中，双方都不断地把信息回送给对方，这种信息回送过程称为反馈，反馈使沟通成为一个双向的交互过程。反馈可告知信息源，信息接收者理解信息的状态。此外，反馈也可能来自沟通者本人，个体可以从发送信息的过程或已经发送的信息中获得反馈。这种自我反馈是双方沟通得以顺利进行并达到最终目的的重要前提。

6. 障碍

人际沟通过程中常常会发生障碍。例如，信息源发出的信息不充分或不明确，信息没有正确转化为沟通信号，误用载体及沟通方式，信息接收者存在误解以及信息自然增强与衰减等。此外，沟通双方的主观因素也可能造成沟通障碍。如果沟通双方缺乏共同的沟通经验，就会使彼此难以沟通。

7. 背景

背景是双方沟通发生时的情境。背景会影响沟通的每一个要素以及整个沟通过程。在人际沟通中，许多意义是背景提供的，词语和表情等的含义也会随着背景的不同而改变。沟通背景包括心理背景、物理背景、社会背景和文化背景。

总之，良好沟通的特点之一是信息的准确传达，一方送出的信息即为另一方接收到的信息，如图8-2。

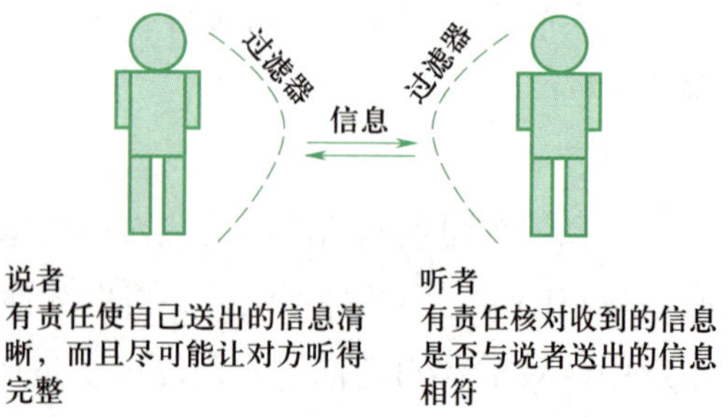

图8-2 良好的沟通：送出的信息即为接收到的信息

（四）非言语沟通

【课堂活动】

我做你猜

活动目标：学会通过非言语的形式理解他人的感受，增进人际了解。

学生每两人一组，面对面坐好。其中一人用手势、表情、体态语言等表达自己内心的感受，让对方猜这些动作及表情所反映的感受是什么。完成后，让表达者说明对方的猜测是否准确，为什么。

角色交换：双方交换角色再进行一次。

分享与讨论：交流被猜中和没被猜中的感受。

上述活动中采用的就是非言语的沟通方式，包括目光接触、面部表情、身体姿态、触摸等。人们运用非言语沟通能表达丰富的意义，非言语沟通比言语沟通更能反映一个人真实的态度和情感。非言语沟通的技巧可以通过练习得到提高和改善。

1. 目光接触

眼睛是心灵的窗户，是最有效地显露个体内心世界的途径。人们对自己的目光很难做到随意控制，一个人的态度、情绪和情感变化都可以从眼睛中反映出来。观察力敏锐的人，能从他人的目光中看到一个人真实的心态。

目光接触是最重要的身体语言沟通方式，其他的身体语言沟通方式也与目光接触有关。人际沟通中如果缺乏目光接触，那么会成为一种令人不悦的、困难的过程。当然，长时间的凝视会让对方感到压力甚至产生不快。

【课堂活动】

对　视

活动目标：学会通过非言语的沟通方式理解他人的感受，增进人际了解。

学生每两人一组，面对面站好，静静对视3分钟后，说出自己的体会并交流彼此的感受。

2. 面部表情

面部表情是另一种可完成精细信息沟通的身体语言沟通方式。人的面部有数十块表情肌，可产生极其复杂的变化，生成丰富的表情。这些表情可以非常灵活地表达个体各种不同的心态和情感。来自面部的信息很容易为人们所觉察，但经过训练后，个体能较为自如地控制自己的表情肌，因而人们面部表情所表达的情感状态有可能与实际情况不一致。

面部表情可以表现出肯定与否定、接纳与拒绝、积极与消极、强烈与轻微等情感，它可控、易变，效果较为明显。个体可以通过面部表情表达自己的情感、对他人的兴趣、对事物的理解和自己的判断等。因此，面部表情是人们在人际沟通时运用较多的身体语言沟通方式之一。

3. 身体姿态

身体姿态是个体运用身体或肢体的动作表达情感及态度的身体语言，也是常见的身体语言沟通方式。有学者研究发现，尽管身体姿态及其意义与文化有一定的关系，但通过身体姿态进行沟通的适用范围还是较为广泛的。例如，摆手表示制止或否定；双手外推表示拒绝；双手外摊表示无可奈何；双臂外展表示拒绝；搔头或搔颈表示困惑；搓手、拽衣领表示紧张；拍头表示自责；耸肩表示不以为然或无可奈何。图8-3展示了一些身体姿态及其意义，其中有些身体姿态是全世界通用的。

图8-3 身体姿态及其意义

4. 触摸

触摸被认为是人际交往和沟通过程中最有力的非言语沟通方式，人在彼此触摸或身体接触时对情感融洽的体味最为深刻。隔阂的消融、深厚的情谊常常需要通过个体间的身体接触才能得到充分表达。人不仅会对舒适的触摸感到愉快，而且会对触摸对象产生情感依恋。有过恋爱经历的人会有体会，爱情是从身体接触（哪怕只是握手）的那一瞬间发生质变的。同样的道理，如果恋人之间从来没有出现过任何身体接触，那么恋爱关系的中断，对双方造成的心理失衡相对来说会很小。但是，如果双方存在过拥抱、接吻等身体接触，那么恋爱关系的中断，就会给双方带来强烈的失恋反应。

握手是使用得最多、适用范围最广泛的触摸行为之一。握手的初衷是向对方表示友好和接纳，短短几秒钟的握手，会把你的态度传达给对方。比如老友重逢时，双方的手握住后常会来回拉扯，以表达兴奋的心情；好友分别时，会边握手边以左手轻拍对方被握住的手，以表示别情难舍；上级对于自己欣赏的下级，握手时常常以左手轻拍对方的手臂或肩膀，以表示赞赏和尊重；等等。心理学家曾总结出社交场合握手的一般规则，以便人们能够通过握手而成功地给他人留下良好的印象。这些规则主要有：握手者必须内心真诚地接纳对方；作为主人、上级或女性，应主动与对方握手；与人握手时不要戴手套；男性一般不抢先与女性握手；握手时应保持适当的目光接触。

二、大学生的人际沟通状况

大学期间是学生社会化的重要时期，其人际沟通具有阶段性特点，也存在一些特有的问题。

（一）大学生人际沟通的特点

大学生，特别是大学新生，由于他们与人沟通和相处的经验较少，因而在其处理人际关系问题时会感受到一定的压力。一方面，大学生对建立良好的人际关系有极大的渴望，希望通过沟通建立和谐、友好、真诚的人际关系。另一方面，由于缺乏正确的沟通态度和技巧，又常常事与愿违。

1. 沟通意愿较强

进入大学开始独立生活后，许多学生在人际沟通方面逐渐独立起来，而且，他们与异性沟通的愿望会逐渐增强。大学生在人际沟通过程中的情感成分多，功利色彩少，同学之间虽然有竞争，但是相对来说没有那么激烈，彼此间很珍视双方的友谊。

大学生中善于人际沟通的学生被称为“人缘型学生”，他们常常会表现出以下人格特征：尊重他人，关心他人，有同情心，对同学一视同仁，待人热情，开朗，有责任感，忠厚、诚实、谦虚、独立，兴趣广泛。

而不善于人际沟通的学生则被称为“嫌弃型学生”，这类学生常常会表现出以下人格特征：以自我为中心，不为他人着想，缺乏责任感，把自己置于集体之外，不尊重他人，操纵欲、支配欲强，对人冷漠，孤僻，不合群，情绪不稳定，自命不凡，敏感，气量小，爱嫉妒，懒散，不求上进，兴趣贫乏。

2. 沟通方式网络化

在当今时代，成千上万的大学生走进网络构建的虚拟社会中。在以网络为基础的跨地域、多媒体的信息平台上，大学生能够获取课堂和书本以外的知识和信息，加深自己同世界的沟通和人际交往，上网学习、娱乐、沟通信息、交流情感，成为大学生课余生活的新时尚。

这应该得益于网络本身所具有的独特魅力。网络能让使用者产生亲密感、无时空感和无压抑感，这是其他任何事物都不曾有过的。具体来说，首先，网络为大学生拓宽了信息来源和沟通渠道。在信息社会里，谁能更快、更多地掌握信息，谁就会在竞争中获得主动权。为了自己可以快捷、高效地获取所需信息，大学生就会求助于网络。其次，网络扩大了大学生的社交范围，满足了人们与生俱来的渴望参与、合群的原始需求。那些在现实生活中有着重重顾虑的大学生，可以在网络世界中尽情地表达情感，畅所欲言，并轻而易举地找到自己的“归宿”。网络世界可以舒缓大学生在现实中的压力，同时可以使自己变成一个变幻莫测、魅力无穷的人。网络聊天时不需和交谈对象面对面，听不到彼此的声音，只是通过文字来进行表达，这样可以把自己很好地伪装起来。躲在网络这样一个虚拟的屏障后边，能够给人以较多的安全感，有助于大学生释放自我。

（二）大学生人际沟通中容易出现的问题

沟通能力是现代人不可缺少的重要能力之一。与人沟通和相处时出现的问题不是大学生所独有的，但这一问题在大学生群体中的表现却有其特殊性。

【同伴案例】

一名大学生由于自理能力太差，又不善于与老师、同学沟通，在丢了饭卡、银行卡没钱吃饭后，饿着肚子挺了一周，实在坚持不住了才给远在外地的父母打电话求救。父母与其辅导员取得联系后，学校帮他补办了饭卡，“救”了他的“命”。这名大学生在家的时候，除了学习什么都不会。上大学之前，他习惯了父母安排的一切，他不用上街，不愁吃住，也不与其他同学交往。去大学报到的时候，所有的琐事都是父母帮他办的。因为长期不与他人打交道，他对与他人沟通产生了畏惧心理。

1. 缺乏沟通技巧

有些大学生虽然内心渴望沟通，但由于自身沟通方法欠妥、沟通能力有限、存在个性缺陷或沟通心理障碍等，在人际沟通过程中既不了解自己，也不了解他人，因此沟通失败。长此以往，这些大学生把沟通看成一种负担，渐渐地变得自我封闭。

2. 沟通圈子较窄

值得注意的是，大学生与同等文化知识水平的人沟通较多，而与其他阶层沟通较少。从大学生自身的成长来讲，他们需要多接触社会各阶层人士，例如工人、农民等，这样才能在社会发展中找到自己的位置。尽管有的大学生出生在工人、农民家庭，但他们较少从事家庭生产劳动，因而缺少真正融入大众的生活体验。大学生在人际沟通中出现的一些问题，如轻信他人、偏执、妄自尊大等，都与他们的社交面过窄，对自我缺乏正确认识有关。因此，适当地参加生产实习、社会实践、支教活动、志愿活动等，有助于提高大学生的人际沟通能力，拓宽大学生的交往范围。

3. 与父母沟通较少

有人认为，高中生面对高考压力和父母对其学习成绩的严格要求时，与父母的沟通易出现障碍，而大学生的生理与心理都已接近或达到成熟，与父母的沟通理应比高中生顺畅。现实情况却并非如此。许多大学生仍然对父母有抵触或敬畏情绪，他们大都反对父母的教育方式，难以忍受父母对自己的不理解。

大学生不愿与父母沟通，也有自身的原因。进入大学以后，学生的心理会发生很大变化，有学习成绩下降带来的落差感，有陌生环境带来的孤独感，也有缺乏交往能力导致的失落感。此外，现在的大学生多是在被过度关心的环境中成长起来的，他们对父母缺乏关心和理解，在处理与父母沟通的问题上，经常以个人为中心，因此导致两代人的沟通困难。

【课堂活动】

你善于沟通吗?

如果你想了解自己的沟通水平，请用下面这套小测验进行自测。测验方法很简单，在每个问题下面的三种回答之间选择一种，并在相应的选项上打“√”。[①]

1. 你是否经常感到词不达意?

a. 是　　b. 有时是　　c. 从未

2. 他人是否经常曲解你的意见?

a. 是　　b. 有时是　　c. 从未

3. 当别人不明白你的言行时，你是否有强烈的挫折感?

a. 是　　b. 有时是　　c. 从未

4. 当别人不明白你的言行时，你是否不再加以解释?

a. 是　　b. 有时是　　c. 从未

5. 你是否尽量避免社交场合?

a. 是　　b. 有时是　　c. 从未

6. 在社交场合，你是否不愿与别人交谈?

a. 是　　b. 有时是　　c. 从未

7. 在大部分时间里，你是否喜欢独处?

a. 是　　b. 有时是　　c. 从未

8. 你是否曾因为不善辞令而失去改变自己生活处境的机会?

a. 是　　b. 有时是　　c. 从未

9. 你是否特别喜欢不必与人接触的工作?

a. 是　　b. 有时是　　c. 不是

10. 你是否觉得很难让别人了解自己?

a. 是　　b. 有时是　　c. 不是

11. 你是否极力避免与人沟通?

a. 是　　b. 有时是　　c. 不是

12. 你是否觉得在众人面前讲话是很难的事?

a. 是　　b. 有时是　　c. 不是

13. 别人是否常常用“孤僻”“不善辞令”等来形容你?

a. 是　　b. 有时是　　c. 从未

---

① 黄仁发，汤建南. 人际关系心理［M］. 合肥：中国科学技术大学出版社，1995.

14. 你是否很难表达一些抽象的意见？

a. 是　　b. 有时是　　c. 不是

15. 在人群中，你是否尽量保持不出声？

a. 是　　b. 有时是　　c. 不是

计分：答a得3分，答b得2分，答c得1分。将各题的得分相加算出总分。

评定：如果总分介于39～45分，表明你必须采取措施改善自己的沟通能力。

如果总分介于22～38分，表明你是一个善于沟通的人。

如果总分介于15～21分，表明你在沟通方面过于积极，亦可能导致消极后果。

三、人际冲突及其管理

人际沟通的积极效果是使个体建立良好、协调的人际关系，带来积极的情绪体验，使其生活充满阳光，给人生带来欢乐；而人际沟通的消极效果是在沟通中产生分歧、矛盾，发生人际冲突，不可避免地给个体的学习、生活和健康带来破坏。大学生由于涉世不深、经验不足，对人际沟通的认识不够，难免在沟通中会出现一些问题，遇到一些障碍。冲突就是大学生中常见的人际沟通障碍。

（一）什么是冲突?

冲突是人际交往中普遍存在的一种社会互动行为，在人类全部的社会活动中随处可见。冲突是指人际交往双方由于沟通障碍、需要不同、认识差别、个性差异等而出现的相互反对的互动行为。冲突可以从以下三个角度来理解：

- 冲突是一种对立行为。冲突来自沟通双方的互不兼容性，这种对立的表现形式和程度会有很大的差别，涵盖不同程度的冲突，可能是消极、冷漠，沉默抗议，也可能是明显的攻击行为，侵犯伤害对方。

- 冲突是一种主观感受。从认知的观点来看，冲突是个体的主观感受。在冲突中，个体感觉到愤怒、敌意、恐惧或怀疑等或外显或内隐的种种情绪。是否存在冲突是一个知觉问题，如果个体没有“知觉到”冲突的存在，就没有所谓的冲突。

- 冲突是一种互动过程。冲突处于动态的、不断改变的过程中。如果冲突双方采取建设性做法，那么冲突可以缓解，双方关系得到改善；如果采取破坏性做法，那么冲突可能会升级，即双方会引发更激烈的冲突。冲突的结果要看冲突中双方的互动过程如何。人际冲突不同于个体内部的动机、思想冲突，也不同于有组织的社会群体之间的冲突，而是个体与个体之间的互动关系，是至少两个人之间的社会交往过程。

（二）什么是冲突管理?

冲突管理是指人际关系中冲突处理与应对的过程。不是所有冲突都会带来负面影响，冲突所导致的结果主要取决于冲突的类型及程度，冲突可能成为有利于组织工作的积极动力，所以应该接纳冲突，承认冲突存在的必然性和合理性，进行冲突管理。

冲突管理可以分为以下五步：

- 定义冲突。首先要认清冲突，明确特定的冲突的定义，区分其中的关系问题，具体描述问题，避免就事论事，从他人角度出发思考并避免过度揣测对方。
- 选择解决方案。评估并选择合适的解决方案，预估每种方案的代价和收益。
- 测试解决方案。讨论并实施解决方案。
- 评估解决方案。考察方案实行后的现状，将其与方案实施前进行相比，看是否有好转。
- 接受或拒绝方案。根据评估结果，选择接受方案或重新选择测试其他方案。

【课堂活动】

演绎生活小品

在与他人交往的过程中，你总会碰到一些不愉快的事情，进而形成冲突。面对冲突，你会如何应对呢？每四人组成一个小组，组内交流后将其中一个情境演绎成小品。

情境一：你在阅览室认真看书，旁边两个同学一直在讲话，干扰了你的学习。

情境二：你有一本书，同桌想借去翻阅，因为平时就不满意同桌的所作所为，所以你断然拒绝了，此后同桌经常向他人讲述你的“小气”。

情境三：你的一位舍友邀请同学们来参加他的生日聚会，而你没有得到邀请，感到很不高兴，其实你不知道的是他也因为你没有参加聚会而不满。（他对你的邀请是请另外一位同学转达的，而这位同学忘记了向你转达。）

（三）人际冲突对心理健康的影响

人际冲突是一种常见的社会现象，是影响个体人际关系和身心健康的重要因素。大学生自身发展不成熟，情绪性格不稳定，容易与他人发生人际冲突。了解大学生人际冲突的现状及其与心理健康的关系可以为大学生心理健康教育提供参考，帮助大学生维护心理健康、提高心理素质、改善人际交往、增强社会适应能力。

中国学者一项针对大学生的研究发现，在大学生群体中，人际冲突水平越高者，其感受到的心理困扰越多。相反，人际冲突水平越低者，其感受到的心理困扰越少。换言之，大学生的冲突水平越高，心理困扰越严重。这说明人际冲突的确是影响大学生心理健康的重要因素，他们的人际关系状况与其心理健康状况密切相关。

（四）大学生人际冲突的管理策略

由于每个人对人际关系的认识和态度不同，个人性格、社交技能和行为方式各异，因此对人际冲突的处理策略和行为表现也会有所不同。正确认识和妥善处理人际冲突，有助于改善人际关系、增进身心健康。如果人际冲突处理不当，则会对大学生的人际关系及身心健康产生危害。

1. 分析冲突来源，正确认识冲突

人际冲突是不可避免的社会现象，它凸显了人际互动问题的症结，既是危机，也是转机。有研究者发现，大学生的人际冲突有多种来源，而了解和认识人际冲突的来源是合理处理它的基础。人际冲突是一次教育契机，双方可以通过它对对方的问题及困扰有更深入的了解与体会。当处于人际冲突的情境中时，大学生应了解冲突的根源到底是在于资源有限、认知差异、沟通障碍，还是自己没照顾到对方的情绪和感受。只有觉察到双方的差异，才能面对症结进行处理，而不是让自身的情绪失控，使人际冲突愈演愈烈。

2. 加强沟通训练，提高交往能力

沟通不良是造成大学生人际冲突的首要原因。其实，与人相处既是一门艺术，也是一门技术。高超的交往技巧可以唤起他人与自己友好相处的热情，打通与他人接近和沟通的渠道，密切双方的关系，有效的沟通使人与人之间能够流畅地表达情感和传达有意义的信息。沟通不但可以预防人际冲突，而且可以促进它的建设性解决。沟通的习惯有优有劣，有效的沟通就是要克服不良习惯给沟通造成的障碍，并养成良好的沟通习惯，使沟通能够得到改善。大学生要主动热情地与他人交往，在人际交往过程中逐渐掌握沟通技巧。通过沟通训练提高自身的交往能力，有助于大学生将人际冲突转化为建设性问题并加以解决。

3. 克服心理障碍，改善人际状况

在日常交往中，心理障碍往往是人际交往的阻力，只有有效克服，才能化解

人际冲突，改善人际状况。大学生中常见的人际交往心理障碍有嫉妒、羞怯、自卑、自傲、猜疑、自私等。大学生要针对这些心理障碍，在人际交往中克服嫉妒心理，消除羞怯心理，战胜自卑和自傲心理，破除猜疑心理，克服自私心理，努力减少人际冲突的行为潜势，消弭危害后果，实现自身人际关系的和谐、自然和融洽。

4. 善用处理策略，合理应对冲突

人际冲突并非只有负面影响，如果处理得当便能化阻力为动力。善用人际冲突处理策略是冲突管理的重要环节和手段，能使冲突双方对问题做出最佳的处理与安排。“合作、折中”“回避、迁就”和“抗争”都是大学生可以采取的人际冲突处理策略。各种处理策略本身没有必然的优劣之别、好坏之分，都有其适用的冲突情境。大学生要善于根据具体情况灵活选用不同的人际冲突处理策略，审时度势，促使人际冲突得到建设性的解决。

四、培养沟通能力

人际沟通是一门科学，有其自身的规律。人际沟通也是一门艺术，如果运用得当就有助于消除导致沟通障碍的不利因素，改善人际关系，增强自身的吸引力。培养、提高自身的沟通能力，可以从以下三个方面做起。

（一）确立良好的第一印象

任何人际沟通都是从双方的首次接触开始的，彼此留下的第一印象常常鲜明、强烈、影响深远，直接决定着沟通的发展方向，并在今后的人际交往中起到心理定势的作用。如果给人留下诚恳、热情、大方的印象，那么双方的沟通就有基础，人际关系就能继续发展；相反，如果给人留下虚伪、冷漠、呆板的印象，那么别人就不愿意接近自己。当然第一印象不一定准确，俗话说，“路遥知马力，日久见人心”。但是由于第一印象的心理效应的存在，我们可以利用它，使得沟通有一个良好的开端，给对方留下深刻的印象。这在今后的求职择业、交友恋爱中都有着不可忽视的重要作用。当陌生人见面时，彼此的第一印象常常来自外部特征，如仪表、言谈、举止等，因此，大学生应从自身的仪表风度做起，做到衣着整洁、仪态大方、语言不俗、举止得体、优雅潇洒。外部特征常常反映出一个人内在的气质和修养。如果初次见面时，一个人就夸夸其谈、浓妆艳抹、轻浮粗鲁，或者过分拘谨、面红耳赤，都会使人感觉不舒服而远离之。

（二）遵守沟通的行为规范

正确的人际沟通应该具有“四度”：向度、广度、深度和适度。向度是指沟通的方向性；广度是指沟通的范围与对象；深度是指沟通的程度和情感投入状态；适度是指把握沟通的分寸、处理好社交与其他活动的关系。“四度”是大学生人际沟通的一般行为规范。

【微视频】如何进行有效沟通?

遵守人际沟通的行为规范还应注意，一个人在不同的沟通场合中会扮演不同的角色。一个大学生与同学沟通时是学生，购物时是顾客，乘车时是乘客，家庭生活中是子女。不同的角色有不同的行为要求。因此在各种活动中，大学生应对自己所处的情境有所了解，对自己的心理状态和行为方式有所调整、改变，以适应新的角色要求，协调好沟通双方的关系。

人际沟通的行为规范还包括礼节性的行为与恰当的身体姿态，如握手、点头、鞠躬等，运用得当可以增加自身的人际吸引力。表8-1列出了人际沟通中一些良好的和不良的沟通行为。

表8-1　良好的和不良的沟通行为

良好的沟通行为	不良的沟通行为
专心，有目光接触，面带笑容	不专心，回避目光，缺乏笑容
有诚意，重视	无诚意，漠视
说话清楚，声音适中	说话速度太快，声音太小或太大
开放，坦诚地让他人了解自己	封闭，隐瞒，不让他人了解自己
尊重他人的意见，对事不对人	强词夺理，不顾他人的感受
流露个人的感受	喜怒不形于色
坐姿大方，保持适当的身体距离	坐姿不雅，没有保持适当的身体距离
多倾听	经常插话，不让他人把话说完

同样一句话，如果用不同的语调、语速、音高、面部表情和体态动作来表达，就会体现出不同的思想和情感内容，这就是非言语行为。非言语行为有时可以直接代替语言行为，甚至传达出语言难以表达的情感内容。英国心理学家阿盖依尔等人的研究发现，当语言信号与非语言信号（身体语言）所代表的意思不一致时，人们往往会相信非语言信号所代表的意义。也就是说，你的表情和体态会表现出你的真正想法。所以，在人际交往中还要注意非语言方面的一些技巧，主要包括以下四种。

1. 服饰

一个人的服饰往往会反映出他的个性和爱好，陌生人相见时往往会不自觉地根据彼此的服饰来判断对方的为人。服饰会展示出一个人的形象和风度，因此，在人际交往中必须要加以注意，服饰要整洁、得体，体现出自己的风格。

2. 面部表情

在表情语言的沟通中，有一种最有效的技巧，就是微笑。微笑是“最珍贵的礼物”，可以有效地消除彼此间的隔膜，微笑的表情可以使我们处处受欢迎。但是，微笑必须发自内心，一定要真诚。假笑是骗不了人的，还会引起别人的厌恶。

人的眼睛会说话。在沟通中，恰当地和对方有目光接触并进行交流，能拉近双方在心灵上的距离，使彼此的沟通在一种更融洽、更亲切的状态下进行。与个人沟通时，目光交流的时间应是5～15秒；与群体沟通时，目光交流的时间应是4～5秒。

试着以真诚的态度来对待对方，并且将这种真诚尽可能地体现在你的眼神里，你会发现在沟通中，彼此之间原本的那份陌生和不自然在不知不觉中已经消散。

3. 身体姿态

身体姿态是一种无声的语言，它可以通过人的手势、身体动作等传递信息，是一个人的自我形象、自信心以及情绪状态的反映。如果仔细观察，你会发现在沟通中，身体微微前倾的人更能给他人一种真诚和谦逊的感觉，而这一点，往往可以激发对方更大的沟通热情。

在人际交往中，一方面，我们要注意自己的形象，注重自身动作与身体姿态的优雅、端庄；另一方面，我们也要学会从别人的身体姿态中判断对方的为人和想要表达的意思，这对双方之间加强沟通、加深理解无疑是有好处的。

4. 人际距离

在一般的人际交往中，常常会出现这样的心理：人们一方面希望彼此接近，以获得温暖和关爱，另一方面又努力保持彼此之间的距离，使自己和他人觉得安全。因此在人际交往中，如何与对方保持合适的人际距离就显得十分重要。

那么，在人际交往中，什么样的距离最理想呢？在不同的文化背景和环境下，人们的感受是不一样的。但总的来说有一个大概的标准，美国心理学家称为人际距离带。它包括：① 亲密带（0～0.5米）。在这种距离里，人们的交流不仅靠语言，还通过彼此的视觉、听觉、触觉、嗅觉交流信息。因此，这种亲密距离往往只限于知心朋友、夫妻和亲人之间，其他人若介入这个空间，会引起人们的警觉和反感。② 个人距离带（0.5～1.25米）。这个空间有一定的开放性，朋友之间在这个空间内可以相互亲切握手进行自由交谈。③ 社会带（1.25～3米）。这种距离的交往通常是公开的社会交往，不带有私人性质。④ 公共带（3～7.5米）。这种距离通常用于公共场合下人们之间伴随社交性的对话。

当然，这只是一个大概的人际交往距离标准，每个人在不同的场合中会有不同的体会。调整适当的人际交往距离，无疑会有助于改善我们的人际关系。

（三）掌握沟通技巧

想做一名沟通高手，就必须掌握相应的技巧。常用的沟通方式包括听、说、读、写，四种沟通方式之间存在很大不同，具体如表8-2所示。其中，听是基础，但是听常常也是被训练得最少的。

【微视频】沟通的技巧

表8-2　四种沟通方式的比较

维度	听	说	读	写
习得顺序	第一	第二	第三	第四
运用时间	45%	30%	16%	9%
获得训练	最少	较少	较多	最多

1. 积极倾听

许多人错误地认为沟通就是要不断地说话和表达，事实上在人际交往中，多数人都喜欢自己说，不喜欢倾听，自我关注的是说，忽略的是听。随着现代生活的节奏加快，人们越来越缺乏倾听的耐心。倾听是一种艺术，巧妙的倾听态度能够使沟通对方都觉得受到重视及肯定。懂得善用倾听艺术的人，在人际交往中会处处受欢迎。

【课堂活动】

倾 听 练 习

请同学们闭上眼睛不说话，用1分钟时间，把自身的注意力放在耳朵上，用心去听你所处的环境中存在的声音。1分钟以后，请同学们睁开眼睛，想想你听到了多少种声音，将它们一一写在纸上，然后数一数你一共听到了多少种声音。（教师现场进行统计，从听到8种以上的声音开始逐一递减，直到听到3种声音为止。）请同学们想一想：在同一个环境中，为什么每个人听到的声音差别这么大？

倾听练习让大家体会到具有同样正常听觉能力的人，实际上听到的声音效果差别很大。影响倾听效果的因素有很多，比如有没有集中注意力、心情好坏、倾听时的位置、倾听的目的等。要做到有效的倾听，应注意以下五点：

- 切勿多话。同时说话和倾听并不容易，在沟通中经常插话会使我们漏掉对方说的许多重要内容，也会让对方觉得你没有真正地在关注他的讲话。而且，你必须了解对方真正需要的是什么，太多的话语会使交谈难以继续。因为每个人都有自己的特长，也至少有一个喜欢谈论的话题，用耳朵比用嘴巴更能赢得对方的友谊和尊重。在沟通中给朋友最好的礼物，有时是把耳朵“借”给他们，不要批评和建议，只要倾听就好。

♥ 真诚关注。沟通时你必须满怀热情地倾听对方，要专心地听，不要东张西望，心不在焉，或者倾听的同时手里还忙着其他事情，而是要不时地做出一些言语和表情上的反应，表示自己对对方的话有兴趣。在沟通中当别人说话时，你的视觉要有交流，眼睛可以传神，表情也可以传递信息。当对方对你的话没有兴趣的时候，他的眉头可能会皱一下，这时你可能就不想讲了。如果对方要是瞪着眼睛，显示出非常想听的样子，你就会感到激动，很想说话，即使对方什么都没有表达，这对你也是很大的鼓励。如果双方不用眼睛，背靠背地交流，只是互相倾听彼此的声音，那么人们会失去讲话的兴趣和意愿，因为在沟通中没有得到回应。交流时要用耳、用心、用眼，注意对方的姿态、态度，根据场合调整自己说话的声调。

♥ 话要听全，切勿急于评论。我们应该在确定知道他人完整的意见后，再做出反应，即使对方停下来，也并不表明他们已经说完了想要表达的内容，这时我们要有耐心。

♥ 对事不对人。对方也许有令你反感的态度，但是你要注意的是对方说话的内容，即使是讨厌的人说的话，也有值得听的内容。

2. 说的艺术

语言的交谈方式是多种多样的，任何一句话都可以有不同的说法，所谓“一句话可以让人笑起来，一句话也可以让人跳起来”，表达方式不同，效果也截然不同。交谈中可以注意以下五个方面：

（1）寻找共同点

寻找共同点是人际交往中对对方的最初接纳，也是一种最基本的沟通技巧，特别是在和陌生人的第一次交往中非常有效。寻找共同点就是在沟通中要寻找和对方共同的话题、爱好、看法等，从而使对方认同自己，产生一种最初的共情。比如双方都是音乐爱好者，都喜欢足球，都喜欢吃辣的，都是浙江人，等等。在最初的交流中，即使有一点点的共同之处，也会给双方带来惊喜，产生共鸣。

掌握这一技巧的分寸很重要。如果在交谈中毫无诚心、随口胡编，甚至不分场合，不分对象地说些与自己年龄和身份不相符合的话，不但起不到沟通的效果，反而会影响自己的形象。

【课堂活动】

找 朋 友

活动目标：寻找共同点，促进人际和谐

同学们在教室里自由走动，寻找和自己相像的同学。（相像可以是长得像，也可以是其他方面相像，比如气质、性格等。）每个人对自己找到的朋友说："我觉得你……和我很相像，……"

分享与讨论：交流各自的感受与体会。

（2）保持同理心

人际沟通的关键是双方能否用"同理心"来认识和处理问题。同理心是心理咨询中的术语，也称同感、共情，指自己能从对方的角度看问题，能设身处地地考虑对方的感受和需要。同理心可分为初级同理心和高级同理心。初级同理心是指个体能从思想上理解对方的思想和行为；高级同理心是指个体不仅可以从对方的立场考虑问题，而且能站在对方的立场上感受这件事给其所带来的情绪体验，并在人际交往中自觉地把这种体验用语言或非言语的方式传递给对方。

同理心对于人际交往很重要，它会帮助我们进一步理解他人。通过同理心，人们可以把自己和对方融合在一起。但对他人有同理心并不是一件容易的事，它要求一个人对自己非常敏锐，能够清晰地从自己的身上找到与他人相似的经历，并能将这种经历与具体的情绪反应联系起来，从而体验到他人的情绪状态，在对方说话和做事时，适时地向其表达自己的理解和同情。

在生活中，人与人之间的误解和问题常常源于人们缺乏同理心。如果在交流中，你能处处体会到对方的心情，能设身处地地为对方着想，又怎么会不受欢迎呢？

【课堂活动】

为 人 代 笔

活动目标：在交谈中观察、体会对方，抓住对方的特点，并将其重新描述出来，从而训练自己的观察力和理解他人的能力，进而促进双方的深入沟通。

将学生进行分组，每两人一组，每组用5～10分钟的时间进行交谈，要求每个人用各种方式尽可能多地了解对方的有关情况，比如家庭成员、爱好、习惯等。

交谈结束后，请每位同学以同伴的口气为同伴写一个简短的“自传”（“自传”中不要提到同伴的名字）。这时要求把同伴刚才所谈到的几种信息反映出来，再尽可能地描述同伴没有讲出但自己通过观察发现的其他一些特征。比如：“我是一个十分害羞的人，但我在和别人交流时会很风趣。”

对“号”入座：当每个人都完成任务后，将“自传”贴在墙上，请同学们看一看能不能认出自己来。

分享与讨论：交流各自的感受与体会。

（3）真诚赞美

赞美他人对不少人来说是需要学习的。学习赞美他人，会使你赢得不少朋友。谦受益，满招损，赞美他人，表明你是一个谦虚的人，是一个胸怀宽广的人，是一个见多识广的人。人们都希望得到他人的欣赏和赞美，这是人的一种心理需求。谁都不喜欢他人否定自己，人们会把否定自己的人作为自身前进时的一个障碍进行排除。但对待称赞自己的人就不一样了，他们会使人们感到愉快和自信，感到自己是一个有用之人，人们会在心中想念与他们在一起时的自信感受，并继续与之交往下去。

赞美和奉承、拍马屁是两回事。赞美他人是智者的行为，是真诚的称赞。而奉承、拍马屁，都是为了获取私利的行为，是虚伪的表现。

那么，该如何赞美他人呢？

首先，你必须以真诚的微笑去接纳他人，笑容就是表达善意的信使。行动比言语更有力量，微笑所表示的是“我喜欢你，我很高兴见到你”。然后去发掘他人的长处。任何人都有自己的优点，只要你真诚地去欣赏，你就会发现他人的优点并在此基础上获得友谊。

其次，要真正地拥有爱心。有爱心的人，会爱自己的同时也爱他人，他们最能发现他人身上的优点和长处，爱就是欣赏和赞美。

最后，要勇敢地说出赞美的话。有些人不习惯说出赞美的话，会将其埋在心底。但是如果不表达出来，就会大大失去了它原有的价值。因此，为了营造良好的人际氛围，必须学会表达赞美，用语言来表达自己内心的欣赏和认同。

【课堂活动】

欣 赏 他 人

5～10人组成一组并围圈坐。请一位成员坐或站在团体中央，然后其他人轮流说出他的优点及令人欣赏之处（如性格、相貌、处事等）。接着被称赞的成员说出哪些优点是自己以前察觉的，哪些是自己不知道的。每位成员都要轮流到中央“戴一次高帽”。

游戏规则：必须说出每个人的优点，态度要真诚，努力去发现他人的长处，不能毫无根据地吹捧（这样反而会伤害他人）。被称赞者要注意体验：被人称赞时的感受如何？怎样用心去发现他人的长处？怎样做一个乐于欣赏他人的人？

（4）学会拒绝

良好人际关系的建立并不意味着自己要一味地迎合对方，人际沟通中适当的拒绝也很重要。因为每个人的能力都是有限的，也都有各自的喜好，如果盲目地顺从对方，就会使这种交往变成一种负担，给自己造成不必要的压力。有不少大学生在和朋友交往的过程中，因为怕朋友说自己小气、不讲义气等，因而对朋友要求的事不敢拒绝，结果自己做起来又非常吃力，或者根本难以做到，以此造成心理紧张。因此，在人际交往中，学会拒绝是必要的。

拒绝是一门艺术。人们之所以拒绝对方，总是有一些自己不得已的原因或困难，而对方并不一定知道。因此，我们不妨直接清楚地说出我们的难处，以求得对方的理解。但有时没有时间解释或实在不便解释时，就可以用一些委婉的、巧妙的语言来化解。例如，对方邀请你参加郊游而你不想去时，可以这样说：“真想和你一起痛痛快快地玩一玩，可惜我手头有一些重要的事要做，否则我不会放弃这次好机会的。”

为了长远地、真诚有效地发展人际关系，在我们做不到他人的请求的时候，我们要学会说“不”。这时的拒绝不会使你失去朋友，反而会让朋友觉得你很诚实、可靠。但请记住，必须要拒绝的时候，一定要尊重对方，说话要恰当、得体，让对方容易接受。

【课堂活动】

说“不”

活动目标：在人际交往中学会适度拒绝，减轻人际压力。

每两人为一组，分A、B角色表演以下情境。

情境一：同学向你借作业抄，你不想给，但又怕伤害同学间的感情。

情境二：同学晚上约你逛街，但正好那时你有课。

情境三：同学逃课，要你为他在教师面前说假话，你不想违背原则，但又怕得罪同学。

扮演：要求根据情境，想办法拒绝对方的要求。

角色交换：A、B角色换位表演。

分享讨论：A、B角色扮演者交流彼此的感受体会。

（5）保持幽默

幽默是一种人生态度，更是一种生存技巧。幽默的性情能使人放松心情，减轻压力，增强愉悦感，提高生活满意度。在与他人交往的过程中，如果你使用幽默的语言，往往会让他人对你产生兴趣，并且可以启发你和他人的智慧。或许你会说自己天生缺乏幽默感，但没有人生来注定是严肃刻板的，幽默感可以进行训练和培养，主要有以下四点：

- 你应该认识到幽默的特质和它的源泉，并在内心想让它成为你人格的一部分。
- 保持愉快的心情。如果一个人总是不开心、心情抑郁，难以想象他会产生出让人快乐的幽默感。
- 使自己的胸怀开阔，去接触不同的人和事，同时让心灵充满阳光。只有胸怀宽广的人才会给自己和别人带来快乐。
- 积累幽默的素材。如果你不是那种随时随地可以展示幽默的人，那么可以在平时多看些有趣的故事、笑话，从中体会幽默的感觉，时间长了，你自然会从中获得一些启示。

【拓展阅读】

1. 张岩松. 人际沟通艺术［M］. 2版. 北京：清华大学出版社，2022.

2. 卢森堡. 非暴力沟通［M］. 刘轶，译. 修订版. 北京：华夏出版社，2021.

第9讲

与你谈情又说爱——校园恋爱心理与成长

【知识导图】

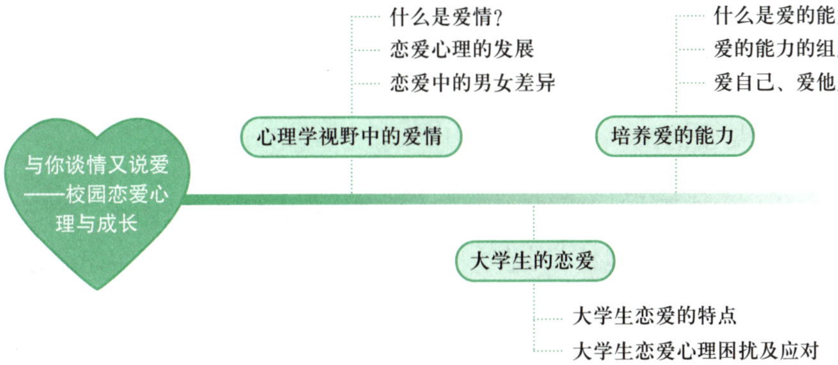

请思考：

1. 你有过恋爱的欢乐与失恋的烦恼吗?
2. 如何应对恋爱中的心理困扰?
3. 如何培养爱的能力?

一、心理学视野中的爱情

如何定义爱情？每个人都有不同的答案。诗人赋予爱情最美好的语言，音乐家赋予爱情最动听的音符，而大学生多以期待的心情等待爱情的降临。从古至今，很多人都对爱情下了不同的定义。

【课堂活动】

你眼中的爱情

请写下你对爱情的定义：我认为爱情是＿＿＿＿＿＿＿＿＿＿＿＿＿＿＿＿＿＿＿＿＿＿＿＿＿＿＿＿＿＿＿＿＿＿＿＿

＿＿

（一）什么是爱情?

恋爱在给我们带来快乐的同时，无形中也会给我们增添一些困扰。校园中这类例子有很多，比如，男生抱着吉他在女生宿舍楼下弹一整晚，路人会怎么想呢？也许会认为这个人不正常，大晚上的不睡觉瞎胡闹。可是当事人却不这么想，男生会认为这是他最好的表达感情的方式，而女生则可能认为这是考验他们爱情的绝好机会。而这已经达到了其他人无法理解的程度，处在恋爱中的人们，可能会做出这种不能使众人理解的行为并乐此不疲。

究竟什么是爱情？学者是这样定义的：所谓爱情，就是一对恋人之间，基于一定的社会关系和共同的生活理想，在各自内心中形成的对对方最真挚的倾慕，并渴望对方成为自己终身伴侣的最强烈的感情。爱情是两颗心灵相互向往、吸引并在精神上达到升华的过程，是一种高尚的精神生活。

美国学者斯滕伯格从学术的角度提出了爱情三因素理论，认为人类的爱情基本上由亲密、激情和承诺三种因素组成（如图9-1所示）。

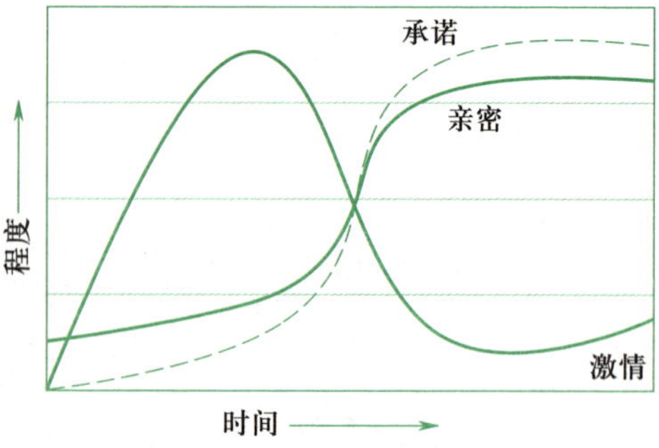

图9-1　爱情三因素理论

（二）恋爱心理的发展

【微视频】从爱己到爱人

爱情究竟是怎样在我们的生命中发展起来的呢？心理学家认为，恋爱，首先是个体对爱自己的跨越。弗洛伊德在重读古希腊纳西索斯的神话故事时，就提出“自恋”这个现在大家耳熟能详的概念。纳西索斯是古希腊神话中最俊美的男子，无数少女对他一见倾心，可他却自负地拒绝了所有的人。有一天，纳西索斯在湖水中发现了一个影子十分俊美，他顿时对影子爱慕不已，陷入其中难以自拔，然而却不知影子就是他本人，从此以后他就一直守在湖边，直到有一天他决定赴水求欢，永远和那个影子在一起，最后溺水死亡。众神出于同情，让他死后化为水仙花。

1. 分离个体化理论

自恋（narcissism）的词源是纳西索斯（Narcissus）和水仙花（narcissus），自恋在我们生命早期对心理发展的作用极其重要。心理学家玛格丽特·玛勒的分离个体化理论对这一概念进行了详细的阐述。婴儿在0—2个月时处于自闭状态，所有的情感能量都保留或固着在自己身上，没有能力与周围的环境互动，不能够把自己的心理能量投注到外界，他们每天除喝奶外就是睡觉，且每天要睡16小时以上，心理学上称为原始自恋，这有利于婴儿的快速成长，这一时期婴儿在心理上和母亲完全融合。

2—6个月时，婴儿逐步发展到与照料者的融合共生状态，没有现实检验能力，不知道是别人在照料着自己，以为自己在满足、回应自己，于是感到自己无所不能，饿了就有东西喝，感觉冷就有人帮忙添衣服，仿佛自己能够掌控这个世界，自恋的萌芽就发生在这个阶段。共生的体验可以带给婴儿安全感，使他们产生共情的能力，这个阶段是婴儿建立良好人际关系的开端。

6—24个月时，婴儿的生理功能继续发展，他们会爬、翻、走等动作，但还没有现实判断能力，他们不知道父母已经帮自己准备好了一切，并代替自己做了许多，以为所有都是自己独立完成的，自己拥有着一切，并感觉自我是宇宙的中心，此时自恋会达到顶峰状态。这个阶段的婴儿最喜欢玩的游戏就是躲猫猫，他们会感到对方的出现或消失都是自己可以掌控的。在这个时期，婴儿除了生理和心理的发展外，还有很重要的一点就是他们要慢慢尝试与母亲分离，完成第一轮的个体化独立。当婴儿从母亲身上挣脱下来一个人去玩的时候，他们会在很短的时间内马上回来看看母亲是否还在。因为虽然自己一个人去玩很有成就感，会感到刺激、自由，但与母亲分离超过自己的承受能力后，他们就会焦虑、害怕，如果婴儿回来看到母亲还在，尤其是看到母亲对自己的鼓励的目光后，就会像充电一样获得能量，很兴奋地再次一个人去玩，这是他们一个自我锻炼的过程。在这个过程中，婴儿会加强自身与周围环境的互动，把原来保留或固着在自己身上的情感能量逐渐向外拓展，走出自恋状态。

这就好比纳西索斯能够走出对自己的倾慕，把自己的爱投向外界的人和事一样，这本身就是心灵成长的必经阶段。一个人能够走出自我，脱离母亲的怀抱，将自己融入周围世界，这是一个巨大的跨越，也是一种能力的提升过程。不过在这个过程中可能会遇到一个阻碍，那就是父母的思维控制。

在电视剧《小欢喜》中，宋倩对女儿乔英子就是如此，她高度控制着女儿的一切，“妈妈最爱的就是你，自从你到了妈妈的肚子里，妈妈就没跟你分开过，妈妈从来没有觉得，你已经离开妈妈的身体了”。这里的母女关系很像前面提到的2—6个月婴儿的“融合共生”阶段，宋倩没有把女儿当作独立存在的个体，而乔英子对此当然是极其抗拒的，她一心一意地想离开北京，报考南京大学，实际上就是想要逃离母亲的掌控。

这种情况在“中国式家长”当中是十分普遍的，他们心里最害怕的恐怕就是孩子在读书期间谈恋爱，从潜意识这个角度来说，意味着这是孩子对父母的“背叛”，因为孩子可以把另一个人放在和父母一样重要，甚至比父母更加重要的位置，父母或许会被置于次要的地位，但是在某种意义上，这种“背叛”就是成长。

2. 恋爱心理发展的三个阶段

在步入大学之前，我们的生命从亲情中来，并伴随着友情不断丰富，那么爱情何时成为生命中的另一个主题呢？在这里简单地将爱情的发展分为三个阶段：对异性的敏感期，对异性的向往期，对异性的选择期。

（1）对异性的敏感期

随着青春期的来临，第二性特征的出现和性意识的觉醒，引起了男女生不同心理及生理需求的急剧变化。他们开始对性别变得敏感，并会在意和关注异性。例如，男生开始留意走在校园里的女生，无论熟悉与否，异性的吸引力在这个阶段对青少年来说是无处不在的。对于女生来说同样如此，有些女生在篮球场周围有意无意地徘徊似乎已经成为一种习惯，如果她们不能主动出击，就会试图让自己吸引异性的注意。

（2）对异性的向往期

青少年在青春期有对异性的向往是再正常不过的事情了，这是他们在生理上和心理上的正常反应，性对他们的吸引力在此阶段达到了高峰。我们对“性”有着很多界定，也常常将“性”与“性别”“性欲”“性行为”等相提并论。实际上，心理学界对“性”的界定至今仍是一个有待探讨的问题，下一讲会对此展开讨论。

总的来说，对异性的向往是青少年性生理发育和心理发展的必然结果。青少年因为情窦初开，与异性之间产生相互吸引、希望彼此接触的意愿。但是这一时期的青少年由于生理发育和自我意识发展不成熟，他们向往的异性对象，往往是泛化的、不稳定的和缺乏专一性的，所以很多学者又将此阶段称为“泛爱期”。

（3）对异性的选择期

在此阶段，青少年的性心理已经趋于成熟，社会阅历不断丰富，爱情观渐渐成型。他们对异性的向往变得专一，开始寻求和选择自己的终身伴侣，并建立和培育双方的爱情。感情开始渐入佳境，双方都拥有了较为成熟的恋爱心理。这一时期的恋爱过程可以概括为“三部曲”：

- 好感。指在人际交往中男女之间所产生的一种彼此欣赏的情感体验。
- 爱慕。男女之间在互生好感的基础上，更多地了解对方的爱好、志趣、性格、为人等各方面的信息，从而具有更深刻的情感体验。这种内在感情可以使人心旷神怡，萌发希望与他人相结合的强烈情感倾向。在理智的支配下，好感会发展成对对方的爱慕之情。
- 相爱。男女之间单方面对对方的爱慕还不是爱情，只有双方之间相互爱慕，爱情才能建立。在恋爱中，彼此相互的爱慕有时会同步到来，有时不同步，或许在这个过程中双方还会经受一些波折与磨难。但只要彼此相互爱慕，无论双方是谁先打开心扉，都可能会赢得对方的回应，让爱情之花绽放。

（三）恋爱中的男女差异

恋爱需要两个有着不同性格、不同经历的人亲密相处，彼此应该相互适应。恋爱双方产生矛盾的一部分原因在于男性与女性对同样的事情有不同的心理感受。因此，了解男女之间的差异对于经营爱情非常重要，如表9-1所示。

表9-1　恋爱中的男女差异

比较维度	男性	女性
在感情需求上	信任、接纳、欣赏、羡慕、认可、鼓励	关心、照顾、了解、尊重、专一、肯定、保证
在爱的关系中	需要感到自己的能力被肯定，而不是得到忠告	需要感到被珍爱，而不仅仅是得到生活照顾、物质满足
在情绪低落时	需要安静独处，而不是勉强自己细说因由	需要别人倾听自己的感受，而不是替自己进行分析和建议
在寻找自己的价值时	从成就中建立自我	从人际关系中肯定自己
在增进爱情时	需要感到被对方欣赏和感激	需要感到被对方了解和重视
在沟通时	总是以为女性的宣泄代表向自己寻求解决问题的方法	总是以为男性的沉默代表对自己的不满和疏离

二、大学生的恋爱

随着社会环境的变化，大学生的恋爱呈现出明显的时代特点。

（一）大学生恋爱的特点

当代大学生在恋爱的态度、行为和方式上具有以下四个特点。

1. 自主性强，恋爱行为公开化

大学生是一个特殊的青年群体，有着思想比较开放、易接受新观念、独立意识强等特点。在恋爱问题上，他们的个性比较突出，不太容易受他人尤其是长辈的影响。大学生谈恋爱很少在意他人的评价，在校园草坪上、食堂里、教室中到处可见恋人们的身影。

2. 注重情感

在校大学生谈恋爱时，一般不考虑经济、地位、职业、家庭等社会性因素，带有浓厚的浪漫色彩，自主性良好，约束性较差，情感性强，理智性弱。大学生谈恋爱时，会对精神层面看得较重，注重情感体验和交流。恋爱一般被看作婚姻的前奏，但大学生往往重视恋爱的情感体验，注重恋爱的过程本身，对于恋爱的结果，他们不太在意。

注重恋爱的过程，有利于双方相互了解、加深认识，也有利于培养感情、提高心理兼容度，同时也反映出大学生不落世俗、着意追求爱情的真谛。但是，如果只注重恋爱的过程，把恋爱与婚姻相分离，则未免失之偏颇。现在大学生中流行一种爱情观念：不求天长地久，只求曾经拥有。一些大学生把恋爱当作一种情感体验，认为人生要及时行乐，借以寻求刺激；一些大学生为了充实课余生活，消解寂寞，填补空虚，把恋爱当作一种文化消遣。重视恋爱过程，轻视恋爱结果，实质上只强调爱的权利，而否认了爱的责任。这容易导致恋爱关系脆弱化，使得恋爱中的大学生不能理性地对待恋爱中的挫折，表现为大学生的恋爱率高、巩固率低，其中能发展为婚姻关系的恋情占比较少。

3. 恋爱与自我概念紧密相关

大学生对自我比较敏感，他们对自己有一定的评价，也在意别人对自己的态度，因此恋爱似乎成为他们检验自我的“试金石”。大学生恋爱的目的多样化，除了单纯因感情而恋爱的以外，其他非感情因素如“孤独”“空虚”“寻求刺激”“体现自我”等动机的驱动，使当前大学生的情感体验复杂化，恋爱心理多样化。恋爱对大学生来说成为一种心理补偿，谈恋爱似乎意味着有人爱自己，由此便自信心大增；如果恋爱失败，他们就会对自我产生怀疑，觉得自己没有能力、没有价值。

4. 恋爱观念开放，传统道德观淡化

随着时代的发展，当代大学生的恋爱观念日益开放，传统道德观逐渐淡化。中国传统文化及伦理道德观虽对大学生影响较深，但随着现代观念的开放与包容，很多大学生会对婚前性行为持理解和宽容的态度，认为彼此“只要真心相爱，无须指责”，传统道德观在大学生的思想意识中逐渐淡化。

（二）大学生恋爱心理困扰及应对

大学生在恋爱过程中会出现不同的心理困扰，较为常见的有以下四个方面。

1. 爱情与友谊的区别

大学生普遍关心又感到非常困惑的问题是异性间到底存不存在纯粹的友谊；异性间的友谊与爱情的关系是什么？这是许多分不清异性间的交往是友谊还是爱情的大学生的共同困惑。

一般来讲，爱情的产生有一个发展的过程，彼此之间首先是产生好感，其次是喜欢，最后到达爱情。好感和喜欢多停留在友谊阶段，而爱情就到了亲密关系的层面。

与此相关的一个问题就是“一见钟情”是不是爱情？双方的一见钟情似乎没有经历从相识到友谊再到爱情的过程。但是人与人之间的交往、了解、产生感情，可能并不总是按照一般规律进行的。对于一些人来讲，虽是彼此初次见面，但对方的某一点可能会一下子触动自己早已在内心想象或积累的情感，使得双方产生共鸣。一见钟情通常是激情成分占比较多，然而激情不易长久，所以人们才会常常怀疑一见钟情是不是爱情。

日本心理学家曾对异性间的友谊和爱情做区分，认为二者在以下五个方面有所不同：

- 支柱不同：友谊的支柱是理解，爱情的支柱是感情。
- 地位不同：友谊中双方的地位是平等的，爱情中双方的地位是一体化的。
- 体系不同：友谊的体系是开放的，爱情的体系是封闭的。
- 基础不同：友谊的基础是信赖，爱情的基础纠缠着不安和期待。
- 心境不同：友谊充满“充足感”，爱情则充满“欠缺感”。

【课堂活动】

用量表测评爱情与喜欢

美国心理学家鲁宾把爱情看作一个人对另一个人所持的态度，由此他编制了喜欢和爱情的态度量表（如表9-2所示）来对两者进行测量。

指导语：你能分辨“喜欢”与“爱情”吗？无论你是否在恋爱，试着针对自己的情况或想法勾选下列符合自己目前恋爱状况或对爱情的憧憬的项目。

表9-2 喜欢和爱情的态度量表

项目	是	否
1. 他/她情绪低落的时候，我觉得自己很重要的职责就是使他/她快乐起来	○	○
2. 在所有的事情上我都可以信赖他/她	○	○
3. 我觉得要忽略他/她的过失是一件很容易的事	○	○
4. 我愿意为他/她做所有的事情	○	○
5. 我对他/她有一点占有欲	○	○
6. 若不能跟他/她在一起，我会觉得非常不幸	○	○
7. 我感到孤寂时，首先想到的就是去找他/她	○	○
8. 他/她幸福与否是我很关心的事	○	○
9. 我愿意宽恕他/她所做的任何事	○	○
10. 我觉得让他/她得到幸福是我的责任	○	○
11. 当和他/她在一起时，我发现我什么事都可以不做，只是用眼睛看着他/她	○	○
12. 若我也能让他/她百分之百地信赖，我觉得十分快乐	○	○
13. 没有他/她，我觉得难以生活下去	○	○
14. 当和他/她在一起时，我发觉好像两个人都想做同一件事	○	○
15. 我认为他/她非常好	○	○
16. 我愿意推荐他/她去做为人所尊敬的事	○	○
17. 在我看来，他/她特别成熟	○	○
18. 我对他/她有高度的信心	○	○
19. 我觉得大部分跟他/她相处的人对他/她都有很好的印象	○	○
20. 我觉得他/她跟我很相似	○	○
21. 我愿意在班级或团体中，做什么事都投他/她一票	○	○
22. 我觉得他/她是许多人中容易让别人尊敬的一个	○	○
23. 我认为他/她是十二万分聪明的	○	○
24. 我觉得他/她在我认识的所有人中，是非常讨人喜欢的	○	○
25. 他/她是我很想学习的那种人	○	○
26. 我觉得他/她非常容易赢得别人的好感	○	○

结果分析：

如果你勾选“是”的项目集中在第1项至第13项，表示你对他/她的感情中“爱情”的成分居多；如果你勾选“是”的项目集中在第14项至第26项，表示你对他/她的感情中“喜欢”的成分居多。

2. 爱情中的顾虑心理

说到大学生恋爱这件事，很多女生都会将它形容为“糖衣炮弹”。例如，作为男生，如果你的“她”和你同读一所高校，那么晚上你们是不是都会在校园的小路上度过？你们像孩子一样把某棵大树定为你们见面的地方，见面前永远是那句“不见不散”；而某片草地就是你们聊天的地方，只要身边有“她”，即使没有星星的夜空你也会觉得特别美丽……你是不是也曾把在晚上空无一人的操场当作属于你们独享的聚会地点，你在操场中间为“她”喊出了那句让她眼眶湿润的话……如果你和“她”在不同的学校读书，那么你是不是每天晚上都会打电话关心问候呢？或许你们的话题因为学校的不同而没有许多交集，但彼此之间还是感到很甜蜜，你知道你对“她”的关心“她”都明白……你是不是也曾有过从这座城市跑到另一座城市去看“她”的经历？匆匆忙忙，只是为了看一眼你一直惦念着的“她”。因为这些幸福瞬间，所有人都会努力去爱，甚至爱到有一天可能自己被伤害都不怕。

随着现代社会的发展，人们之间的感情没有从前那么细腻了，从心理学角度来说，人与人之间产生了“怀疑”及“防备”。之所以这样，是因为顾虑心理的存在，人的自我意识对其也有巨大的影响。能够自我认可的人，认为自己是有价值的，对自己的能力和现实处境以及身体和容貌等都给予肯定，这种人自信能把事情办好，因此不易产生顾虑心理。而总是自我拒绝的人，常表现出过分地不赞成自己的想法。他们对自己一般水平的身材、容貌、性格等也要进行自我批评，常把自己带入苛刻的环境中，认为自己不行，比不上别人，怕失败了让别人看不起，结果无论办什么事时都会顾虑重重。可以说，大多数人总是或多或少有这种心理，因而个体在其他人面前总是把自己好的一面，如能干、善良、品德优良等呈现出来，而把自己不被别人欣赏、赞同、喜欢的一面隐藏起来，以博得群体其他成员的认同。在恋爱方面也是一样，顾虑心理使我们开始自我封闭，即使没有，我们也会像上述那样，把自己认为别人会喜欢和欣赏的一面展现出来。由此往往我们呈现出来的并不是真实的自己，顾虑心理会将自我与他人的沟通桥梁一刀砍断。

这就是为什么现在越来越多的人开始对“糖衣炮弹”说“不”了。有趣的是，有些高校为了改善男女之间的尴尬——难以接受异性的现状，采取了一些相关措施。于是学校中出现了“女生周”活动——这期间男生要为女生送花、打水，与女生共进美食。在不少同学心目中，“女生周”除了能促进男女生之间的交流外，也成了一场大型校园“相亲派对”。因此，这一活动使同学们都很期待。举办“女生周”活动最主要的目的就是想让男女生在大学中有更多的交流机会，大学生多是自主选课，一个班的同学能够坐在一起上课的机会不太多。通过送花、共进美食等形式，男女生就有了更多互相接触的机会。同学们通过这个活动还可以体验到只有恋爱后才能体验的“糖衣”进攻，在一定程度上也平衡了一部分同学对于爱情的偏激想法。

3. 单相思与爱情错觉

【同伴案例】

从大二开始到现在，我一直陷在深深的苦恼中不能自拔。大二刚开学后，我就进了系学生会工作，和我搭档的是一个很美丽、很有气质的女生。由于我们常常在一起，我有机会更深入地了解她，加上我以前接触的女生比较少，时间长了，我发现自己对她产生了相当强烈的好感。后来我慢慢地喜欢上她了，但我不敢向她表白。我怕万一她拒绝了，我就一点退路都没了。心里最痛苦的就是我喜欢她，但不知道她对我的感觉。每次和她在一起的时候，我总是小心翼翼，生怕说错一句话、做错一件事。她快乐的时候，我会很高兴；她痛苦的时候，我也会不开心。由于我心里认为她是喜欢我的，所以在很多时候，我都会把她的行为看成是对我的示好。比如她给我一个笑脸、一个眼神示意，我会认为那是在传情；她请我看电影，邀我一起上自习，我认为她肯定是对我有好感；她送给我的礼物，我认为是定情信物；甚至她用过的笔，我都会小心地收藏起来。我知道这样会让自己很痛苦，但是我甘愿付出。我愿意隔着一段距离远远地看着她，在心里觉得她对我也有好感，这样我就很满足了。

到了大二下学期，一切都变了，她的身边多了一位男生。他天天陪着她上自习、吃饭，而她与我的接触变得越来越少。当我再次远远地看着她的时候，她已经不是独自一人了。尽管我时常安慰自己她从来就没有喜欢过我，一直是我自作多情，但是我的内心仍然感到很痛苦。她现在有了男朋友，我其实一点损失都没有。但没过多久，我发现在心里面我还是在深深地想着她。每一次看见她的时候，我还是会怦然心动，不能忘掉她。虽然使自己徒增烦恼，但我每次都会加倍地思念她。我心里很清楚我应该忘记她，但我实在做不到。

单相思与爱情错觉是大学生在恋爱方面常见的心理挫折。单相思是指两性关系中的一方倾心于另一方，却得不到对方回应的单方面的爱恋。曾有一名大学生讲述了自己的故事，他在一次校园活动中认识了一个女孩，并且爱上了对方，不过他不知道她的名字、班级等，每天只能在打水的路上等待她的出现，一年多来都是如此，他感到非常痛苦，不知道如何是好。还有的大学生可能已向对方表达了自己的爱慕之心，但被婉言拒绝，他们面对现实却无法解脱，仍执着于爱慕对方。

事实上，单相思是一种很普遍的爱情体验，个体在青少年晚期，即16—20岁时，这种现象似乎最为多见。根据不同的样本调查发现，有80%～90%的年轻人报告他们曾经历过单相思，浪漫地、充满激情地被不同的人所吸引，但对方并不爱自己。其中，男性会比女性更多地陷入单相思，矛盾型依恋风格的人比安全型或回避型依恋风格的人更容易陷入单相思。

在心理学中，错觉是指个体对事物的不正确反映，发生在两性关系中的所谓“爱情错觉”，是指个体会错误地以为某个异性爱上了自己。爱情错觉的产生主要受对方言行举止的迷惑和自身主观体验的影响。产生爱情错觉的人，大多数是由于自己爱上了对方，于是心中总想着对方一定也在爱着自己。在这样的心理支配下，个体常常会把对方的言行举止纳入自己主观需要的轨道上来理解，造成对他人感情的错误判断，这就是通常所说的“自作多情”。例如，有的男女同学把由于彼此之间的性格、志趣、爱好相同而产生的好感和友谊当成了爱情；有的男生把性格开朗、关心他人、和蔼可亲的女生的一言一行、一颦一笑都认为是对方爱自己的表现。

4. 识别依恋类型

【课堂活动】

请思考并讨论：

当你走进一段亲密关系中后，即使你们两人有着良好的互动，为什么你依然觉得自己好像还是不太能完全信任对方？当你们发生某些冲突或矛盾的时候，你会倾向于退缩和逃避吗？或者如果你还没有开始一段感情，但当有异性向你示好或者在情感上接近你的时候，为什么你感到的不是欣喜和高兴，而是紧张和焦虑呢？

如果有同学经常出现上述这些情况，那么在亲密关系中，估计你是消极被动的，而且比较害怕冲突，更重要的是，你对这段感情的结果预测常常是悲观的。这种模式好像很早就形成了，仿佛上天注定了一般。实际上，这往往源于你在婴幼儿时期与父母之间没有形成良好的依恋关系，这种情感模式称为回避型依恋。

什么是依恋？心理学家认为，依恋是个体与重要他人之间，通过亲密互动而形成的一种持久而强烈的情感联系。个体依恋最早和父母密切相关，因为他们是我们生命早期最重要的他人。依恋可分为安全型依恋、矛盾型依恋和回避型依恋等。一个人属于什么样的依恋类型，可以从其母亲离开和回来时他的表现中清晰地看到。

第一种，安全型依恋。当母亲离开自己时，儿童会显得有些难过，并表示出轻微抗议；但只要母亲一回来，便会来到她的身边，在母亲的安慰下平静下来，重新开始玩耍，内心深处相信母亲会回来。安全型依恋个体在成年后的恋爱、友谊等亲密关系中会比较有安全感，可以很安心地与人进行亲密活动，并与他人建立相互依赖又相互独立的关系，不担心被对方所抛弃。其对自己和他人的评价都是积极的，认为自我值得被爱，他人也值得自己的爱和信任。

第二种，矛盾型依恋。刚开始时，矛盾型依恋的儿童会紧紧地挨着母亲，几乎不去探索外面的环境；当母亲真的离开他们时，就会表现出大声哭泣；一旦母亲回来，他们却表现出与刚刚相矛盾的反应，一方面寻求和母亲接近，另一方面却做出又踢又打的行为，显得十分生气，拒绝与母亲亲近。当矛盾型依恋个体成年后，他们通常都比较缺乏信任感，因此常常表现出强烈的占有欲和嫉妒心。而当他们遇到爱情的时候，这种表现就更加明显。他们非常希望自己和伴侣能够保持亲近的距离，但又担心对方不会回应他们的情感，所以容易陷入一种非常矛盾的境地，总是表现出自我有一种“情感上的饥渴”，以及自身对依赖和承诺的强烈渴望。他们希望可以紧紧地抓住自己的伴侣，对方能够无时无刻地分享自己的状态和情况，比如伴侣不在身边的时候，他们总是会打电话、发微信询问，一旦得不到及时回复，就会变得焦虑和抓狂，使自己常处于怀疑、又爱又恨、拿不起又放不下的矛盾中。

第三种，回避型依恋。这一类型的儿童面对母亲离开时并不感到十分痛苦，母亲回来时也不主动恢复接触，而是将注意力转移到其他地方，比如玩具，而不看母亲。回避型依恋个体成年后，很少能投入亲密关系。也就是说，他们会故意回避爱情、友谊等，因为过于亲密的关系会让他们不舒服。哪怕找到了伴侣，在相处的过程中，他们对待感情的态度也是比较冷漠的，仿佛感受不到他人的情绪，比如当恋人生气时，他们会因为不知道怎么安慰而干脆走开。

回避型依恋可以分为两种：恐惧型依恋和疏离型依恋。恐惧型依恋的人内心期待亲密关系，但因为害怕受伤和被拒绝，或担心自己离不开对方，因而避免和他人建立亲密关系。在进入亲密关系之后，他们又担心会被抛弃，因而时常感到恐惧，会不自觉地担心是否有不好的事情发生，总认为自己可能会被背叛或者抛弃，所以他们会主动回避对方，从而给感情降温。在恋爱中，他们也容易做“爱的逃兵”，总是想先放手，以此缓解内心的焦虑和被控制的感觉。

疏离型依恋的人则完全不愿意对方和自己形成亲密和相互依赖的关系，他们会觉得自己一个人生活挺好的，所以一般来说，他们更喜欢也更习惯独立的生活，他们希望和所爱之人保持清晰的边界，反对依靠对方，不需要对方为自己付出，因为他们也不打算有所报答，在出现冲突之后他们会拒绝沟通，他们在亲密关系中寻求的是个人的满足和期望。人们常说的不主动、不拒绝、不负责的“三不”人群，最容易出现在这种类型中。

有的大学生知道自己的依恋类型和早年的亲子关系密切相关后，可能会有一种无力感，或许会想：“我现在已经是矛盾型依恋的人了，我该怎么办呢？难道要我回到两三岁重新度过童年吗？难道要把这些责任全部推给父母吗？”依恋关系的形成确实与自我小时候的养育有着直接的关系，但这并不意味着只有回到原生家庭中，自我才能得到修复，更不意味着因为无法回到童年就对自己的不安全依恋无能为力。

依恋是个人与重要他人之间，通过亲密互动形成的一种持久而强烈的情感联系。其中并没有特别说父母或养育者这个重要他人，也没有说只有小时候的亲密关系才称为依恋。换句话说，如果你愿意，你完全可以在成年后的亲密关系中，重新学习与他人相处，勇敢地面对自己的焦虑与回避，在自己和他人的帮助下，重新获得并形成安全型依恋。当然这并不是一下子就可以解决和实现的，需要针对自己的实际情况，或者还需要一些专业的帮助和坚持不懈的努力才能最终实现。

5. 处理失恋的智慧

恋爱是一对男女为寻求和建立爱情而相互了解和选择的过程。在双方的交往中，一旦某一方出于这样或那样的原因，不愿再保持彼此的恋爱关系，就意味着恋爱的终止。恋爱中的一方失去另一方的感情，就是通常所说的失恋。

对任何人来说，失恋都是一种痛苦的情感体验，会带来不同程度的、剧烈而深刻的心理创伤，有时还会使人处于极其强烈的自卑、忧郁、焦虑、悲愤甚至绝望的消极情绪状态中，甚至有的人会因此而失去生活的信心或勇气。少数人会由于失恋而形成某些心理障碍，或者从此怀疑和不信任他人，把自己的感情之门永远封闭起来，变得郁郁寡欢；或者看破红尘、自暴自弃，从而消沉下去；或者与昔日的恋人反目为仇，图谋报复、损人害己。失恋可以说是人生中最为严重的心理挫折之一。

爱情的道路并非总是一马平川，很多人都会经历失恋。这不一定是坏事，它可能会帮我们避免未来的悲剧与更多的伤痛，也使我们对自己有更清楚的认识，对我们的人生发展起到正面作用。大学生对失恋的处理方式是一个非常有意义的学习过程，恋爱中的很多事情平时都会让我们放大到不可收拾的程度，而最后总会一笑而过。

分手牵涉恋爱关系中的双方，下面分别谈谈如何处理和面对分手。

（1）主动提出分手的人——思考周全

想清楚自己为什么要分手。分手的好处和坏处是什么？也可以找心理咨询人员协助自己整理与澄清纷乱的情绪。

在提出分手之前，要先考虑对方的个性、两人交往的深度、对方可能出现的反应等，准备好自己提出分手的方式、态度和理由。

分手之前要有周详的考虑，尽量给对方一些准备的信号，让对方有充分的时间进行心理适应并参与决定。如果单方面决定并宣布分手，那么对对方来说是不公平的。

调整好情绪再提出分手，态度要温和而坚定，不能数落对方的缺点。

慎选提出分手的时间和地点。时间最好是白天，因为晚上人的情绪较难控制；地点最好是公开、安静的，有其他人但不会干扰你们谈话的地方。

主动提出分手的一方，要勇敢地面对自己曾经的感情，不可逃避责任。不要说“我们从来没有爱过”，这是非常不负责的，会让对方受到的伤害更严重。

在顾及对方感受和尊严的情况下，真诚具体地讲出为什么要分手。分手时，仍要尊重和体谅对方。

分手后要保留一段情感的真空期，让彼此有更清楚的情感界限，同时也整理一下自己的情感。

既然做出分手的决定，就不要出尔反尔，行动不能拖泥带水。有些人喜欢说：“我虽然不再是你的恋人，还可以做你的朋友。”这只会使对方的痛苦延续下去，而且反映了自己的优柔寡断和不成熟。

（2）被动分手的人——学会放手

在对方提出分手后，要保持冷静，先听完对方怎么说，别从“我被甩”的角度看事情。

不要拒绝沟通。有些人在对方提出分手时就说“我不听”，电话也不接，想以此逃避。这是非常不成熟的做法，相反，要勇敢地争取机会与对方进行坦诚的交流。

不要死缠烂打。被分手后，个别人会说“你不爱我，我就去死”，如果对方还不“感动”，甚至就真地做出危险行为。这是非常软弱、可怕的一种行为，因为每个人的生命都太宝贵了，不停地纠缠只会令对方更加讨厌自己，我们自身也会更难受、更痛苦。

不要压抑自己的痛苦。你要认识到，失恋时的伤心难过是难免的。尤其是男生，不要否认、压抑自己的情绪。人们常说男子汉大丈夫，要流血不流泪，正是因为男性在面对自己的失败时不加表达，压抑自己，就容易长久地被情感折磨着，有损自己的生命。失恋了，就痛痛快快地哭，这种哀伤是需要一定时间和措施去处理的。可以找亲近的人分担自己的悲伤和压力，也可以找专业的心理咨询人员帮助自己整理情感经验和抒发内心感受。

不要急着再次恋爱。被动分手的一方不可以意气用事，有些人自尊心过高，被分手后就要报复和示威。其实这种行为非常幼稚，不但于事无补，反而会给自己带来更多的伤害。让自己有一段情感的真空期，避免在混沌、杂乱的情绪中让现任恋人无形中成为前任的替代品，让自己分不清楚喜欢的是前任的影子还是现任的恋人，从而找不到自己真正的情感归宿。

不要因此而自卑！失恋只是人生中碰到的一段小插曲，不要以偏概全，把自己的整个人生都否定了。

分手初期双方最好不要见面。常见面的话，双方的情绪都容易被挑起来。如果是在同一间教室上课，就尽量选择看不见对方的位置。倘若自己主动找机会去“见”对方，这就是在折磨自己。

短期的“退隐”行为是可以被接纳的。比如你是学校学生社团的负责人，在失恋以后觉得自己的状态不好，可以告诉他人，近两三个星期你不能来参加活动。我们要承认自己正处在情绪创伤中，需要休息和冷静。但自己的“退隐”时间不能很长，要尽快地调整自己的情绪，重新面对生活。

给自己相应的时间进行调适。被动分手的人，因事先心理准备期较短，分手后的调适就需要较长的时间，抑郁、沮丧、失眠、不知不觉地流泪、生活节奏混乱、触景生情等是常有的现象。何时会恢复常态？这因人而异。一般情况下是分手后3~6个月的时间，也要视两人的情感深度、个人在情感中的投入程度、个人对情感的回顾及醒悟程度、个人拥有的资源及善用人际及心理资源的程度而有所不同。分手后处于心情低潮期是自然而然的事，但是如果这种状态的持续时间超过半年而情况未见改善，就可能要有所警觉，并请专业人员进行协助。

【课堂活动】

失恋的十大好处

失恋也有积极意义，请列举失恋后的好处，以下面的句型为模板，写成十句话。

因为我失恋了，所以我获得了：

1. ______________________________。
2. ______________________________。
3. ______________________________。

4 ______________________________。

5. ______________________________。

6. ______________________________。

7. ______________________________。

8. ______________________________。

9. ______________________________。

10. ______________________________。

三、培养爱的能力

如何获得美好的爱情？如何去建立、发展健康的恋爱关系？这检验着大学生爱的能力。这种能力既是其多年成长过程中的积淀，也是个人未来发展的重要保障。

（一）什么是爱的能力？

爱的能力是指个体和他人建立亲密关系的能力，它对人的一生发展有着重要的意义。爱的能力会引导一个人去真正地爱他人，也真正地爱自己。具备了爱的能力的人能真正体验到爱给人带来的快乐和幸福，恋爱的过程也是培养人们爱的能力的过程。

在心理学家弗罗姆看来，爱是人的一种主动的能力，一种突破把人和其他同伴分离之围墙的能力，一种使人和他人相联合的能力；爱使人克服了孤独和分离的感觉，但它允许他成为他自己，允许他保持他的完整性。弗罗姆所讲的爱的主动的能力，包括关心、责任、尊重和认识。爱包含着关心，是对我们所爱的生命成长的主动关注，如果缺乏这种主动的关注就不是爱。爱是一个人对另外一个人的主动渗透，是对对方的尊重及责任感。一对恋人精神交往上的最大欢乐，就是在智慧和美学中的相互充实，并逐渐去认识和发现更新的美，其中包括恋人彼此在对方身上汲取值得学习的地方，然后，奉献出更好的东西。忠诚的爱，就要双方始终不渝地去爱。

【课堂活动】

你储存了多少爱

爱的能力自我评估。如果做一个测验，题目只有两个：一个是你觉得自己爱别人的能力如何，一个是你接受爱的能力如何，让你为自己打分。满分为10分，你会给自己打几分呢？

一个人爱的能力要看自己内心储存了多少爱可以给予别人。如果一个人的内心是干枯的，没有爱可以付出，也就缺乏爱的能力的基础。

用来解释人对爱的渴望。将自己想象成一个婴儿，在你的内心深处有个心形的储爱槽，这个储爱槽有个计量表，一开始数字为零。如图9-2所示，上方的两个心形槽分别代表你的父母，随着时间的流逝，他们会用自己心形槽中的爱注满你的储爱槽。过了十几年、二十年，当你自己成家后你的储爱槽里已注满了爱。身为成年人的你，已准备好用爱去注满孩子的储爱槽。因而在一个正常运作的家庭里，爱是代代流传下来的，从父母传给子女，再由子女传给下一代。

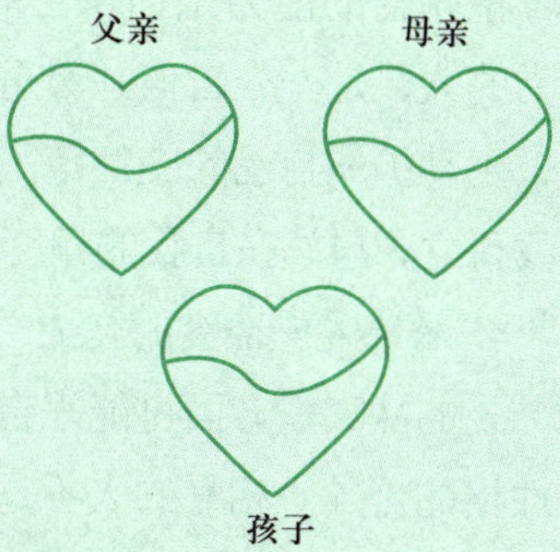

图9-2 储爱槽

你自己的储爱槽里有多少爱呢？

父母给予孩子的爱，会使孩子切身感受到自己是一个可爱的人。一个人在爱他人之前，首先要学会的是爱自己——自爱。

（二）爱的能力的组成

爱的能力实际上是自身的一种综合素质。具备爱的能力的人要有爱的储备，同时又要在爱的过程中表现出如下七种能力。

1. 表达爱的能力

当我们爱上一个人时，能否用恰当的方式和语言向对方表达出来呢？表达爱需要勇气和信心。表达爱是在表明爱一个人是幸福的，即使可能得不到回报。我们让对方知道他正在被一个人爱着，这是一种很崇高的境界。

2. 接受爱的能力

当自己期望的爱来到身边时，你能否勇敢地接受也是自己爱的能力的表现。有的大学生在别人向自己示爱后，内心很高兴，但又不敢接受别人的爱，或者自己对爱缺乏心理准备，还可能觉得自己不配、不值得被爱，因而失去发展爱情的机会。

3. 拒绝爱的能力

有爱的能力的人不是来者不拒，或者将不能接受的爱简单地拒之千里。目前有不少的大学生在面对别人的示爱时会优柔寡断，既怕伤害对方，又怕对方误会。拒绝爱的能力，首先，表现为对他人的尊重，要感谢对方对自己的欣赏和感情；其次，要态度明确、表达清楚，即自己和对方只能是什么样的关系，是同学还是一般朋友；最后，行动与语言要一致，可能有些大学生怕对方受伤害，虽然语言上拒绝了对方，但是行动上还与对方有较亲密的接触，如单独去看电影、吃饭等，这会使对方产生误解，认为自己还有机会。

4. 鉴别爱的能力

鉴别爱的能力是指自己能较好地分清什么是好感、喜欢和爱情。有鉴别爱的能力的人，是一个自信并尊重别人的人。有鉴别爱的能力的人，会自然地与别人交往，主动扩展自己的交往范围，珍惜友谊，并尽量多地体验他人的感受。如果过于自我孤立，只站在自我的角度考虑问题，对他人和自我的认识就会发生偏离。

5. 解决爱的冲突的能力

爱的冲突一方面可能来自日常生活中的不一致或不协调，另一方面可能来自双方性格的差异。相爱的人不是寻求两人的一致，而是在出现不一致时如何协调、合作，爱需要包容、理解、体谅，双方要学会用建设性的方式去解决冲突。沟通是非常有效的方式，恋人间需要有效的沟通来表达自己的思想、感受。伤害性的争吵或者冷战都不利于问题的解决。

6. 面对失恋的心理承受力

失恋可以说是人生中的一个挫折，它考验的是人们承受挫折的能力。失恋使人产生痛苦的感觉是很自然的事，每个人都会经历，只是程度有所差别。失恋会使人感到丧失了一种重要关系和一种身份，这需要人们用一定的时间去面对和适应。

培养失恋的心理承受力，首先，自身要学习怎样看待失恋。有些同学可能会把失恋看作人生的一场巨大失败，自尊心会强烈受损，那就必然会产生强烈的消极情绪体验。其实，失恋只是一种感情选择的结果，一个人不选择自己不等于自我就全面失败、一无是处。每个人在爱的关系中的心理需要不同，看中的关键点也不同。其实每个人都有可爱的一面，只是他人对我们欣赏的角度不同。其次，要在失恋中学习，把它作为一种人生的财富。失恋给人带来的强烈的内心冲击是其他事件所不能代替的，在这个过程中所体会到的情感、挣扎与痛苦，实为一笔人生财富，使人收获更多的人生体验，并在其中变得更加成熟。最后，失恋给了人们再次恋爱的机会。一次失恋不等于自己整个爱情生命的结束，人们还会再次恋爱，体验美好的爱情。

7. 保持爱情长久的能力

保持爱情长久的能力，其实需要以上多种能力的综合。爱需要两个人真正地关心对方，走进对方的内心世界，以对方的快乐为快乐。要保持爱情的常新，需要智慧、耐力、持之以恒及付出心血，同时又要有自己的个性、追求与发展。学习新的东西、善于交流、欣赏对方，是爱的重要源泉。

有爱的能力的人是独立的人，有自己独立的价值观和生活空间。有爱的能力的人并不排斥对方，而是会尊重他人、关心他人。他会尊重对方的选择，尊重对方的个人隐私，尊重对方的发展。

保持爱情长久的能力，同时要学习处理恋爱与学业、与恋人相处和与其他人交往的关系等，将爱情作为自己发展的动力。心存爱情的人会洋溢着美好的精神风貌，散发着生命的活力，不断地进取向上，给人以美感和震撼力。

（三）爱自己、爱他人

真正的爱就像弗罗姆讲的，意味着关心、尊重、责任和认识，它不是为某个人所爱，而是为所爱的人的成长和幸福而积极主动地奋斗，它根植于自身的爱的能力。“爱某个人是爱的能力的实现和凝聚”“人对自己生命、幸福、成长和自由的确定，同样根植于其爱的能力，也就是说根植于关心、尊重、责任和认识。如果一个人有能力产生爱，他也就爱他自己。如果他仅爱其他人，他就根本不能爱”“自私和自爱是不统一的，它们实际上是对立的。自私的人，爱自己不是太多，事实上他仇视自己”。因此我们在爱别人之前先学会爱自己是十分重要的。

【微视频】从恋爱到“练习爱”

所以，有时候真的不必太在意原生家庭对自己的影响，因为那些已经发生的无法改变，还不如直接面对自己的生活与人际关系，慢慢地学习、慢慢地接近、慢慢地喜欢、慢慢地体验到自己的亲密关系中对方的呵护与温暖。

【拓展阅读】

1. 王继堃. 亲密关系中的心理课［M］. 上海：上海教育出版社，2025.

2. 弗洛姆. 爱的艺术［M］. 刘福堂，译. 上海：上海译文出版社，2018.

3. 米勒. 亲密关系：第8版［M］. 王伟平，译. 彭凯平，审校. 北京：人民邮电出版社，2024.

第10讲

知性论性话健康——性心理与性健康

【知识导图】

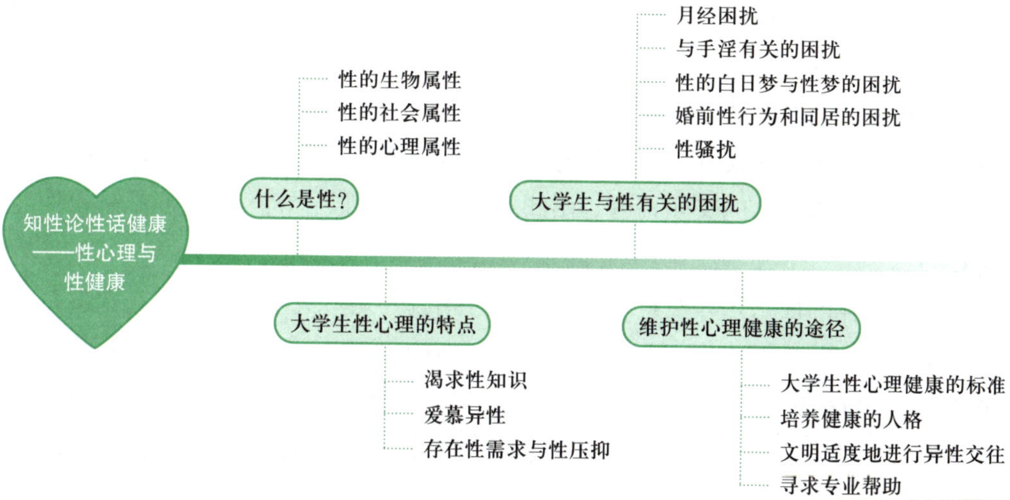

请思考：

1. 你认为什么是性？
2. 你了解自身的性心理特点吗？
3. 大学生维护性心理健康的途径有哪些？

一、什么是性?

【课堂活动】

"性"的联想

听到"性"这个词，你会联想到什么？请把它写下来：

______________________________。

性，人人都有。我们都是由性塑造的生命，都伴随着性的发育成熟而长大；性是我们生命的一个组成部分。性，是自然的事情，如果没有性，生物就不复存在。性作为一种本能，贯穿人类历史发展的全过程。作为延续生命的手段，性帮助人类完成种族繁衍；作为两性结合的方式，性维系着每个家庭的夫妻关系；作为人类欢愉的一种形式，性使千千万万的男女获得生理上和心理上的满足；作为两性联系的纽带，性使许许多多的青年男女徜徉在爱河之中；作为衡量文明的标准，性还体现着社会的文明程度。由此可见，性所反映出的方方面面都是自然而美好的。

人类个体的性认知和性意识从其幼小时期就开始形成了，青少年在性发育和成熟期内，如果没有得到正确的引导和教育，成年后便有可能会产生性心理扭曲和障碍，这不仅会影响个人的健康、幸福的生活，还会伤害他人、危及社会。每一个追求自身成长、关注生命价值的大学生都应该建立科学的性观念，掌握全面的性知识。

性有生物学、社会学和心理学三个方面的属性。

（一）性的生物属性

性的生物属性指男女在生物学上的差别，它是生物进化的结果。这种差别是多层次的，主要表现在以下四个方面。

首先是遗传学上的差别，即性染色体和性染色质的差别，男性染色体为XY，女性染色体为XX，它们决定着男女间的一切生理差别。其次是性腺上的差别，男性的性腺为睾丸，女性的性腺为卵巢，它们决定着男女其他生殖器和第二性征的差别。再次是性激素上的差别，男性体内雄性激素多，女性体内雌性激素多。最后是生殖系统和第二性征上的差别，即男女生殖器官系统与性器官系统的结构和功能特征，以及附属的其他身体特征上的差别。

【课堂活动】

了解我们的身体

你了解自己的身体吗?

青春期发育给你带来了哪些身心变化?

如果可以选择，你更愿意当男生还是女生？理由是什么？

性的生物属性还包括人的性欲望和本能，它是人类生存和繁衍后代的必要基础条件。古人云：“食色，性也。”人的性欲并不神秘，是如同人的饥饿与口渴一样的生理现象。然而，如果只把性看作人的生物属性，而不能从人的社会属性上去认识和把握它，就会把它降低到动物的生存意义上去。人是社会性的动物，人的性行为受到社会的制约和规范。只有把性行为控制在社会允许的范围之内，人类才能够获得自身健康的生存与发展，社会才能够获得安定与文明。

（二）性的社会属性

社会属性是性的本质属性。人的性需要不仅包括生理性需要，而且包括社会性需要。例如，择偶不仅是要寻找一位伴侣，而且要满足个人审美的需要、爱的需要、个人生活幸福与自我发展的需要，还需要考虑对方的兴趣、爱好、学历、职业、家庭等社会因素。

性是人的生物属性和社会属性的统一体，这说明性既要受到人类发展的生物规律的支配，又要受到人类社会文化发展条件和各种社会需要的制约，两者是有机联系、密不可分的。性的社会属性是人类文明发展进步的结果，人不仅是一个生物人，更是一个社会人。

性别角色是指社会按照人们的性别赋予其不同的社会行为模式。性别角色是男女两性在生理差异的基础上，由于社会对其期望的不同而形成的。男女先天生理解剖上的差异，为性别分化提供了可能。例如，生理解剖特点决定了女性天然地承担起生育的职能。但是，男女在家庭和社会生活中扮演什么角色，则主要由社会伦理、道德、风俗和传统等社会文化因素决定。封建社会中男尊女卑的观念使得人们对两性产生了不同的期望：男性要刚强、独立、自主；女性要温柔、依赖、顺从。然而，伴随着社会生产力的发展和女性在社会生活中地位的提升，原先两性角色泾渭分明的界限日渐模糊，出现了“双性化”的特征，即现代人应具有传统男性角色和传统女性角色中的一切优良品质。两性角色互化的出现也是社会进步的一大表现。

性的社会属性还包括性道德感、性文化、性规范、性违法。性道德感是指人在两性生活中对自己的思想和行为按照社会对性的道德规范要求所做出的一种自我制约。性文化就是有关人类性爱生活的方式、规则、知识和艺术。性规范，由性禁忌及其后发展完备的性法律、性道德、宗教性戒律组成。性违法是指违反有关法律规范的性行为，如卖淫、嫖娼等。大学生主要关注性道德感的问题。

一个人的性道德感与他的信仰、追求以及对幸福的理解等多种因素有关。一般来说，性道德感包括性羞耻感、性责任感和性贞节感。

1. 性羞耻感

性羞耻感是指人的一种自卫情感，它是使个体自身的某些部位和某些行为避开别人的愿望。羞耻感是人所具有的一种伦理调节手段，它并不是天生的，而是文化修养的结果，性羞耻感是性文化修养的结果。性羞耻感的存在可以大大减少人们性活动中的各种放荡行为，是性文明的标志，它使人们的性活动变得含蓄，具有高尚的情趣，推动着人的尊严和人类文化的发展。

2. 性责任感

性责任感是指对自己的性行为及其产生的后果承担责任的意识。性作为一种社会现象，必然会产生一定的社会后果，人的两性关系也一定伴随着相应的社会责任。

3. 性贞节感

性贞节感包括生理贞节感和心理贞节感。生理贞节感是指对未经性交的身体的重视程度；心理贞节感是指对自己性爱情感的珍视程度。两性交往中的性贞节感体现了人们对于爱情的纯洁与忠贞。无论男女，在性活动中都要珍视自己的生理贞节感和心理贞节感，在是否发生性行为问题上，要考虑社会伦理规范及法律保障。没有性贞节感对性活动的调节作用，两性之间的有序关系就不可能维持。

（三）性的心理属性

性的心理属性即性心理，是指人们在生理发展的基础上，在社会环境、文化背景的影响下形成的对性及性活动的认知、体验、观念和情感等心理活动。

【微视频】性与性心理

性的心理属性包括以下两方面：一是与性有联系的或以性为内容的各种心理过程，包括与性有关的知觉、记忆、思维、需要、情绪、意志的选择和决定等；二是与人格特质相联系的性心理，如个体对性的态度、评价和性取向等。

性心理作为人的内心活动，一般只能通过外显的性行为或性语言才能表现出来。人们的性心理是不断变化发展的，它受到性角色内化的影响。青春期是个体性心理形成的关键时期。健康的性心理表现为通过完善的人格、人际交往和爱情达到性行为在肉体、情感、理智和社会等诸方面的协调。

【课堂活动】

有关性的词语

从下面这些词语中找出你认为与性有关的词语：

1. 快乐	2. 好玩	3. 污秽	4. 生育	5. 恐惧
6. 爱	7. 美妙	8. 信任	9. 羞耻	10. 不满足
11. 委身	12. 忠贞	13. 尴尬	14. 压力	15. 例行公事
16. 表现	17. 欢乐	18. 实验	19. 释放	20. 难为情
21. 舒服	22. 无奈	23. 罪	24. 厌恶	25. 内疚
26. 无助	27. 享受	28. 压抑	29. 乏味	30. 满足
31. 美丽	32. 征服	33. 沟通	34. 禁忌	35. 亲密
36. 融洽	37. 遗憾	38. 自卑	39. 自信	40. 和谐

分享与讨论：学生每5~6人为一组，在小组中进行交流：① 你选了哪些词语？② 你为什么认为这些词语与性有关？③ 你的选择以负面为主还是以正面为主？

二、大学生性心理的特点

大学生的性心理具有以下几个特点：

（一）渴求性知识

在第二性征发育之后，首次遗精与初潮现象的出现使个体对自身性角色的认识发生了质的变化，个体的性角色基本定位并开始产生两性分化。伴随着性生理的变化，青少年普遍对性知识产生了强烈的渴求，但存在性器官和性生理迅速发展与性心理尚未成熟的矛盾。他们非常关心自己和周围同伴的生理发育变化，对性知识既好奇又敏感。心目中有很多疑惑等待他们找到答案，想知道发生在自己身上的变化是否正常。中学时由于学习压力大，青少年往往缺少渠道和机会去了解性知识。上了大学后，学习压力有所缓解，自由时间增多，常常会有意识地通过一些途径来学习性知识，如翻阅医学书刊、收听专栏节目、上网查询、同伴交流等。但是大学生在对性冲动的自制性、性的审美技巧、性爱技巧等方面还存在着知识盲区。

（二）爱慕异性

进入大学以后，大学生逐渐进入性爱恋期。此时，尽管他们对异性的爱慕还具有生理的本能性和朦胧性的特点，但已经不再满足于此，他们会明显地流露出自己想和异性相处的意愿，在行为上也会表现出主动接近异性的举动。但心理上存在着对恋爱的渴望和对异性心理了解不深的矛盾。在恋爱期间，双方争吵、生气、发生矛盾，乃至轻生、他杀等恶性事件时有发生。

（三）存在性需求与性压抑

由于性生理的成熟，大学生常出现强弱不等的性冲动，感受到性需求的张力。然而，有些大学生强迫自己否认、回避性需求，使自己长期处于紧张、焦虑等状态下，形成严重的性压抑。在性成熟的过程中，面对自身突如其来的变化，大学生会感到不适及困惑。特别是面对现代社会变迁中的种种价值观和性观念的冲击，大学生时常处于理智和感情矛盾的漩涡中，在理性认识上认为自身应该保持贞操或希望对方要遵守传统伦理道德，但在爱的激情下，又不愿受传统观念束缚，压抑自己的性欲。因此，当代大学生要以科学的态度认识性、接纳性，积极妥当地释放它或升华它。

三、大学生与性有关的困扰

大学生是一个较为独特的群体，从生理上来说，他们已经发育完全，然而，他们还未走向社会，在心理上并未成熟。因此，在性的方面会有一些困扰。

（一）月经困扰

女性的月经期及来月经的前几天是其生理曲线的低潮期，身体的耐受性、灵活性下降，易疲劳。这些都是正常的生理反应，但确实会给女性带来一些不适的感受；月经期是一个需要对女性加倍体贴的“特殊时期”。但有些女性却不能正确接受这些生理变化，认为来月经是一件“倒霉”的事，有些女性则会过于担心月经期的不舒服。这些消极的暗示会加重女性自身情绪的低落和躯体的不适感，甚至造成恶性循环。女性的心理因素会影响月经，它与闭经、痛经及经前期综合征等均有关。

1. 闭经

闭经是指该来的时期月经未来。造成闭经的原因有很多，因社会心理因素造成闭经的案例并不少见。例如，青春期女生在面临关键性考试时会闭经，也有女生因害怕怀孕而停经，这些都是过度的精神紧张、恐惧、忧虑等心理应激造成大脑皮质功能失调而导致的闭经。闭经是女性评价自身健康状况的一个敏感因素，因闭经而忧心忡忡会加重女性的内分泌功能失调，从而构成恶性循环。

2. 痛经

女性在月经期或月经期前后，发生下腹疼痛或其他身体不适，以致影响日常生活工作的情况，称为痛经。女性的个性特征与社会因素对功能性痛经的发病有一定的影响，如心理发展不够成熟，有神经质的性格。一般患有功能性痛经的女性会对月经生理有错误的认识，从而产生恐惧、抑郁等心理；或因对月经来潮有“倒霉”“痛苦”的心理，以至于对其有憎恨心理或在月经期产生情绪不稳定或情感冲突，引起或加重痛经。痛经用心理治疗并辅以镇静剂、止痛剂等常能见效。根据上述情况，女性要关注月经期心理卫生，具体做法有以下三点：

- 对月经既有正确的认识，又有月经前的心理准备，相信自己会平安渡过令人“不愉快”的阶段。
- 不要进行消极的自我暗示，即认为只要来月经就会有疼痛的感觉。心理学研究表明：自言自语等“自我暗示”会对人的生理基础发生影响。应当相信由月经引起的疼痛，绝大多数女性都是可以忍受的。
- 保持心情舒畅，避免情绪波动和精神过于紧张。具体来说，不要因为一件小事而与别人争吵不休，也不要因为一件小事而伤感不已。要积极参加力所能及的集体文娱活动，不要离群索居，这对保持自身的良好情绪也很重要。

3. 经前期综合征

经前期综合征是指少数女性在月经期前三四天会发生周期性的消极情绪，如忧郁、焦虑不安、烦躁易怒、注意力不集中、自信度低下、失眠、头痛等症状，轻者自觉不适，重者则会影响工作、学习和生活。经前期综合征的严重程度因人而异，不但取决于个体的适应能力，也取决于个体当时的环境体验和心理内容。

（二）与手淫有关的困扰

手淫是指性欲冲动时用手或其他物品摩擦、玩弄性器官以引起性快感、获得性满足的行为，是人到了青春期后产生了性需求和自己一时不能满足此需求的矛盾的产物。青春期男女均可发生，以男性更多见。对男性来说，它会伴随着精液排出；对女性来说，它呈现释放和缓解的体验。

手淫的最大危害在于会使人有罪恶感，手淫可怕的观念会使许多青少年陷入痛苦中，而且这种影响还可能延续到他们婚后的生活里。有些男女青年误以为手淫会影响性功能，因而担忧、紧张，极有可能使自身的性生活出现困难，并可能由此引起性功能障碍。对手淫的错误观念既是青少年感到不安、烦恼的真实原因，也是使手淫变得难以节制的心理原因。伴随着手淫快感的消失，青少年在心理上认为它是有害的，因而常产生悔恨、紧张、害怕、多疑、自罪等心理。而越是如此，他们就越是有可能沉溺于手淫之中，借手淫来暂时释放自身的紧张情绪，于是就陷入了循环中。

从生理学角度来看，手淫是一种自然的性生活方式；从心理学角度来看，手淫是一种性的自慰行为。对大学生来说，手淫虽不是完美的性满足方式，但却无害于他人，这是一种自我心理慰藉，在一定程度上能宣泄能量、缓解性紧张、保持身心平衡、避免性犯罪和不轨行为，因此，适当的、有节制的手淫是无害的。但是，需要指出的是，说手淫无罪、无害，并不等于说手淫是必需的，更不是说手淫可无节制，因为纵欲伤身。大学生过多地沉溺于手淫会有不利影响，因为它所带来的性满足是个体独自完成的，与异性情感关联较少，会使生理器官的冲动与心理情感的活动相脱节，不利于以后婚姻生活中夫妻之间的性行为，而且易造成男性尿道感染和女性月经失调、盆腔炎等疾病，因此不宜提倡。总之，手淫这种性自慰行为有利有弊，大学生应该理性地对待手淫。

（三）性的白日梦与性梦的困扰

当青年大学生与异性交往的强烈渴求不能径直实现时，性的白日梦就有可能发生。性的白日梦又称性幻想，是指个体在某种特定因素的诱导下，自编、自导、自演与性交往内容有关的心理活动的过程。大学生对异性的爱慕和渴望会很强烈，但又不能与其发生性行为以满足自己的欲望。于是，他们会把自己曾经在电影、电视、杂志、文艺书籍中看到过的情爱镜头及片段，经过重新组合，在头脑中虚构出自己与爱慕的异性在一起约会、接吻、拥抱、性交的情景。性幻想是一种正常的心理现象，一般在入睡前及睡醒后卧床的那一段时间，和闲暇时较多出现。一般来说，性幻想的女性高于男性，尤其是守身如玉的少女更易产生。有时性幻想可引起个体产生性兴奋，甚至要借助手淫达到性高潮，它在一定程度上可以缓解人们的性需求。性幻想是一种较为普遍的心理现象，尽管其出现是正常的、自然的，但如果过分沉溺于其中，甚至把幻想当成现实，那就会成为一种病态的心理，属于不健康状态，应加以调节和克服。

性的白日梦是人为的幻想，而性梦则是真正的梦。性梦是指人们在睡梦中发生性行为。人们通过梦的方式部分达到自己白天被社会规范限制的性冲动的满足，从而缓解性紧张。性梦也是青少年性心理较为普遍的一种表现。一些大学生由于缺乏对性梦知识的了解，常为自己有过性梦的经历而焦虑和自责。性梦的发生率男性多于女性，男性多发于青春期，女性多发于青春后期。一般来说，男性的性梦常伴有射精，即梦遗。对于成熟而未婚的男性来说，性梦是他们缓解性冲动的途径之一，一般多则每周一次，少则每半月或每月一次。研究发现，性梦的发生主要是与男性精囊中精液的积蓄量有关，也与其睡前身体上的刺激、心理上的兴奋和情绪上的激发有关。女性的性梦与男性相比有较大的差异，未婚女性很难有清晰的性梦。有过性梦体验的大学生，不必为自己的经历而焦虑和羞怯，应顺其自然，同时要把主要精力放在学习和工作上，避免过多地接受各种性信息的刺激和干扰。

（四）婚前性行为和同居的困扰

有很多大学生在恋爱过程中不能很好地控制自己的性冲动，情不自禁，出现越轨行为，发生性关系，进而发展为未婚同居。有调查显示，大学生中存在着许多恋爱男女校外租房同居的现象。大学生的婚前性行为反映了当代大学生性观念和性道德较过去已发生了巨大的变化，缺乏科学、系统的性教育是大学生步入性认识误区的主要原因之一。

同居存在着诸多隐患，比如未婚先孕的问题，怀孕后女性人工流产造成身心伤害的问题，同居生活中的经济分担问题，频繁更换同居伴侣导致的性健康、性道德问题等。因此，大学生对婚前性行为和同居应三思而行，并做好为后面的隐患付出代价的身心准备。

（五）性骚扰

【课堂活动】

性　骚　扰

案例：在一辆公交车上，年轻男子张某悄悄地凑近一名女大学生，趁着车上拥挤，乘其不备，用右手不停地摸动女大学生的背部。之后张某被公安部门处理。

案例中张某的行为属于性骚扰，你理解的性骚扰包括哪些方面？

____

____

我们身体的哪些部位是别人不能随意触碰的？

____

____

假设我们自己遇到性骚扰事件，应该如何保护自己呢？

性骚扰原指男上司或男雇员用淫秽的语言或者下流的动作挑逗、侵扰女雇员，甚至强行要求与其发生性关系的行为，后引申为社会上以各种非礼的性信息侮辱异性（主要是妇女），或向异性提出无礼性要求的行为。

常见的性骚扰行为有故意擦撞异性身体的某个部位，故意贴近别人，故意谈性的问题，用色情语言进行挑逗，用暧昧目光打量别人，或强行要求与他人发生性行为等。女大学生有时会遇到个别男教师或用人单位人员以学习指导或谈工作为名，对其进行性骚扰；在一些公共场合，女大学生也会遇到性骚扰。男大学生有时也会遇到此类情况。由于缺乏自我保护意识，一些大学生在面对性骚扰时容易惊慌失措、恐惧万分，甚至陷入长时间的自责，认为自己不“干净”，心理困扰不能得到解脱。

【微视频】你可以说“不！”

面对性骚扰时，我们可以这样做：

- 在公共场所被他人用暧昧的眼光上下打量或予以性方面的评价时，如果条件允许，请立刻离开；如果不行，首先要冷静下来，然后表达你的不满。若对方表现得过分，可以直截了当地说：“你在看什么？”也可以寻求他人协助，如报警等。

- 在公共汽车内遭遇故意抚摸或摩擦时，千万不要退缩或不好意思，可以大声说：“请把你的手拿开！”引起公众的注意，使侵犯者知难而退。情况严重时，应请司机或热心群众协助报警。

- 在遇到电话性骚扰时，最好不要用激烈的言辞回应，因为这可能会引起对方的兴奋感，可以义正词严地说：“你打错电话了！”若对方是经常对自己进行性骚扰的陌生人，只要他打进电话，就拿个哨子对着话筒猛吹，相信他不会再打来电话。

- 在别人赠送与性有关的礼物或展示色情刊物时，不要畏缩或偷偷将其处理掉，可以坚定地向对方说：“你的行为实在无聊。”留下物品作为证据并将事情转告其他相识的人。

- 在男教师利用职权表示对女同学的“关心”和“照顾”时，应该明确地表示你不喜欢他的言行，并提出警告。若事情没有好转，或受到对方威胁时，可以向其他教师、家长或学校寻求帮助。

- 在女性对男性做出具有性暗示的动作时，应该直接表达你的感受，礼貌而坚决地说：“请自重，你这样做令我感到不舒服。”

四、维护性心理健康的途径

（一）大学生性心理健康的标准

大学生已经到了身体发育成熟的年龄，有性的需要是非常自然的事。然而，生理上的成熟并不代表心理上的成熟。那么，什么才是真正的性心理健康呢？

大学生性心理健康的标准是：有正常的性需要和性欲望；有科学的性知识；有良好的性道德；有正当的性行为。正常的性需要和性欲望是大学生性心理健康的生理基础，科学的性知识和良好的性道德是大学生性心理健康的自我调节机制，正当的性行为是符合校纪、道德规范、法律规章的表现。价值观对于一个人性行为的调节作用远胜过单纯的性知识。所以，大学生必须了解性行为的道德意蕴，学会用尊重、责任和自我控制等约束自己的性行为。

（二）培养健康的人格

性，不仅决定于生物本能，一个人对待性的态度还能够反映出其人格的成熟度。一个人是否尊重自己和他人，都会在两性关系中充分体现出来。性其实是人格的一面镜子。

1. 自爱自信，认同自己的性别角色

性别角色认同是一个人社会化程度较高的重要体现，也是心理健康的重要标志。男性和女性在生理和心理上各有特点，有自己的性别魅力。现代社会的大学生应当在生物生理、社会心理和文化、经济、政治以及社会参与方面，进行合乎科学、合乎道德、合乎时代要求的全面角色认同。大学生应当接纳和欣赏自己的性别角色，发展出适应时代要求的优秀个性特征，例如坚毅与刚强、温柔与关爱等。这些特点是现代人必备的个性品质，它们已经不再是专属于传统的男性与女性特点。性别角色的认同及胜任是现代人成功适应社会和自我发展的重要心理基础。

无论男性或女性，都应当接纳自己的外貌和生理特征。世界上没有完全相同的两个人，每个人都有自己独特的外表美，不必时时与他人进行比较。而且，一个人的外貌及身体的生理特征是先天遗传的，个人无法改变。人最重要的是要增强自己的内在美，即增强自己的人格美、气质美、才华美。人常常不是因为美丽而可爱，而是因为可爱而美丽。当你拥有了自信乐观的心理，拥有了高尚的品格和高雅的气质后，你就拥有了令人喜爱的魅力。

2. 对性行为负有社会责任感

如果性行为只停留在手淫、性梦等方式的自我宣泄上，这不会影响他人。但是如果性行为涉及另一个人，那么就会有许多社会责任。性行为会给另一方造成心理和肉体上的伤害，也可能会产生第三个生命。这意味着它将影响另一个人的生活，也将影响自己的生活。在大学生群体中，因发生性关系而自卑内疚者有之，堕胎流产者有之。每一个成熟的大学生都应当了解个人性行为给他人、自我和社会带来的后果，要尊重他人，尊重自我，对自我的行为负起责任。大学生要增强自己的性道德和法律意识，用其规范自己的性行为。

3. 培养良好的自控力

大学生自我控制能力的大小，在一定意义上是由其个人意志的强弱决定的。意志是为达到既定目标而自觉努力的一种心理状态，具有发动和抑制行为的作用。尽管有的大学生有很强的性冲动，且在外界存在性刺激的情况下，会急于寻求性满足，但是人不同于动物，人有意志力，可以抑制和调整自我的冲动，那些放纵自己进行性行为的人往往缺乏坚强的意志力。为了自己的长远幸福和成功发展，应当努力培养自己良好的意志品质。

每一个健康的、发育完全的人，无论男女都必然会有性欲望，尤其是在大学阶段，更是性欲最为旺盛的时期。怎么使自己的性欲得到很好的调节，对大学生来说是非常重要的问题。可以说，每个人都会有自己较为独特的排解、调适方式，比如运动、自慰等，大学生可以借此保持身心的稳定。

（三）文明适度地进行异性交往

文明适度地进行异性交往，可以满足性心理的需求，缓解性压抑。异性交往有益于扩大信息，完善自我，对大学生个人的恋爱婚姻及成才发展具有重要的作用。但大学生在与异性交往时要把握分寸，注意场合，规范行为，处理好“友情”与“恋爱”的关系。大学生应当学会自我保护，女生尽量晚上不要单独外出，更不要单独在男性的家中或住所长时间停留。面对异性的非分要求，不要畏惧，要勇敢地说“不”。要以严厉的态度制止和反抗性骚扰，必要时要向别人呼救或向公安部门寻求帮助。对于经历性骚扰事件，不要过分恐惧和自责，因为你是受害者，谁也无法避免遇到突如其来的意外骚扰事件。为了更快地排除自己的心理困扰，可以向父母、教师、知心朋友倾诉和宣泄自己的情绪，也可以寻求心理咨询人员的帮助。

（四）寻求专业帮助

当上述做法都无法排遣自己心中的困惑时，心理咨询无疑成为一种有效的途径。在心理咨询室中，性不再是一个难于启齿的问题，大学生可以尽情地宣泄自己心中的郁闷。事实上，现在越来越多的高校都建立了心理咨询中心。据不完全统计，在大学生心理咨询问题中，与异性的交往问题占有一半以上的比例，其中或多或少都涉及他们对性的困惑。当怀着疑虑的你来到心理咨询室的门前时，你可知道你打开的并不仅是一扇普通的门，而是一扇通往你心灵的门。

【拓展阅读】

1. 李楚华，严文文. 性科学与性教育［M］. 3版. 北京：高等教育出版社，2024.

2. 霭理士. 性心理学［M］. 北京：商务印书馆，2017.

第11讲

我的生涯我做主——职业生涯规划及能力发展

【知识导图】

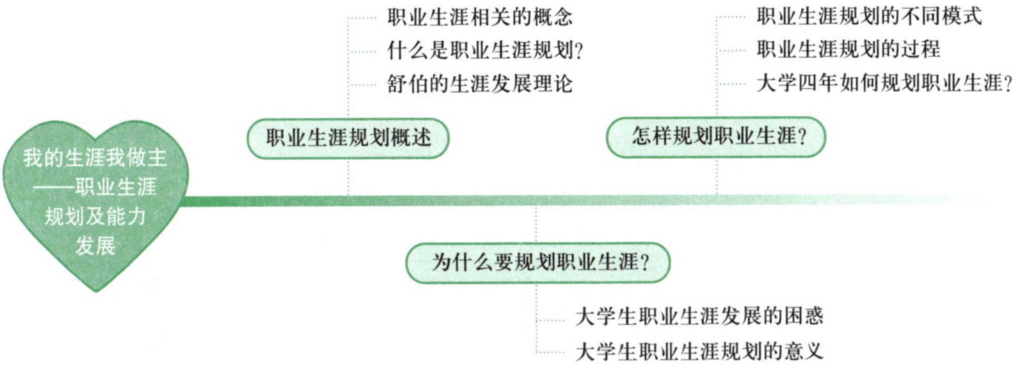

请思考：

1. 你未来想从事什么职业?
2. 你认为规划职业生涯有用吗?
3. 选择职业时应该考虑哪些因素?
4. 怎样提高自己的职业生涯规划能力?

一、职业生涯规划概述

很多学生在面对“职业生涯”这个宏大的词时充满了疑惑：什么是职业生涯？什么是职业生涯规划？我该如何规划我的职业生涯？

（一）与职业生涯相关的概念

在日常生活中，我们常常把工作、职业、生涯与职业生涯混为一谈，以为工作就是职业，从事了某种职业就拥有了个人的职业生涯。诚然，工作、职业、生涯与职业生涯是密切相关的概念，但它们并不完全是一回事。

1. 工作

工作是指为了实现某一目标或任务，人们所进行的劳动、操作或执行的行为，是有目的、有结果、需要投入时间和精力并持续一定时间的活动。例如，教师的教学工作。工作不仅可以谋生，也可以满足人的不同需要，如表11-1所示。

表11-1 工作可以满足人的不同需要

经济需要	社会需要	心理需要
物质需求的满足	社会交往	自我肯定
对未来发展的安全感	潜在的友谊	角色认定
可用于投资的流动资产	人际关系	秩序感
可以保证休闲和自由时间的资产	工作者与家庭社会地位	可信赖感
购买物品和服务	受人尊重的感觉	胜任感
成功的证明	责任感	自我效能感
	被人需要	投入感
		个人评价

2. 职业

职业是指一个人长期从事并且具有专业技能的工作。它介于“工作”和“职业生涯”之间，是由一系列相似的职位所组成的一个特定的专业领域，例如教师、医生、律师就是不同的职业领域。

3. 职业生涯

职业生涯是由一个人一生中所有与工作相联系的行为与活动，以及与其相关的态度、价值观、愿望等组成的连续性经历的过程。职业生涯发展是个人一生中的重要内容和组成部分，一个人的职业生涯受各方面因素的影响，如本人对职业生涯的设想与计划、家庭中父母与配偶的意见、组织的需要与人事计划、社会环境的变化等，这些都会对个体的职业生涯有所影响。在一定程度上，职业生涯可以说是多方面因素相互作用的结果。

（二）什么是职业生涯规划？

职业生涯是人一生中极为重要的方面，它是社会与个人、整体与个体的联结点。从心理层面上来说，在职业生涯中，人们的自我意识伴随着职业角色的变化而发展，在社会前进、职业组织发展的前提下，个人的需要得到了满足，个人的潜能得到了发挥。可见，职业生涯是人们求得自我实现的主要途径之一。职业生涯规划是指一个人主动地、自觉地对其一生中所承担职务及其发展历程的预期和计划。作为大学生，我们每一个人都应该去探索自己适合做什么，应该做什么，以及怎样实现自己的目标。

制订职业生涯规划强调的是个人该如何为自己做出适当的职业选择，焦点在于探讨个人如何规划自己的职业生涯发展。制订职业生涯规划的目的绝不仅是帮助个人按照自己的资历、条件找到一份合适的工作，达到与实现个人目标，更重要的是帮助个人真正了解自己，为个体定下事业大计，筹划未来，拟定一生的发展方向。每个人都应当审时度势地为自己筹划未来，有了事业的目标，生活才有方向；有了事业的追求，生活才有动力。大学生进行职业生涯规划就是要将自己的理想化为现实的人生，把对未来事业发展的预期转变为明确的行动步骤。大学生正处在职业生涯的探索阶段，这一阶段对今后职业生涯的发展有着十分重要的意义。

【微视频】生涯幻游

（三）舒伯的生涯发展理论

舒伯提出了一个诠释职业发展的生涯发展理论。他认为，每个人在能力、兴趣上均有差异，在个性特质上各有所适。个人的职业喜好、能力、工作环境和自我观念都会随着时间与经验而改变，因此职业的选择和适应会成为一种持续不断的过程。舒伯的生涯发展理论由生涯发展阶段和生涯彩虹图组成。

1. 生涯发展阶段

舒伯认为，可依据年龄将个体的人生阶段与其职业发展相匹配，将生涯发展阶段划分为成长、探索、建立、维持与衰退五个阶段。

（1）成长阶段（4—14岁）

经过家庭、学校中重要人物的认同后，个体开始发展自我概念，需要与幻想成为此阶段最主要的特质。随着年龄的增长、社会参与度逐渐增加，个体的兴趣与能力愈发重要。

成长阶段分为：① 幻想期（4—10岁），个体发展以需要的满足为主，幻想中的角色扮演甚为重要；② 兴趣期（11—12岁），兴趣是个体抱负形成与参加社会活动的主要决定因素；③ 能力期（13—14岁），此时能力的重要性日益显现。

成长阶段的主要任务是发展自我概念，培养正确的价值观念，并初步了解工作的意义。

（2）探索阶段（15—24岁）

在探索阶段，个体在学校、课外活动及各种体验中，进行自我检讨、角色探索及职业探索。

探索阶段分为：① 感受期（15—17岁），此时的个体常考虑需要、兴趣、能力及机会，做出暂时的决定，并在课程及实践中加以尝试；② 过渡期（18—21岁），此时个体会进入就业市场或进行专业训练，更重视现实的考量，并试图展现自我；③ 尝试期（22—24岁），此时，职业发展的方向得以初步确定，个体会探究其作为长期职业发展方向的可能性，若不适应则可重新确定职业发展方向。

探索阶段的任务是明确职业偏好，使其具体化、特殊化并逐步得以实现。

（3）建立阶段（25—44岁）

在建立阶段，个体会逐步确立稳定的职业发展方向；职位、工作可能会改变，但职业大多不会再有大方向的改变。

建立阶段分为：① 试验—承诺稳定期（25—30岁），此时个体可能因生活或工作上的多次变动而对职业发展不满意；② 完全建立期（31—44岁），此时个体致力于保持工作上的稳定状态，大部分人处于最具创意的时期，表现优良。

建立阶段的任务是调整、保持稳定并力求上进。

（4）维持阶段（45—64岁）

在维持阶段，个体逐渐取得一定的社会地位，重点在于如何维持现有的工作状态。此外，个体还要面对新进人员的挑战。

维持阶段的任务是维持既有的成就与社会地位。

（5）衰退阶段（65岁及以上）

在衰退阶段，个体的身心健康水平衰退，原来的工作已经停止，个体退休后需要发展新的角色，寻求不同的方式以满足自身需要。

衰退阶段的任务是生活减速、退休。

在上述舒伯的生涯发展阶段中，每一阶段都有一些特定的发展任务需要完成，而且前一阶段发展任务完成质量的好坏关系到后一阶段的发展是否顺利。

舒伯认为，个体在生涯发展中，每个阶段都要面对成长、探索、建立、维持和衰退的问题。例如，一个大学一年级的新生，必须先适应新的角色与学习环境，经过“成长”和“探索”，“建立”起较为固定的适应模式，同时“维持”大学学习生活一段时间后，又要开始面对另一个阶段——走向职场。原有的已经适应的习惯会逐渐“衰退”，继而在新的阶段又要经历“成长”“探索”“建立”“维持”与“衰退”的过程，如此周而复始。

2. 生涯彩虹图

舒伯用生涯彩虹图（如图11-1所示）描绘了一个更为广阔的新观念——具有生活广度、生活空间的生涯发展观。在这个观念里面，除了原有的发展阶段之外，舒伯加入了角色理论，将生涯发展阶段与角色间的交互影响描绘成一种多重角色的生涯发展。

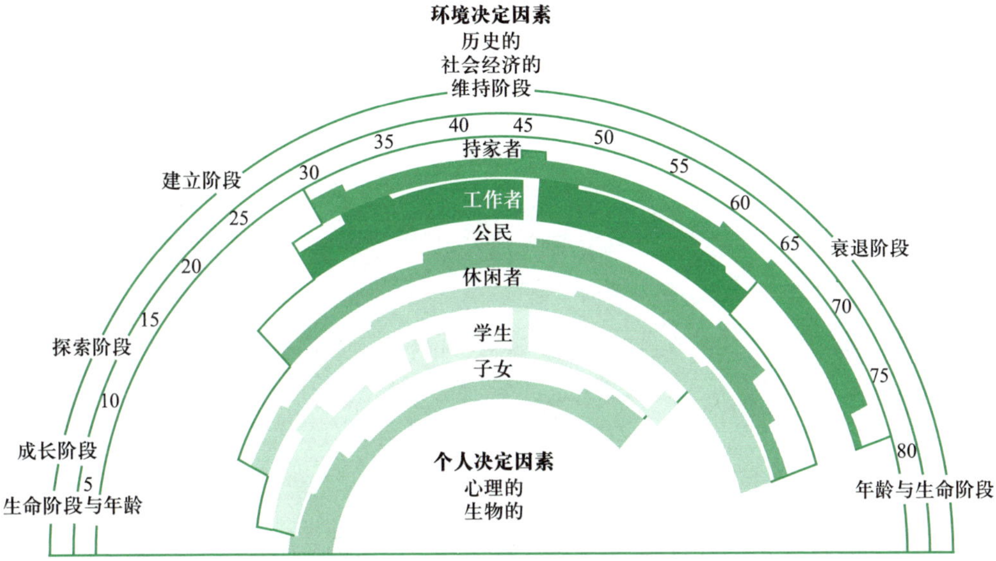

图11-1　舒伯的生涯彩虹图

在生涯彩虹图中，横向层面代表的是横贯个体一生的生活广度，彩虹的外层显示了人生主要的发展阶段和大致估算的年龄。舒伯特别强调，各个发展阶段年龄的划分有相当大的弹性，依据个体不同的情况而定。纵向层面代表的是纵贯上下的生活空间，其由一组角色组成。舒伯认为，人在一生当中必须扮演六种重要的角色，依次是：子女、学生、休闲者、公民、工作者、持家者。不同阶段与角色的交互影响交织出了个人独特的生涯类型。

随着人的社会任务或职业生活的不断变化，角色也会随之变化，个体会从一个角色进入另一个角色，这个过程称为社会角色转换，从根本上可以说是社会权利和义务的变化。大学生就业后的社会角色转换不是瞬间发生和完成的，而是要有一个过程。

生涯彩虹图中的阴影部分呈现了角色互相替换、盛衰消长的过程，它除了受到年龄和社会对个人发展任务期待的影响外，往往跟个人在不同角色上所花的时间和感情投入的程度有关，也跟“显著角色”有关。在图11-1中，这个人在成长阶段的显著角色是子女；在探索阶段的显著角色是学生；在建立阶段的显著角色是持家者或工作者；在维持阶段，工作者的角色突然中断，其显著角色又恢复到学生，同时公民与休闲者的角色分量也在逐渐增加。显著角色可以使我们看出在人的一生中，工作、家庭、休闲、学习研究以及社会活动对一个人的重要程度，以及在不同的发展阶段对个体产生的特殊意义。

大学生正处于探索阶段和建立阶段的转换时期，其主要的发展任务就是通过探索，发现自己及工作世界的特点，包括通过工作或工作世界所提供的资料及信息，明确个人的需要、兴趣、人格、价值观、工作角色及能力，确立明确的职业生涯发展目标。

【课堂活动】

绘制生涯彩虹图

1. 思考过去的“我”与未来的“我”

列出过去你的三个角色里最重要的或令你最难忘的三件事

① ________________。

② ________________。

③ ________________。

预测未来你的三个角色里将会发生的和你希望发生的三件事

① ________________。

② ________________。

③ ________________。

2. 预测未来

尽可能预测你的未来，尝试描绘未来的你是什么样子的。可以发挥你的创造性，使用符号、标记、图画、颜色、标签等等。未来之路可以朝向许多方向，你觉得自己会走向哪里？想象着边走边实验，看看会发生什么。

二、为什么要规划职业生涯？

即便对职业生涯规划有所了解，有的大学生仍然对自己的职业生涯发展感到迷茫。

（一）大学生职业生涯发展的困惑

人生充满了选择，然而职业选择是人生中最重要的选择之一。这不仅是因为职业活动占据了人生的最宝贵时间，而且个体在职业岗位上所取得的成就体现了一个人主要的人生价值。从这种意义上来说，选择职业就是选择自己的未来。那么，作为大学生，我们应该选择什么样的职业？该怎样选择自己的职业呢？每逢就业季到来，大学校园里无论是应届的本科生还是研究生，都开始为找工作而奔忙。但是，许多大学生面对求职择业会感到非常迷茫，存在许多困惑，比如，不知道自己能干什么，不知道自己喜欢干什么，不知道自己适合干什么，不知道自己所学专业的就业状况，不知道哪些用人单位需要自己所学的专业，不知道是应该在国内继续深造还是应该出国留学或者创业。

近年来，大学毕业生找工作难的现象引起了社会的强烈关注，也已经成为被广泛讨论的热门话题之一。大学生们好不容易找到了工作，签订了合约，却又不到岗，或者工作很短时间就跳槽的现象也很普遍，企业对大学生的高流动率也非常无奈。究其原因，缺乏对自己的全面认知，缺少必要的就业前的职业规划，缺少对职场的了解，是造成很多职场新人刚踏上工作岗位就产生职业失落感的主要原因。

在今天的社会中，所有人都需要制订职业生涯规划。选择一份匹配自己能力与兴趣的职业，不仅能带来人生的快乐，而且能让个人在工作中更有竞争力，为社会做出更大的贡献。

大学生正处于职业生涯发展的关键阶段，面临着许多关乎未来发展的重大选择，在职业生涯发展的道路上容易感到迷茫和困惑。

【课堂活动】

你像哪只毛毛虫？

有四只毛毛虫，它们都喜欢吃苹果，于是各自到森林里找苹果吃。

第一只毛毛虫跋山涉水，终于来到一棵苹果树下。但是它根本就不知道这是一棵苹果树，也不知道树上长满了红红的苹果。当看到其他毛毛虫正在往树上爬时，它也稀里糊涂地跟着往上爬，既没有目的，也不知道终点在哪里。最后的结局呢？它也许找到了一个大苹果，幸福地生活着；也可能在树叶中迷了路，过着悲惨的生活。大部分的毛毛虫都是这样的，没有想过为什么而活着。

第二只毛毛虫也爬到了苹果树下。它知道这是一棵苹果树，也确定它的“虫”生目标就是要从中找到一个大苹果，问题是它并不知道大苹果会长在什么地方。但它猜想：大苹果应该长在粗枝上吧！于是它就慢慢地往上爬，遇到分枝的时候，就选择较粗的树枝继续爬。它按这个标准一直向上，最后终于找到了一个苹果。这只毛毛虫刚想高兴地扑上去大吃一顿，但是放眼一看，它发现这个苹果是这棵树上最小的一个，其他枝上还有许多更大的苹果。更令它泄气的是，要是它上一次选择另外一个分枝，就能得到一个比现在这个大得多的苹果。

第三只毛毛虫也到了一棵苹果树下。这只毛毛虫知道自己想要的就是大苹果，并且研制了一副望远镜。还没有开始爬，它就先利用望远镜搜寻了一番，找到了一个很大的苹果。同时，它发现当从下往上找路时，会遇到很多分枝，也有各种不同的爬树路径；但若从上往下找路，却能找到一条最优路径。它很细心地从苹果的位置，由上往下反推至自己目前所处的位置，记下了这条确定的路径。于是，它开始往上爬了，当遇到分枝时，它一点也不慌张，因为它知道自己该往哪条路走，而不必跟着一大堆毛毛虫去挤破头。比如，如果它的目标是一个名叫"教授"的苹果，那么应该爬"深造"这个分枝；如果它的目标是"老板"，那么应该爬"创业"这个分枝。最后，这只毛毛虫应该会有一个很好的结局，因为它有自己明确的计划。但是真实的情况往往是，因为毛毛虫的爬行相当缓慢，当它抵达顶端时，苹果可能已经被别的毛毛虫捷足先登，或者苹果已经因为熟透而烂掉了。

第四只毛毛虫可不是一只普通的虫，它做事有自己的规划。它知道自己想要什么样的苹果，也知道苹果将怎么长大。因此，当它戴着望远镜观察苹果时，它的目标并不是一个大苹果，而是一朵含苞待放的苹果花。它计算着自己的行程，估计到达的时候，这朵花正好长成一个成熟的大苹果，这样它就能得到自己满意的苹果了。结果是它如愿以偿，获得了一个又大又甜的苹果，从此过上了幸福快乐的日子。

你像哪只毛毛虫？第四只毛毛虫的成功要素有哪些？

____

____

（二）大学生职业生涯规划的意义

在课堂活动中，第一只毛毛虫是只毫无目标、没有人生规划的糊涂虫，它不知道自己想要的是什么。遗憾的是，大部分人都像第一只毛毛虫那样活着。

第二只毛毛虫虽然知道自己想要什么，但是它却不知道该怎么去得到苹果，在习惯的指导下，它做出了一些看似正确但却使它渐渐远离苹果的选择。而曾几何时，正确的选择离它又是那么近。

第三只毛毛虫有非常清晰的"虫"生规划，它也总是能做出正确的选择，但是，由于它的目标过于远大，而自己的行动过于缓慢，成功对于它来说，已经是明日黄花，机会不等它。同样，人生也极其短暂，大学生必须好好把握当下。单凭个人的力量，即使一生勤奋，也未必能找到属于自己的"苹果"，但是如果提前制订一个适合自己的规划，并且充分借助外界的力量，也许会比第三只毛毛虫的命运好很多。

第四只毛毛虫，它不仅知道自己想要什么，也知道如何去得到自己的苹果，以及其中需要什么条件，然后它制订了清晰的计划，在望远镜的帮助下，一步步实现了自己的理想。

其实，我们每个人就像一只只毛毛虫，而苹果就是人生目标，爬树的过程就是职业生涯。毕业后，我们都得爬上人生这棵苹果树去寻找自己的未来。要想得到喜欢的苹果，改变自己的人生，就要先从改变自身开始，像第四只毛毛虫那样，提前做好适合自己的职业生涯规划。

因此，职业生涯规划对于大学生的人生发展具有特别重要的意义。今天站在哪里并不重要，但是下一步迈向哪里却很重要，有什么样的规划就有什么样的人生。

1. 有助于个人认识自我，开发潜能

职业生涯规划可以帮助大学生正确认识自身的个性特质、兴趣和能力倾向，使其对自身的优势与劣势进行理性的分析；了解自己的职业价值观，树立明确的职业发展目标与理想；将职业发展目标与自身实际相结合，做出恰当的职业定位；学会运用科学的方法、采取切实可行的步骤与措施，不断增强自己的职业能力，开发潜能，实现职业发展目标与理想。

2. 有助于个人规划自我，实现理想

职业生涯规划可以引导大学生一步步实现自己的职业理想。明确的职业生涯规划可以帮助大学生将理想与现实结合起来。当今的大学生处于一个挑战和机遇并存的时代，机遇总是垂青于那些有准备的人。一个善于规划自我的人，总能把握自己的命运，实现理想。

3. 有助于毕业生理性地选择职业

大学生职业生涯规划的明确程度，直接影响其毕业选择，这与其毕业选择满意度之间有显著联系：职业生涯规划越明确，毕业选择的满意度越高；反之，职业生涯规划的明确程度越低，毕业选择的满意度越低。由于一些大学生没有真正理解职业生涯规划的确切含义，对它的重要意义认识不足，不了解职业生涯规划的程序，缺乏制订职业生涯规划的具体技巧，因此，他们在选择职业时不是盲目追赶社会潮流，就是随意效仿别人，常常表现得被动或不知所措。

4. 有助于个人做出有效的决定

通过职业生涯规划，大学生可以对自我和职业环境进行深入、具体的认知与探索，对各种信息进行综合评估，在此基础上做出选择，并且逐步掌握各种技能、技巧，比如在具体的求职过程中如何制作简历、参与面试、评估和调整自己的选择等。这些具体充分的准备有助于其做出有效的决定，勇敢地迈出职业生涯发展的第一步。同时，职业生涯规划也会大大提升大学生的竞争能力，因为这其中的每一个

细节都影响着他们求职的成败。大学生要想使自己在激烈的竞争中脱颖而出，就必须做好职业生涯规划。

三、怎样规划职业生涯？

【同伴案例】

我自身存在着很多问题，如做事没有耐心、难以与别人沟通等，这些对我的将来没有什么好处。现在的社会竞争激烈，每次想到自己的未来，我就不知该何去何从，感觉前途一片渺茫。高考之前，我还有个目标，那就是向大学冲刺。在拼命冲进大学后，又不知道这段路程走完之后该怎么办了。

我曾经想过出国深造，但英语这一关最终还是没有通过，每次一拿起英语书，我的心就是静不下来甚至开始烦躁。

高中时的我一直立志要当企业家，现在想来的确难以实现，只是有着远大的目标，却从来不想付出努力。梦想谁都有，实现的人能有多少？道理我都懂得，就是无法克制自己。

我一直以来都有一种无助感，又总是找不出原因。自以为远离父母的生活会让自己学到很多，增加一些社会经验，其实还是活在自我的理想世界里。大学只是个小社会，我就已经无法接受，毕业后真正步入社会，我又该怎么办？在大一的一年里，我想了很多，未来是自己的，路还是要自己走。“志不立，天下无可成之事。”但我还是不能明确自己的职业发展方向。

每个人的职业生涯规划路径各不相同，但是，不管生涯选择是大是小，过程是长是短，结果是好是坏，其内容大致都是相同的，包括了解自己，明白工作世界，进行职业定位，确立职业目标，制订计划，采取行动（如图11-2所示）。

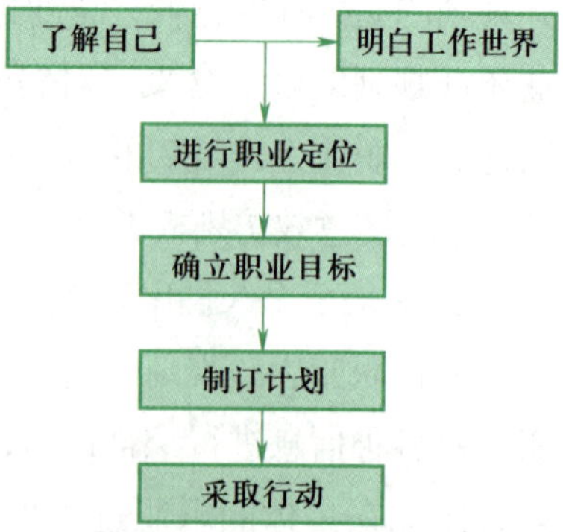

图11-2 职业生涯规划路径

（一）职业生涯规划的不同模式

学者们总结了不同的职业生涯规划模式，本书将介绍五种被广泛认可的职业生涯规划的模式。

1. 斯温的职业生涯规划模式

斯温的职业生涯规划模式（如图11-3所示）认为，在一个人整个的人生历程中，如果想要达成每一阶段的任务与目标（如中间的圆形），必须同时考虑三个生涯探索的重点（如三个小三角形）：自己、教育与职业的信息、自己与环境的关系。培养职业生涯规划的能力包括：认识自己的能力、性格、兴趣、人格特质、价值观等；了解工作世界，包括对其信息的搜集、分析判断以及做出决定；解决问题的能力，可以评估环境以及社会经济的助力与阻力。

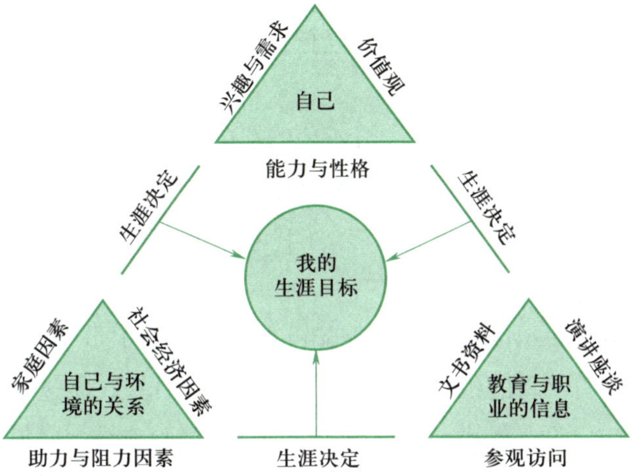

图11-3 斯温的职业生涯规划模式

2. 格林豪斯的职业生涯规划模式

格林豪斯特别强调职业决定是一个动态过程，并将其划分成八个步骤。他认为个人只要通过这八个步骤，就可以为自己做出完整的职业生涯规划。

步骤一，生涯线索：收集个人和环境的信息。步骤二，认识自我和环境：个人可以更深入且精确地认识自己的特质和环境的特性；个人对自我和环境的认识程度越高，越能够设立合乎实际的生涯目标和生涯规划策略。步骤三，生涯目标设立。步骤四，生涯策略：根据前面的三个步骤，个人设立自己的生涯目标和生涯策略（策略指行动计划，该计划被用来指导个人如何来实现自己的生涯目标）。步骤五，完成策略。步骤六，导向目标的过程：指个人将自己的生涯策略付诸行动后，逐步达成生涯目标。步骤七，回馈（工作/或非工作）：通过这个环节，个人要追踪和评估其生涯目标的实现情况，对其进行修改或增强。步骤八，生涯评估。

这八个步骤可整合为两大阶段：第一阶段包括步骤一到步骤四，为“生涯计划”阶段；第二阶段包括步骤五到步骤八，为“生涯评估”阶段。按照该模式，我们可以尝试将大学生的职业选择过程分成两个阶段：一个是学生报考大学前思考选择的阶段；另一个是学生根据在校期间接受社会化过程中的绩效回馈来评估自己的选择。

3. 5W分析法

Who am I?（我是谁?）面对自己，真实地写出每一个能够想到的答案，并将其按重要性排序，比如自己的专业、家庭情况、年龄、性别、性格、动手能力、思考能力，等等。

What will I do?（我想做什么?）可以从小时候开始回忆，将自己喜欢做的事情写下来。

What can I do?（我会做什么?）可以把自己有能力做的，还有通过潜能开发可以做的事写下来。

What does the situation allow me to do?（环境支持或允许我做什么?）将自己所处的家庭、单位、学校、社会关系等各种环境因素考虑进去。

What is the plan of my career and life?（我的职业与生活规划是什么?）

4. SWOT分析法

SWOT（strengths，weaknesses，opportunities，threats）是“优势、劣势、机遇、威胁”四个词英文首字母的组合。优势：自己学到了什么，做过哪些事情，成功的是什么，忍耐力如何等；劣势：自身的性格弱点，经验或经历中欠缺什么，最失败的是什么等；机遇：现在的就业形势，各种职业发展空间，社会最急需的职业等；威胁（挑战）：专业过时、同伴竞争、薪酬过低等。

我们可以根据家长、老师和同学的评价，借助以上性格测验，评估自己是一个较为外向开朗的人还是内向稳重的人；自己对哪些问题较为感兴趣，如经济问题还是管理问题；或自己擅长哪些技能，如善于分析问题，对数字敏感，语言表达能力强等；也可发现自己的一些弱点。

通过上述方法，仔细分析目前的就业形势与自己能力的匹配情况后，规划好自己的职业生涯。

5. 人职匹配法

美国职业心理学家霍兰德根据自己多年的实践与研究，提出了职业性向的“六角型理论”。他认为总共有六种人格类型，并且分别对应着六种职业类型：现实型、研究型、艺术型、社交型、商业型、事务型，如图11-4所示。

（1）现实型

现实型工作对个人有技术上的要求，这类工作场合常有个人操控的工具、机器或动、植物。在这样的条件中，人们需要有技术、能力来从事类似机器修理、电器设备维护、驾驶车辆、豢养动物或者其他的技术性工作。在此领域中，人们处理事

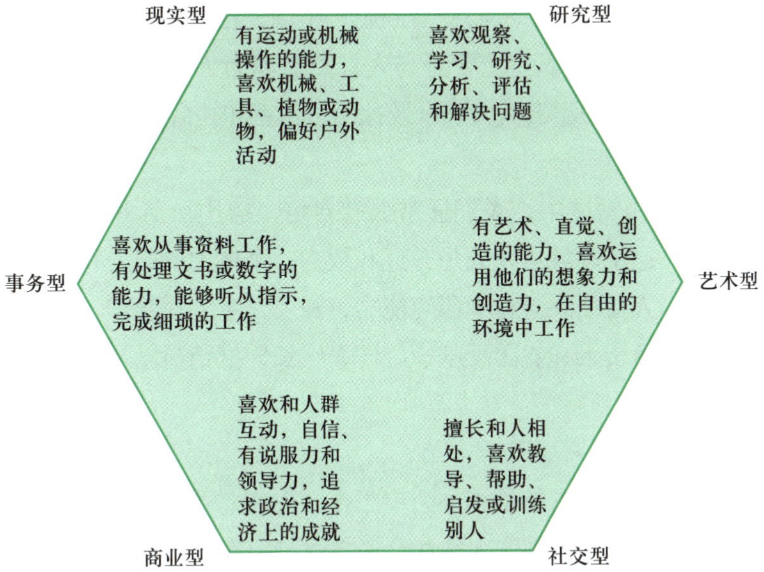

图11-4　六角型理论示意

物的能力比待人接物更重要。现实型的人喜欢有规则的具体劳动和需要基本技能的工作，但他们相对缺乏社交能力。现实型的人适合从事的工作主要是熟练的手工工作和技术工作，如制图员、司机、电工、机械工、运输工、产业工人以及木工、瓦工、铁匠、修理工等。

（2）研究型

研究型的人喜欢观察、学习、研究、分析、评估和解决问题，也喜欢阅读有关科学或讨论科学的书刊，并对自己能独立解决科学上的问题而感到自豪。这类人喜欢智力的、抽象的、分析的、推理的和独立的定向任务，但相对缺乏领导能力。这类人所适合的工作主要是科学研究和实验工作，适合各类科学研究职业，如气象学者、天文学者、地质学者以及物理学、生物学、化学、数学等学科的科学工作者。

（3）艺术型

艺术型的领域非常开放自由，它鼓励创意以及个人的表现能力。这类领域为人们提供了开发产品与创造性地解决问题的自由空间，让人们能够发挥创意、颠覆传统、表达自我，包括了音乐家、美术家以及自由作家等。艺术型的人喜欢通过创作作品来表达自我，他们感情丰富、善于想象，对艺术创作充满兴趣，但相对缺乏处理日常事务的能力。艺术型的人适合成为室内装饰设计师、诗人、作家、演员、记者，以及音乐、书画、雕塑、舞蹈、摄影等各类文学艺术工作者。

（4）社交型

社交型的工作领域鼓励人们真诚待人，帮助他人。社交型的人会对社会交往感兴趣，愿意出入社交场所，关心社会问题，主动为社会服务，但相对缺乏技术能力。社交型的人所从事的职业主要是与人打交道和为人办事的工作，如教师、医生、护士、律师、服务员、公关人员以及社团工作者和社会活动家等。

（5）商业型

在商业型的工作领域中，人们通常很有自信，擅用社交手腕达到特定的组织目标且极为独断。这个领域重视的是升迁和权力，个体的说服力和业务能力占据重要位置。商业型的人往往缺乏科学研究能力，其工作主要在管理、决策方面，如担任国家机关及机构负责人、党团干部、经理、厂长、推销员以及从事宣传、推广等工作。

（6）事务型

事务型的工作领域通常就是指办公室工作，人们需要保存记录、整理档案、影印资料、撰写报告等。事务型的人往往会说自己是个有组织能力且能听命行事的可靠人才。这类人对系统的、有条理的工作感兴趣，讲究实际，喜欢有秩序的生活，习惯按照固定的规程、计划办事。他们会选择与组织机构、文件档案和日程表相关的工作，如担任办公室办事员、图书管理员、税务员、统计员、出纳员、秘书以及从事校对等工作。

霍兰德的人职匹配理论以个体差异为基础，通过评价自我和分析职业使二者相结合。这种方法直观简单，反映了职业指导的基本方面，并且便于实施。特别是心理测验技术的运用和发展，为人职匹配提供了必要的技术手段，这也使得这一理论曾一度在职业生涯规划领域占主导地位。

（二）职业生涯规划的过程

大学生职业生涯规划包括自我评估、能力分析、确定短期和长期目标、了解用人单位的要求与期望、制订行动计划与措施、选择需要采取的方式和途径等步骤。

1. 自我评估

职业生涯规划是从自我评估开始的。自我评估是职业生涯规划的第一步，也是它的重要基础，能不能将其做好，关系着自身的职业生涯发展能不能取得成功。自我评估的内容包括了解自己的气质、性格、兴趣、特长、学识、技能、智商、情商，以及组织管理和协调能力等。

每个大学生对自身都要有一个客观、全面的了解，摆正自己的位置，相信自己的实力。现在有很多高校毕业生在就业的时候，会在用人单位面前缺乏自信，对自己比较有把握的事情总是不能大胆接受，尤其是对一些自己向往的有着较高职位、高薪的单位，缺少投递简历竞争的勇气，从而丧失理想的就业机会。清楚自己的优势与特长、劣势与不足，知道自己适合做什么，只有这样才能赢得竞争优势。

为此，我们首先要准确地评估自己掌握的知识和技能。其次要善于剖析自己的个性特征，这是职业生涯规划的基础。千人千面，个体只有相似的性格，却不会完全相同。本书第5讲已详细讨论过性格的问题，不管你自身的性格如何，都有相应的特点和优势、劣势，我们应该充分挖掘自己独特的个性，去走属于我们自己的人生路。只有这样才不至于盲目地从众：别的同学考研究生，你也要考；别的同学参加司法考试，你也参加；别的同学想进政府机关，你也要进……人云亦云，随波逐流，最终会找不到自己的人生定位，浪费宝贵时间。

2. 能力分析

能力是指直接影响人的活动效率并使活动任务得以顺利完成的心理特征。我们平时常讲某人聪明能干，某人反应慢、做事情效果不好，实际上就是在评价人的能力问题。

人要顺利地完成任何活动，都必须具备一定的能力。例如，节奏感、曲调感和音乐表象能力是完成音乐活动所必需的能力；色彩鉴别力、线条比例和形象记忆力是顺利完成绘画活动所必需的能力；良好的记忆力、丰富的想象力、敏捷灵活的思维能力，则是从事各种活动都必须具备的能力。

能力总是和活动联系在一起，并在其中形成、发展及表现出来，但我们不能认为所有影响活动效率并在其中表现出来的心理特征都是能力。比如急躁、冷静、活泼、沉着等心理特征对活动的顺利进行有一定的影响，但这些不是成功完成活动任务所必需的最直接、最基本的心理特征，因而不能称为能力。

（1）能力与智力

一般来讲，人的活动需要多种能力的参与，才能是指个体各种能力的有机结合。若某人将自己的多种能力相结合并出色地完成某类活动，我们会说他具有某方面的才能。这里还要提到另一个跟能力有关的常用概念——智力。

智力是指人的认知能力，包括观察力、记忆力、思维力、想象力、注意力等。其中思维能力是智力的核心。我们日常生活中讲的聪明、愚笨就是说的人们智力水平的高低。智力是人的基本能力，对个体的各种活动产生了广泛的影响。

（2）能力的个别差异

能力的个别差异主要表现在人们具备的能力类型有所不同，能力发展水平有高低之分，能力表现有早晚之差。下面我们主要从三个方面谈谈能力的个别差异。

首先，能力发展水平上的差异。人在能力发展水平上存在着个别差异。有些人的能力会高度发展，他们非常聪明能干，有些人可能各方面能力发展水平较低，使得自身参与各种活动效率低、效果差。多数人的能力发展平平，处于中等水平。

心理学研究表明，人的智力水平呈正态分布，中间大，两头小。大多数人的智商在100左右，处于中等水平的人占多数，智商特别高或特别低的比例很小，如表11-2所示。

表11-2 人口智力水平分布

智商	智力水平	占全部人口的百分比/%
130以上	超常	2.275
110~129	偏高	22.868
90~109	中常	49.714
70~89	偏低	22.868
69以下	低常	2.275

我国大学生均是通过严格的选拔性考试被录取的，主要依据的是他们的学业成绩，由于学业成绩与个体智商有较高的正相关，可以说，大学生的智力水平普遍较高。较高的智商为他们的成才提供了智力条件。

其次，特殊能力的差异。特殊能力是指人们在专业和职业活动中表现出来的能力。在特殊能力方面，人与人之间存在着差异。例如，有些学生具有文学才能，会富有感情地感受现实，具有敏锐的观察力、丰富的创造想象力和高度发展的语言表达能力；有的学生在技术方面的特殊能力发展水平高，可表现出极为细致的技术观察力、清晰的技术想象力和很强的技术创新能力；有的学生组织能力特别强，有较强的交往能力，善于团结他人，具备较强的号召力和感染力。

最后，能力表现早晚的差异。能力表现早晚也存在着明显的差异。有的人在童年时代就显露出某些方面的优异才能，即所谓早慧，如数学家高斯、音乐家莫扎特、诗人王勃、控制论创始人维纳等。有的人到很晚才表现出非凡的才华，即所谓"大器晚成"，如画家齐白石、生物学家达尔文等。

（3）智力的开发与能力的培养

人有自我发展的潜能，但智力、能力是在后天环境、教育的影响下，在实践活动中逐渐形成并发展的，学校教育对于个体智力的开发与能力的发展起到主导作用。大学生分析问题、解决问题的能力对其职业发展很重要，因此培养过程中要注意理论联系实际，重视实习实践，培养学生的动手能力。

3. 确定短期和长期目标

长期目标一般是我们今后职业生涯规划的顶点或较高点，但要细化至具体的工作中，如毕业后进入国际知名管理顾问公司从事研究分析、咨询工作。短期目标一般是我们素质、能力的提高，可以用获得证书或通过考试等作为达成短期目标的标志。

【课堂活动】

考证指南

你的专业是什么？你准备从事的职业是什么？这个职业需要哪些职业资格证书？你准备参加哪些技术证书的认定？你已经取得了哪些技术证书？请你认真思考后填写表11-3。

表11-3 我的考证指南

序号	证书名称	预期取得时间	用途
1	全国计算机等级证书	大学二年级	工作基本技能
2			
3			

许多人在大学时代就已经形成了对未来职业的一种预期，然而他们往往忽视了对个体年龄和发展的考虑，就业目标定位过高、过于理想化。近几年，不少毕业生在选择职业时会一直强调好单位、大城市和高收入，甚至为了这些不惜放弃个人的专业特长，不顾个人的性格和职业兴趣。同样，“这山望着那山高”的心理，也是大学生职业目标不确定的一种表现。盲目地攀高追求与选择不仅会影响个人目前的就业，同样会对以后的职业发展造成不利的影响。职业生涯目标的确定，需要根据个体不同时期的特点、自身的专业方向、工作能力、兴趣爱好等分阶段加以制订。

【课堂活动】

我的10年

目的：分阶段考虑自己的职业生涯发展目标。

要求：分阶段考虑你将扮演的社会角色及主要工作内容。

目前，我是________________________________。

3个月后，我将____________________________。

6个月后，我将____________________________。

1年后，我将______________________________。

2年后，我将______________________________。

3年后，我将______________________________。

5年后，我将______________________________。

10年后，

我扮演的角色______________________________。

我的主要工作______________________________。

我的收入__________________________________。

我的娱乐生活______________________________。

我的家庭生活______________________________。

4. 了解用人单位的要求与期望

【课堂活动】

采访业内人士

目的：通过与优秀业内人士的访谈，熟悉并了解用人单位的工作环境与工作要求。

步骤：以小组为单位，每一小组采访一名优秀业内人士，做好采访记录，在结束后小组之间交流彼此的采访心得。

采访提纲[①]：

1. 您是怎样决定自己所要从事的职业的？为此您做了哪些准备？

2. 这项工作要求具备什么样的技能？需要什么样的资历？

3. 在工作中您的主要职责是什么？您对此有何评价？

4. 您的职业有哪些让您喜欢的地方？产生了什么回报？

5. 请描述一下您工作日的安排。

6. 您的工作有什么样的条件要求？（包括工作时间、工作环境、着装要求、可能的危险及工作决策的方式等）

7. 您所在行业中的起薪和平均工资大约是多少？（不要问被采访者的实际收入）

① 张冬梅. 大学生生涯规划团体辅导［M］. 南京：江苏人民出版社，2007：3.

8. 您所在的公司有哪些福利？

9. 您认为您的职业和贵公司的发展前景如何？

10. 还有哪些职业与这个行业紧密相关？什么样的实习经历使您了解并熟悉了这个行业？

5. 制订行动计划与措施

在确定了职业生涯目标后，付诸行动便成了关键的环节。没有相应的行动，目标就难以实现，也就谈不上事业的成功。这里所指的行动，是指落实目标的具体措施，主要包括工作、训练、教育、轮岗等。例如，为了达成目标，在工作方面，我们计划采取什么措施提高自己的工作效率；在业务素质方面，我们计划学习哪些知识、掌握哪些技能，从而提高自身的业务能力；在潜能开发方面，我们计划采取什么样的措施开发自身的潜能；等等。这些都要有具体的计划与明确的措施，并且计划要特别具体，以便于定时检查。

【课堂活动】

我的职业道路

有一位学生学的是数控技术专业，他的职业生涯目标是做一名工程师，为此，他设计了如下的个人职业道路：

一线操作员（毕业后1年）

↓

维修技术员（毕业后2年）

↓

助理工程师（毕业后3～4年）

↓

工程师（毕业后6～8年）

↓

高级工程师（毕业后12～15年）

↓

副总工程师（毕业后20年）

↓

总工程师（毕业后25年）

请你也来设计自己的人生目标吧。

长期：（人生目标）______________________________。

中期：（今后5年）____________________________。

短期：（半年至1年）____________________________。

迷你：（1～3个月）____________________________。

为了实现我的人生目标，我将要做以下三件事：

1. ____________________________

具体措施：____________________________

2. ____________________________

具体措施：____________________________

3. ____________________________

具体措施：____________________________

6. 选择需要采取的方式和途径

大学生的职业生涯规划应该在入学时就开始制订，即大学生从大一起就应该思考个人所学专业未来的发展，了解自己需要掌握哪些知识和能力，能到哪些行业和企业去工作，自己是否喜欢未来的这个职业等，而不只是简单地根据教学安排和教材开始自己的大学学习和生活。大学生应使自己所学的专业知识与社会发展、自身潜力与将来的职业发展同频共振。

职业生涯规划和发展是一个复杂的、持续的过程，在这一过程中，单凭个人的经验是很难实现目标的。我们知道，职业生涯发展是一个不可逆转的过程，对于每一个人来说，生命都是有限的，职业选择的每一个步骤都与个人的时间联系在一起。因此，在这个过程中，借助职业咨询师或学校的就业指导教师的智慧和经验优势，请他们为自己的个体职业生涯规划提供建设性的建议，至少可以少走弯路，甚至起到事半功倍的作用。

（三）大学四年如何规划职业生涯？

职业生涯发展贯穿人的一生，大学阶段是其重要的起步期。大学生可以按照不同的年级特点，每学年都做一些相应的准备。

- 一年级为试探期。此时的大学生要初步了解就业，特别是自己未来想从事的职业或与自己所学专业对口的职业，同时提高自身的人际沟通能力，多参加年级交流活动。具体活动包括多和师兄、师姐们，尤其是与大四的毕业生进行交流，询问他们的就业情况。大一学年的学习任务不重，大学生可多参加学校活动和技能比赛，补充新技术知识，争取通过新技术辅助自己的学习，并为可能的转专业、辅修双学位、制订留学、交换计划等收集资料、准备课程，多利用学生手册，了解相关规定。

♥ 二年级为定向期。这时大学生应考虑清楚未来是要深造还是就业，了解相关的准备工作，并以提高自身的基本素质为主，通过参加学生会或社团等组织，锻炼自己的各种综合能力，同时检验自我的知识技能。可以开始尝试实习兼职、社会实践活动，并要坚持下去，最好能在课余时间尝试从事与自己未来职业或本专业有关的工作，提高自己的责任感、主动性和承受挫折的能力。比如提高英语听说能力和计算机应用能力，通过相关等级证书考试，并开始有选择地辅修其他专业的知识以充实自己。

♥ 三年级为冲刺期。因为临近毕业，所以此时大学生的目标应锁定在提高求职技能、搜集相关公司信息并确定自己是否要继续深造。准备考研的同学在撰写专业学术文章时，可大胆提出自己的见解，锻炼自己独立解决问题的能力和创造性；准备就业的同学可以参加和专业有关的暑期实习，并和同学交流对求职及工作的心得体会，可学习写简历、求职信，了解搜集工作信息的渠道并积极尝试，加入校友网络，向已经毕业的师哥、师姐了解往年的求职情况；准备出国留学的学生，可多接触留学顾问，参与留学系列活动，准备雅思、托福等语言考试，注意留学考试的相关资讯，从相关机构获取参考简章。

♥ 四年级为分化期。这时，大学生对于自己的职业目标不能再犹豫不决了，大部分学生应该将目光锁定在申请工作及成功就业上。这时，可先对自己前三年的准备进行一个总结：首先，检验自己已确立的职业目标是否明确，前三年的准备是否充分；其次，要开始申请工作岗位，积极参加招聘活动，在实践中检验自己的积累和准备；最后，要开始准备笔试或模拟面试。大学生要积极利用学校提供的条件，了解就业指导中心提供的用人单位资料信息，强化求职技巧，尽可能地在做出较为充分准备的情况下开始求职的实际过程。

【课堂活动】

参观人才市场

小邓就要大学毕业了，为了找到一份满意的工作，他揣着精心设计的简历兴冲冲地奔波于各个人才市场。然而，一圈转下来，小邓心灰意冷：随便走进一个人才市场，在那些招聘信息上的学历要求一栏，大多是“硕士及以上”，具有本科学历的他成了就业市场的一块“鸡肋”。小邓认为，在如此情况下，即便做了职业生涯规划也没有用。

你或周围的同学有这样的担心吗？请课后去人才市场进行参观访问，谈谈你对此现象的看法。

【拓展阅读】

1. 鲍利斯. 你的降落伞是什么颜色? [M]. 李春雨，等译. 北京：中国友谊出版公司，2018.

2. 朱秀芬，王璐，李翠萍. 大学生职业生涯规划 [M]. 2版. 北京：高等教育出版社，2023.

3. 张业平，王建东，吴优. 大学生就业指导 [M]. 2版. 北京：人民邮电出版社，2023.

第12讲

压而弥坚——压力管理

【知识导图】

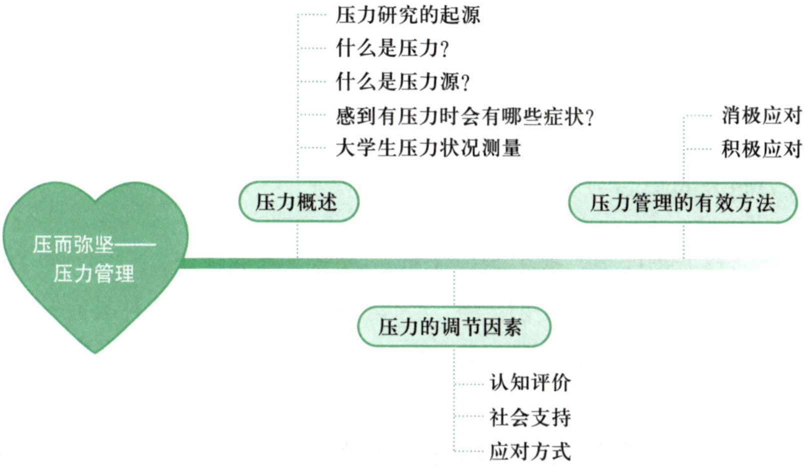

请思考：

1. 什么是压力？
2. 你的压力来自哪里？
3. 如何管理压力？

一、压力概述

压力在日常生活中是不可避免的。压力产生于变化，这种变化包括世界上最可怕的危险、坠入爱河的喜悦或者获得期盼已久的成功。此外，在看似井井有条的日常生活中，我们也会时常遭遇潜在的、充满压力的事件，从而产生紧张的情绪状态。可以说，世界上不存在完全无压力的环境。

【课堂活动】

压力反应

当你听到压力这个词的时候，你有什么样的情绪？______________。

你头脑里出现了什么样的场景？______________。

（一）压力研究的起源

“压力”一词源于物理学，最早是在工程、力学等方面使用，指的是垂直并均匀作用在单位面积上的力。在心身医学、心理学中，压力是指某种具有威胁性的刺激，如失业、天灾、贫困引起的生理和心理反应。在医学领域，压力也被称为“应激”。

“压力”这一概念最早是在1936年由加拿大著名内分泌学家汉斯·塞里（Hans Selye）提出的，他在著作《生活的压力》中首次把“压力”一词用于人类的研究。塞里认为，压力是人们呈现出某种特殊症状的一种状态，这种状态是由生理系统中应对刺激的反应所引发的非特异性变化组成的。他发现任何问题（包括真实的和想象的问题）都会使大脑皮质向下丘脑（应激反应的主要开关）发出警报。然后，下丘脑便会刺激交感神经系统，在人体内产生一系列生理变化，包括心率和呼吸加快、新陈代谢加快、肌肉紧张、血压增高。这时，由于血液被重新分配到有助于个体进行战斗或逃跑时所用的较大肌肉群，消化系统和肢体末梢的血液供应减少，导致手脚变冷；有些人心里会忐忑不安，瞳孔变大，听力也变得更加敏锐。遗憾的是，在慢性压力状态期间，当人体对自身因应激而产生的生理反应持续不加抑制时，便会发生具有长期副作用的其他现象，如肾上腺分泌出类皮质激素（肾上腺素和去甲肾上腺素），抑制了消化、生殖、生长、组织修复以及免疫系统的功能。换言之，对于保持身体健康来说，一些非常重要的功能在持续压力下开始被中断。

心理学家对压力问题的兴趣始于20世纪60年代至70年代之间，当时美国的一些大学专门开设了压力课程。近年来，关于压力和压力应对的研究在心理学界也颇为流行。那么，压力到底是怎么一回事呢？

【课堂活动】

压力知多少

你对压力到底知道多少？请做一组有关压力的判断题：在以下10个题的题号上画圈或者打叉，如果你认为题目表述的观点是对的，请画圈；认为表述的观点是错误的或自己不赞同的，请打叉。

1. 人一旦有压力的感受，就一定会觉得神经紧张。
2. 只要你遭受到压力，你就一定会知道。
3. 长期的运动会减弱你的抗压能力。
4. 有压力总是不好的。
5. 压力会制造不愉快的问题，但不会置你于死地。
6. 打针吃药就可以控制压力。
7. 当你离开教室的时候，会留下学习的压力，而不会把它带回宿舍。
8. 压力只是心事，与身体无关。
9. 压力是可以完全被消除的。
10. 除非你改变生活方式，否则你对压力一点办法也没有。

题做完了，数一数你画圈的题数。正确的答案是上述观点全部是错的。

（二）什么是压力？

一般认为，压力有三层含义：第一层含义是指导致机体产生紧张反应的刺激；第二层含义是指机体对刺激的紧张性反应；第三层含义是指由于机体与环境之间的“失衡”而产生的一种身心紧张状态。比较普遍被接受的看法是压力是指由刺激引起的，伴有躯体机能以及心理活动改变的一种身心紧张状态。

拉扎勒斯基于交互作用理论提出了自己的压力定义，他从环境要求与个人反应交互作用的观点来看压力，认为压力指的是个人与环境之间的一种特殊关系，当环境要求超过个人能力及可利用的资源，并危及其心理的平衡与生活步调的和谐与完整性时，个人便会感受到压力。[①]拉扎勒斯认为，压力不是个人特点的产物，也不是环境所造成的，它是某种环境与不同个体对外界潜在威胁所作判断相结合

① LAZARUS R S. Psychological stress and the coping process [M]. New York: McGraw-Hill, 1966: 3.

的结果。这种观点强调压力是一个过程。

基于这一定义，压力始于个体对某个情境的判断：这个情境的危险和困难程度有多大？有什么办法使自己能够应对这个情境？焦虑紧张的人通常会认为：第一，这个事件是危险、艰难或者痛苦的；第二，自己没有办法去应对它。

（三）什么是压力源？

压力源是导致压力产生的刺激、事件或环境，它可以是外界物质环境，也可以是个体的内部环境或心理社会环境。

压力源广泛地存在于我们的生活之中。有些压力源是稍纵即逝的，它会引起个体瞬间的兴奋和紧张。有些压力源则会持续几日、几周或几个月，造成自我习惯性的高压反应，使人长期处于一种戒备状态中，甚至导致心理失衡。我们所遇到的压力源可能在自身，也可能在环境之中。自身的压力源包括痛苦、疾病、记忆、罪恶感、不良的自我概念等，可称为“内因性压力源”；环境的压力源包括热、冷、噪声、其他任何无机性的刺激和有机性的刺激，可称为“外因性压力源”。目前，人类最主要的压力源来自人际关系。如果我们对造成压力的各种因素进行大致分类，可以将其划分为躯体性、心理性、社会性和文化性四大类压力源。

1. 躯体性压力源

躯体性压力源是指对人的躯体直接发生刺激作用的刺激物，包括各种物理的、化学的、生物的，如过高过低的温度、酸碱刺激、微生物、变质食物等。这一类刺激是引起个体生理压力和生理反应的主要原因。

2. 心理性压力源

心理性压力源是指来自人们头脑中的紧张性信息。例如，心理冲突与挫折、不切实际的期望、不祥的预感，以及与工作责任有关的压力和紧张等。心理性压力源与其他类压力源的显著不同之处在于，它直接来自人们的头脑。人格一讲中提到的A型性格者多数都是努力工作的高成就者，他们事业十分成功，但却常常由于心理压力过大或无法处理压力而损害了自己的健康。

3. 社会性压力源

社会性压力源主要指造成个人生活样式上的变化，并要求个体对其做出调整或适应的情境和事件。这里的生活样式是指组成一个人日常生活的许多“经验和事件”，包括居住地及居住环境、工作类别及工作场所的环境条件、饮食情况、个人生活习惯、娱乐活动的种类与时间、体力活动的程度、社会联系等。比如，家庭中常常存在导致大量持续性压力的因素，如照顾年长的双亲、配偶，或孩子患病、夫妻关系恶化等。1967年，两位美国研究者霍尔姆斯及雷赫曾探讨了不同的生活事件会如何影响个体的健康。他们对数以千计的被试进行了访谈，并由此编制了一套《社会再适应评定量表》，简称SRRS（Social Readjustment Rating Scale）。量表中的43个项目都有一个对应的压力值，压力值范围从“丧偶”的100分到“轻度违法”的11分不等。其中，24个项目是直接与家庭内的人际关系有关的，而其他项目都间接与家庭有关。在得分最高的前15个项目中，有11个直接与家庭中的人际关系有关，其他4个则会强烈地影响着家庭的稳定性。可见，家庭虽然是爱的源头，但同样也是压力的来源。社会性压力源及其压力量举例如表12-1所示。

表12-1 社会性压力源及其压力量举例

事件	压力量	事件	压力量
丧偶	100	受伤及大病	53
离婚	73	结婚	50
近亲死亡	63	被辞退工作	47
怀孕	40	与上司争执	23
经济状况变化	38	迁居	20
挚友死亡	37	转校	20
婆媳不和	29	改变社交活动	18
开学	26	改变食物习惯	15
生活情况改变	25		

4. 文化性压力源

文化性压力源中最为常见的是“文化性迁移”，如个体由一种语言环境进入另一种语言环境，或由一个民族聚居区、一个国家迁入另一个民族聚居区或另一个国家。在这种情况下，一个人将面临全新的环境、生疏的生活方式、陌生的风俗，从而不得不改变自己原有的生活方式与习惯，以顺应新的变化。如出国留学是众多学子期盼已久的深造机会，但一些学生由于对将要面临的文化环境改变缺乏充分的心理准备，使得自己在异文化背景下难以适应，因压力过大而引发疾病、中断学业的情况时常发生。

引发压力的因素普遍存在于我们生活的方方面面。面对某些压力源，我们的身体可能一点反应也没有；面对某些压力源，我们或许会只做出轻微的压力反应；而面对另一些压力源，我们会有相当高程度的压力反应。这些反应可能是短促的，也可能会持续一段相当长的时间。所有的压力反应都具有累积的效应，必须引起我们的重视。

（四）感到有压力时会有哪些症状？

当个体体验到较高的压力时，其症状可以从以下三个方面表现出来：生理症状、心理症状、行为症状。

1. 生理症状

压力引起的生理症状主要表现为：心率加快，血压增高；肠胃失调，如发生溃疡；身体疲劳、免疫力低，睡眠质量下降；等等。在这些生理症状中，心脏和肠胃系统的问题是压力造成的，这一点被证实的最多，身体疲劳及睡眠问题也被证实多数是压力过大的结果。

2. 心理症状

由于压力而产生的心理失调的典型症状有：焦虑、紧张；情感压抑，兴趣或热情减少；退缩和忧郁；孤独感和疏远感；注意力分散，注意范围缩小；短期或长期记忆力减退；反应慢，弥补的尝试可能导致莽撞决策；性格发生变化，如仔细的人会变得马虎、热心的人会变得冷漠；自信心不足，出现悲观、失望和无助的心理……

如果压力反应过于强烈或持久，超过了机体自身的调节和控制能力，就可能导致心理及生理功能的紊乱。已有大量的研究证明，长期的压力状态会危及个体的心理健康。压力、自我、社会支持是影响心理健康的三大要素，其关系可表示为：

$$B=\frac{P+K/P}{E+\mathrm{SS}-(\mathrm{SS}/C)^2}。$$

其中，B为心理不健康的程度，E为自我强度，P为压力强度，K为个人所需要刺激的最低量，SS为社会支持，C为个人所需要的社会支持最低量，K和C是常量（不同的人数值不同）。

由该公式可知，压力会在两个方向上起作用，其太大或太小都会影响心理健康；社会支持从两个方面起作用，其太大或太小都会导致个体的心理不健康；自信的人，身心都更加健康。压力是否影响身心健康，与个体差异有关。图12-1显示了压力源、压力反应与疾病的关系。

3. 行为症状

压力在行为上的症状有：只解决短期或表面问题；酗酒等行为增加；为了逃避压力而过度饮食，导致肥胖，或没胃口，体重迅速下降；冒险行为增加；自残或企图自杀；等等。

压力状态下的行为反应可分为直接反应与间接反应。直接的行为反应是指个体在直接面临紧张刺激时，为了消除刺激源而做出的反应。例如，路遇歹徒时，会与

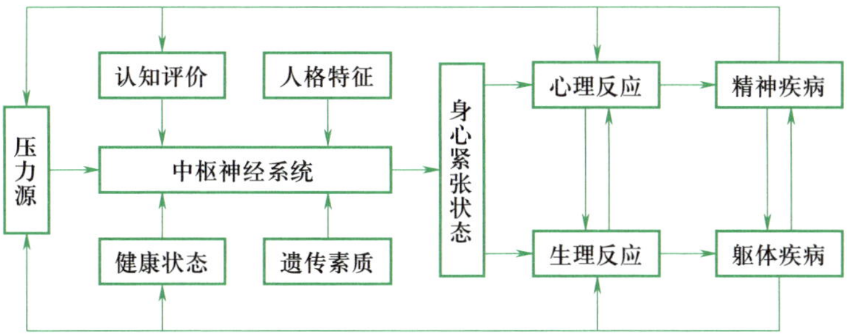

图12-1 压力源、压力反应与疾病的关系

其搏斗或逃避。间接的行为反应是指个体为了减少或暂时消除与压力体验有关的苦恼。例如，用酒精或冒险行为等使自己暂时缓解紧张状态。

人们面临压力时会产生一系列心理或生理的反应。这些反应在一定程度上是机体主动适应环境变化的需要，它能够唤起和发挥身体的潜能，增强人体抵御疾病的能力。但是过低或者过高的压力会导致自我的身心健康受损、工作效率下降、人际关系恶化、适应能力渐降、免疫系统减弱，如图12-2所示。

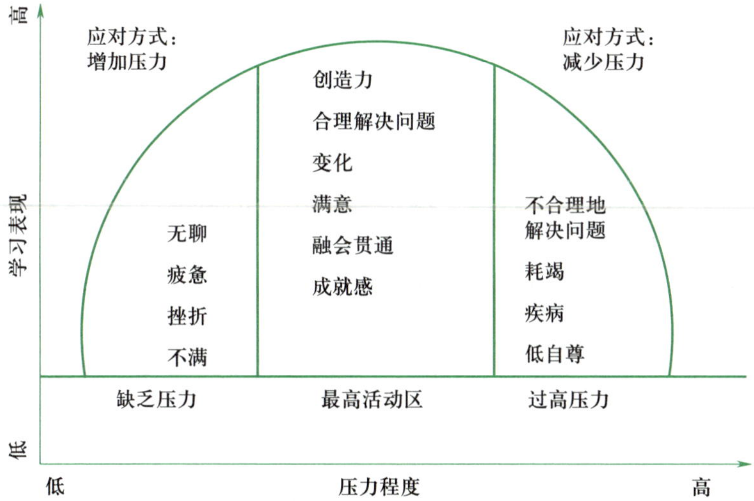

图12-2 压力适当论

压力是由刺激引起的，不仅有害的、侵略性的刺激会产生压力，就连愉悦的、受欢迎的刺激也会带来压力。自我承受压力并非都是坏事，适度的压力是维持人们正常的心理状态和生理功能的必要条件，同时有助于人们适应环境、提高能力。可见，压力是我们生活的一部分，我们需要它的存在，正像需要食物与水分一样。生活中如果没有压力我们就无法适当地成长，不管在生理、心理还是社会方面。当生

活中没有足够的压力来激活我们的生理状态时，个体通常会觉得厌烦，于是会去寻找一些能造成压力的刺激，如爬山、竞赛等。假如在工作学习中缺乏压力，也会使我们感到厌烦，难以保持适当的效率。

4. 心身疾病

心身疾病是指心理社会因素在疾病的发生、发展和转化过程中起主导作用的、具有明显的生理结构和功能障碍的一类躯体性疾病。刺激引发的压力会产生持续的紧张状态，常常导致个体的心身疾病。

个体承受压力在生活中是不可避免的，压力产生的紧张状态可以提高自身的警觉水平，适当的压力是保持健康所必须具备的条件。但是如果压力过于强烈、持久，超过个人的耐受能力，就会破坏人的心身平衡，影响个体的学习与工作，损害心身健康，这是压力的有害之处，也是主要方面。若压力引起的一系列心理和生理反应过于强烈，就会以临床症状和体征的形式出现，并成为人们身体不适、虚弱、精神痛苦的根源。心身医学研究发现，心身疾病是由多种因素引起的，但大多数是由个人遭到的紧张刺激感以及其生活境遇所决定的，由此而引起的生化改变最终导致的自我损害是心身疾病发病的重要原因之一。也就是说，心理性、社会性、文化性的压力引起的紧张状态过于强烈、持久，就会通过生理渠道导致躯体病变或直接导致心理疾病。

【课堂活动】

寻找压力源

想想以下问题，凭你的直觉来写下自己的感受。

你所面临的主要压力有哪些？请按压力的大小顺序，写下其中的五种。

1. ______________________________。
2. ______________________________。
3. ______________________________。
4. ______________________________。
5. ______________________________。

（五）大学生压力状况测量

适度的压力有助于提高大学生的学习及生活效率，但过度的压力会危害个体健康。大学生所承受的压力是适当的还是过量的，可以通过测试来了解。“国际压力与紧张控制学会”是一个关注压力研究及压力处理问题的国际学术组织，学会创始人之一华莱士研究开发的《心理身体紧张松弛测试表》(简称PSTRI)简便易用，可用于大学生了解自己的压力程度。

【课堂活动】

压力测量

可以用大约10分钟测量压力状况。

阅读表12-2中的每一个项目，根据每个项目在你身上的发生频率选择相应的分数。不要在每一题上花太多时间来考虑。

表12-2　心理身体紧张松弛测试表

项目	总是	经常	有时	很少	从来没有
1. 我受背痛之苦	4	3	2	1	0
2. 我的睡眠不足，且睡不安稳	4	3	2	1	0
3. 我有头痛的毛病	4	3	2	1	0
4. 我的腭部疼痛	4	3	2	1	0
5. 若需等候别人，我会不安	4	3	2	1	0
6. 我的后颈感到疼痛	4	3	2	1	0
7. 我比多数人更神经紧张	4	3	2	1	0
8. 我很难入睡	4	3	2	1	0
9. 我的头部会感到紧张或疼痛	4	3	2	1	0
10. 我有胃病	4	3	2	1	0
11. 我对自己没有信心	4	3	2	1	0
12. 我会和自己说话	4	3	2	1	0
13. 我担心财务问题	4	3	2	1	0
14. 与人见面时，我会窘怯	4	3	2	1	0
15. 我担心发生可怕的事	4	3	2	1	0
16. 白天我觉得很累	4	3	2	1	0
17. 下午我感到喉咙痛，但并非由于感冒	4	3	2	1	0
18. 我心情不安，无法静坐	4	3	2	1	0
19. 我感到口很干	4	3	2	1	0
20. 我有心脏病	4	3	2	1	0
21. 我觉得自己不是很有用	4	3	2	1	0
22. 我吸烟	4	3	2	1	0

续表

项目	总是	经常	有时	很少	从来没有
23. 我的肚子不舒服	4	3	2	1	0
24. 我觉得不快乐	4	3	2	1	0
25. 我流汗	4	3	2	1	0
26. 我喝酒	4	3	2	1	0
27. 我很自觉	4	3	2	1	0
28. 我觉得自己精神四分五裂	4	3	2	1	0
29. 我的眼睛又酸又累	4	3	2	1	0
30. 我的腿或脚抽筋	4	3	2	1	0
31. 我心跳过速	4	3	2	1	0
32. 我怕结识陌生人	4	3	2	1	0
33. 我手脚冰冷	4	3	2	1	0
34. 我会便秘	4	3	2	1	0
35. 我会未经医师嘱咐而服用各种药物	4	3	2	1	0
36. 我发现自己很容易哭	4	3	2	1	0
37. 我消化不良	4	3	2	1	0
38. 我咬指甲	4	3	2	1	0
39. 我耳中有嗡嗡声	4	3	2	1	0
40. 我小便频繁	4	3	2	1	0
41. 我有胃溃疡	4	3	2	1	0
42. 我有皮肤方面的病	4	3	2	1	0
43. 我的咽喉很紧	4	3	2	1	0
44. 我有十二指肠溃疡	4	3	2	1	0
45. 我担心我的工作	4	3	2	1	0
46. 我口腔溃烂	4	3	2	1	0
47. 我为琐事忧虑	4	3	2	1	0
48. 我呼吸浅促	4	3	2	1	0
49. 我觉得胸部紧迫	4	3	2	1	0
50. 我发现自己很难做决定	4	3	2	1	0
总分					

回答完毕后请把所得总分加起来，然后从表12-3上找到自己总分所在的位置，并认真阅读其后面的解释。如果你的分数在38～70分之间，那么你的压力是适中的，不必寻求改变生活方式；如果你的分数低于38分或高于70分，那表示你可能

需要对目前的生活方式进行调整。低分者需要获取更多压力；高分者需要减轻自身压力。

表12-3 分数解释

分数	压力程度分析
98（93或以上）	表示你确实正在以极度的压力反应伤害自己的健康。你需要专业心理治疗师的治疗，他可以帮助你消减自己对于压力的感知，并改善生活的品质
87（82～92）	表示你正在经历太多的压力，这损害了你的健康，并令你的人际关系发生了问题。你的行为会伤害自己，也可能会影响其他人。因此对于你来说，学习减少自己的压力反应是非常重要的。你可能必须花许多时间做练习，学习控制压力，也可以寻求专业的帮助
76（71～81）	显示你的压力程度中等，可能它正开始对你的健康不利。你可以仔细反省自己对压力是如何做出反应的，并学习在压力出现时，控制自己的肌肉紧张，以消除生理应激反应。好的心理治疗师会对你有帮助，或者可以选用适合的肌肉松弛方式
65（60～70）	表明你生活中的兴奋与压力量也许是相当适中的。你可能偶尔会有一段时间压力太大，但你也许有能力去承受压力，并且很快地使自己回到平静的状态，因此压力对你的健康并不会造成威胁。做一些松弛的练习对你来说仍是有益的
54（49～59）	表示你能够控制自己的压力反应，是一个相当放松的人。也许你对于自己所遇到的各种压力，并没有将它们解释为威胁，所以你很容易与压力相处，可以毫无惧怕地担任各种工作，也没有因此失去自信
43（38～48）	表示你很不易为压力所动，甚至不把它当一回事，好像其并没有发生过一样。这对你的健康不会有什么负面的影响，但你的生活会因此缺乏适度的兴奋，因此所获得的趣味也就有限
32（27～37）	表示你的生活可能是相当沉闷的，即使刺激或有趣的事情发生了，你也很少做出反应。可能你需要参与更多的社会活动或娱乐活动，以增加自己的压力激活反应
21（16～26）	如果你的分数只落在这个范围内，也许意味着你在生活中所经历的压力经验不够，或是你并没有正确地分析自己。你需要更主动些，在工作、社交、娱乐等活动中多寻求些刺激。做松弛练习可能对你帮助不大，但接受一些辅导也许会有帮助

二、压力的调节因素

基于压力的定义，我们可以看到，尽管生活在同样的情境下，接受同样的刺激，个体做出的反应却各不相同，这说明其中有个体调节因素的作用。调节因素揭示了压力因果系统如何运作以及为何这样运作，它联结着压力源和压力反应，在一定程度上影响着个体在压力状态下身体反应的严重程度，对个体健康起着重要的保护、缓冲和调节作用。

（一）认知评价

压力源是否使人产生身心紧张状态并进而引发其产生一系列的心理、生理反应以及程度如何，这取决于个体自身对刺激物的认知评价。认知评价是个体一贯的思维方式，它决定了其对自身所见、所思事物的应对风格。

大量的研究发现：个体的认知评价方式能影响其对压力的敏感度。耐科曾对角色归因进行测试，他向300名工人提供了三种假设的企业管理情境，并让他们对每种情境进行分析，结果发现那些遇到困难就责怪自己，即自我归因的工人对压力的敏感度更大。

拉扎勒斯提出的压力交互理论认为，压力的产生取决于两次评价：在第一次评价中，个体考察自身所面临的情境对自己的重要性，比如其跟自己有无关系、对自己的重要程度如何等；在第二次评价中，个体考察的是自己所具有的应对资源，只有当个体做出的评价为“应对压力所需要使用的资源超出了自己所具备的”时，心理压力才会发生。

拉扎勒斯从20世纪60年代开始，根据压力交互理论做了很多研究，证明所发生的事对自己生活影响的评价方式，以及应对问题的方式，影响着人们是否会产生心理压力，以及其强度。人们对所发生事件的评价通常有三种：伤害、威胁或挑战。伤害是指已经发生的损失，如失去一份工作、得到较差的工作评价、没有得到晋升、受到上司或同事的批评；威胁是指还未发生但预料会在未来出现的损失；挑战指的是一种高要求的情境，个体在这其中强调的是自身适应情境所提出的要求，克服困难并获得成长和发展。很多人都喜欢挑战，而不喜欢威胁。持有接受挑战的态度可以使人们感到充满热情、投入精力并得到发展，而不是感到处于危险和防御状态中，并需要自我保护。

（二）社会支持

从20世纪70年代“社会支持”这一概念被提出开始，对它的研究已经从医学领域拓展到管理学领域。多年的研究证明，社会支持系统在个体心理健康和心理教育中起着重要作用，它的主要功能在于增进和保护人们的身心健康。

1. 什么是社会支持？

社会支持是指个体经历的各种社会关系对其的影响。这一概念在20世纪70年代被精神病学引入，当时一些学者用定量的方法，对社会支持与工作压力、身心健康的关系进行了大量的研究。

早期的一些研究主要以社会结构因素来衡量社会关系，如社会支持有很多来源，影响最大的是重要他人的支持。

近年来，社会支持则趋向于研究不同来源和不同性质的支持与心理健康的关系。社会支持可分为两类：一类是客观的、可见的或实际的支持，这类支持独立于个体的感受，是客观存在的现实；另一类是个体主观体验到的情感上的支持，其与个体的主观感受密切联系。

2. 社会支持的作用机制

关于社会支持的作用机制有两种模型：一种是主效应模型，另一种是缓冲器模型。主效应模型认为，社会支持具有普遍的增益作用，无论个体目前的社会支持水平如何，只要持续增加，必然可以促使个体身心健康水平的提高。缓冲器模型认为，社会支持仅在压力条件下，才会与身心健康之间发生联系，它能缓冲压力事件对个体身心的消极影响，保持与提高个体的身心健康水平。这两种观点都得到了许多实验研究的证实，而且这两种模型也都证明了社会支持对缓解个体工作压力和维护个体身心健康所起了积极作用。例如，相同的压力情境对不同的个体产生的影响是不一样的，那些较少发病的个体与较多发病的个体相比，有着更多的社会关系。大量研究表明：在压力情境下，那些受到来自伴侣、朋友或家庭成员较高心理支持的人比受到较少支持的个体，感到压力小且身心更为健康；社会支持的丧失将加重压力对人们身心健康的影响；与社交网络成员支持性的互动关系能提高个体的自我控制感；情感支持水平的增加可减轻其压力。

【课堂活动】

我的社会支持系统

尽可能多地写出你在遇到困难时，可以求助的人的名字或组织机构的名称。

____

（三）应对方式

西方有一句谚语：问题本身不是问题，怎么面对问题才是问题。这说明，在很久以前人们就对“应对”有了感性的认识，说明它在个体压力产生的过程中起着很重要的缓冲作用。当前，应对研究已经成为压力研究中的一个重要方面。

1. 什么是应对？

应对的概念是相对于应激而产生的，因而也就造成了该概念的复杂性。目前普遍使用的定义是马西尼与其同事对应对的文献进行深入的分析后提出的：应对是任何预防、消除或减弱应激源的努力，无论是健康还是不健康，是有意识的还是无意识的，这种努力可能会以最少痛苦的方式减弱应激的影响。研究表明，应对方式在预测个体压力及其造成的身心影响方面，它作为调节角色的重要性不断增加。应对方式质量的优劣影响着压力反应的性质和强度，直接决定了应对的效果，并调节着压力与身心健康的关系。

应对和压力是同样复杂的概念，对它进行分类有助于我们更好地理解和研究它。拉扎勒斯和福克曼将应对分为了两类：以问题为中心的应对和以情绪为中心的应对。以问题为中心的应对指的是我们寻求自身需要的信息，通过改变自己的行为或环境，来调节自我的情绪状态和个人与环境的关系。以情绪为中心的应对并不会改变人与环境的客观关系，而是调节由压力引起的个体情感上的不适。它最基本的策略就是转移个体注意的焦点，避免其思考引起压力的原因。拉扎勒斯认为应对是受个体的背景和过程影响的，而不是一种如传统研究所认为的个性特征和行为风格，人们的应对反应总是受到某一特定情境的影响而出现；个体的应对方式会随着应激情境和时间的变化而改变。多数人在面临应激情境时，都会根据其不同的性质采用较合适的应对方式。对于可以控制和改变的事件，人们往往采取以问题为中心的应对，并同时伴有以情绪为中心的应对；而对于不可以控制和改变的事件，人们往往采取以情绪为中心的应对。拉扎勒斯认为应对不是一种个性特征，而是会受到情境和过程的影响，因此不同的应对方式在不同的应激情境下都可能起到积极作用。但是很多研究者在分析应对问题时，还是将应对看作了一种个性特点，会采用不同的研究方法，以确定应对的个性特征，并将研究的着眼点放在比较不同应对方式的优劣上。

拉塔克将应对方式分为三种：行动（当事人对压力事件所做的内在及外在改变），认知重估（当事人重新对事件加以评估，以减少自身主观的压力），症状管理（以肌肉松弛、运动或是抗焦虑剂来减少压力引起的各种症状）。

【课堂活动】

你的压力应对方式

一般情况下，当面临压力的时候，你是怎么样来应对压力的？这些方式的效果如何？至少写出三种方式及其效果。

1. ______________________________。

2. ______________________________。

3. ______________________________。

2. 应对的作用

有效的应对方式在个体面对压力的过程中起着非常重要的作用，它的主要功能就是调节压力事件对人们所产生的影响。应对的主要功能是掌控、忍受内外要求，降低冲突水平。人们一般将心理应对的功能分为两大类：一是改变的功能，即应对能改变自我的压力或危机情境，或是改变个人对压力情境的反应；二是处理的功能，指人们在自身存在压力或危机的情况下，会努力地去处理或调整自己的态度、情感和反应，而不会去改变压力本身。拉扎勒斯等将应对的功能分为三类：处理引起困扰的问题状况；改变经验的意义；调整问题状况引起的情绪困扰。

个体在进行压力应对时，通常希望得到以下两种中的任意一种结果：改变自我和环境的关系，或者减少情感上的痛苦和紧张。成功的应对可以使人有效地、积极地应对心理压力，帮助自己重新恢复到生理与心理平衡的状态。不成功的应对则往往会使人继续停留在充满压力的应激状态，继续消耗自身潜在的能量，甚至产生心理疾病。

三、压力管理的有效方法

通过上面我们了解到应对在压力作用过程中起着非常重要的作用，在这里，我们将具体介绍压力管理的有效方法。

（一）消极应对

当人们面对压力和紧张困扰时，往往会自觉或不自觉地采取一些消极方法来应对压力。

1. 依赖药物

有些人相信药物可以消除压力，因而常常服用，甚至滥用。实际上，药物只会暂时抑制紧张情绪，不可能从根源上消除压力。如果长期持续性地使用药物，而不去主动控制自己的压力源，人就会对药物产生依赖，逐渐失去个人尊严并患上各种疾病。

2. 饮酒

有些人认为酒精是解除压力的方法之一，因此在面临压力时会借酒消愁。酒精是神经系统的刺激物，同时也是一种镇静剂，能够起到暂时抑制中枢神经系统的作用，但经常饮酒，容易导致酒精中毒，危害自身健康，况且饮酒过量还会影响人的判断力。

3. 抽烟

有些人遇到太大压力时会拼命吸烟以缓解自身紧张的神经，但吸烟过量会导致神经过敏，大量尼古丁进入身体内会使心肺呈现紧张状态，使个体产生一些不良的反应和后果。

（二）积极应对

【微视频】如何管理压力?

在现实生活中充满了竞争，心理压力和精神紧张的状态是无法彻底消除的，我们要对已出现或将要出现的压力有一定的准备。同时，可以学习一些更有效的应对方法，在问题及后果还未引发之前，对压力加以控制。常用的控制方法有：坦诚倾吐，当紧张情绪积累到一定程度后，可找一位朋友、亲人或老师诉说；增加休息时间，在还没有达到极度疲劳时，将工作步伐放慢；制订切合实际的目标，避免因期望过高而自己达不到目标时产生精神紧张；计划工作，当感到工作量太大而内心紧张、焦虑增加时，最好把工作好好计划一下，使时间与精力能有效使用；经常运动，可调整身心，有助于发泄愤怒和消除压力；学会放松，每天可花几分钟的时间平静和安定情绪。表12-4所示是减压26式，有助于减轻压力。

表12-4 减压26式

字母	英文	策略
A	appreciation	接纳自己和他人，避免挑剔免伤神
B	balance	学习娱乐巧安排，平衡生活最适宜
C	cry	伤心之际放声哭，释放抑郁舒愁怀
D	detour	碰壁时候要变通，无须撞到南墙头
E	entertainment	看看电影听听歌，松弛神经选择多
F	fear not	正直无惧莫退缩，哪怕背后小人戳

续表

字母	英文	策略
G	give	自我中心限制大，关心他人展胸怀
H	humor	戴副“墨”镜瞧一瞧，苦中寻乐自有福
I	imperfect	世上谁人能完美，尽力而为心坦然
J	jogging	跑跑步来爬爬山，真是赛过食仙丹
K	knowledge	丰富知识头脑清，无谓担心就减少
L	laugh	每天都会笑哈哈，压力面前不会垮
M	management	不怕多却只怕乱，时间管理很重要
N	no	适当时候要讲“不”，不是样样你都行
O	optimistic	凡事要向好处看，无须吓得一头汗
P	priority	先后轻重细掂量，得失取舍易决定
Q	quiet	心乱如麻自然慌，心静如水自然安
R	reward	日忙夜忙身心倦，爱惜自己要牢记
S	slow down	做做停停喘口气，不必做到脑麻痹
T	talk	找人聊聊有人听，被人理解好开心
U	unique	人比人会气死人，自我突破最要紧
V	vacation	度假或充电，精力充沛展笑脸
W	wear	穿着打扮用点心，精神焕发好心情
X	X-ray	探寻压力找源头，对症下药有计谋
Y	Yes，I can!	相信自己有潜能，勇往直前步青云
Z	zero	从零开始向前看，每天都是新起点

1. 一般身心放松

放松是指身体或精神由紧张状态转向松弛状态的过程，它主要是为了消除个体肌肉和精神的紧张。当压力事件出现时，沉重负担不断积累，个人的压力可能会增大，这时持续几分钟的完全放松，会比一小时睡眠的效果还好。身体放松的常用方法有游泳、做操、散步、洗热水澡；精神放松的常用方法有听音乐、看漫画、静坐、钓鱼等。其他常用方法还有练瑜伽、进行冥想、正念训练、打太极拳等。

对于我们是否需要放松、何时放松，除了通过心理测验得知，还可以从个体的身体、精神状态方面加以了解。从身体方面，可以观察自我的饮食是否正常、营养是否充分、睡眠是否充足、有无适当运动等；从精神方面，可以观察自我处事是否镇定、是否专注、是否心平气和等。如果对这些问题的回答都是肯定的，说明我们的生活状态较好。但当遇到不如意的事，情绪可能会受到干扰，精神也会因此变得紧张不安，则需要借助身心放松的技巧和方法去排除压力。

2. 精神放松练习

试着把注意力集中在不同的感觉上：

- 视觉。静心看着一支笔、一朵花、一点烛光或任何一件柔和美好的东西，细心观察它的细微之处。
- 听觉。欣赏轻松的音乐，并进行细细体会，或闭目仔细倾听周围的声音并加以分析，也可以自己数数。
- 触觉。触摸我们的手指，按按掌心，轻抚自己的额头或面颊。
- 嗅觉。点燃一些香料，集中自己的注意力，微微吸入它散发的芳香。

此外，还可以闭上眼睛，试着将自己生活中一切琐碎、不愉快的事情忘掉，只去想象恬静美好的景物，如蓝蓝的海水、金色的沙滩、朵朵白云、高山流水等，这都可以起到放松身心、调节情绪、减轻压力的作用。

3. 改善睡眠

克服失眠、改善睡眠可以从分析其原因入手，除有针对性地进行调整外，更重要的是自我应对失眠要有合理的观念和正确的认识。

（1）关于睡眠的认知调节

- 失眠不等于失眠症。失眠症是指以失眠为主要特征并持续时间较长的一种睡眠障碍。由于一些压力事件或特殊原因导致的暂时失眠或睡眠不足不等于失眠症，偶尔失眠是任何人都可能遇到的事情。
- 睡眠的质和量存在个体差异。睡眠所需时间因人的年龄、健康状况、神经类型等不同而存在差异，因此不必苛求每天必须睡满8小时。另外，睡眠是否充足，除了时间因素，还要看睡眠质量，即睡眠的深浅程度。如果睡眠比较熟且深，那么睡眠的时间相对少一些也没关系。只要第二天精神状态良好，就不必为睡眠时间的多少而担忧。
- 我们应积极正确地对待失眠。失眠本身对人的影响远没有这么大，失眠者对失眠的错误认识及态度而带来的思想负担及心理压力过大。有些学生经常是一出现失眠症状就感到紧张，产生恐惧心理，害怕神经衰弱，心理负担很重，或者一遇到失眠问题就服用助眠药、补脑药，结果睡眠效果反而更差。其实，失眠不等于神经衰弱，通过个体心理、行为的调整，失眠状况是可以改善的，不必夸大失眠对人的影响，以免给自身造成巨大的心理负担。我们以平常心坦然面对失眠并积极进行调整，完全就可以改善自我的睡眠质量。

（2）改善睡眠的具体方法

按照以下11条建议去做，将有助于改善睡眠质量：

- 保持平常心。如果对睡眠抱有正常心态，顺其自然，不刻意去关注它，那么即使偶尔失眠也不会把它看得很严重，反而睡眠质量会更好。
- 避免不良暗示。不良的自我暗示是指睡眠前个体总是会想“今天可别又睡不着”“今晚一定能睡好”“睡不好明天就干不了事”，其结果往往反而会强化了失眠。心理的不良暗示常常容易导致失眠。
- “先睡心，后睡眼”。这是宋代蔡季通在《睡诀》中提出的，意指在入睡时精神放松，情绪宁静，就容易睡着。万一失眠，也要心平气和地躺着，放松心理和身体。
- 生活规律。要按时起床、准时入睡。每晚在同一时间睡眠，就容易形成条件反射。
- 避免刺激。睡前要避免剧烈的活动和繁重的脑力劳动，也要避免兴奋、激动、气愤、紧张等情绪，以免大脑处于兴奋状态而难以入睡。
- 饥饱适中。睡前吃东西会增加肠胃负担，因此睡前要避免饥饿状态和过饱状态，不喝刺激性的茶、咖啡、酒，可饮一些热饮，如热牛奶。
- 睡前一盆汤。“晨散三百步，睡前一盆汤”是古人总结的健康要诀，“睡前一盆汤”是指临睡前用热水泡泡脚，可起到安定心神的作用。
- 睡眠环境良好。房间内要安静，光线适宜；被褥干净、松软舒适，枕头高低适当，良好的环境有助于睡眠。
- 睡姿科学。睡觉的姿势应科学，仰卧易生梦，俯卧会影响呼吸，右侧位最科学，有助于睡眠质量的提高。
- 健康防病。我们应加强体育锻炼，保持健康，预防疾病，以防止生病带来痛苦而影响睡眠。
- 劳逸结合。我们要学会调剂过重的脑力劳动，以免使大脑皮质兴奋和抑制过程失调而引起失眠。当个体出现较长时间的失眠症状时，我们应该寻求心理咨询机构的帮助，以便及时找到原因，通过心理治疗改善睡眠质量。

【拓展阅读】

1. 拉扎勒斯，福尔克曼. 压力：评价与应对［M］. 曲晓艳，译. 北京：中国人民大学出版社，2020.

2. 斯塔利. 挑战完美主义：优化青少年成长的心理指导手册［M］. 成琳，林磊，谌誉，等译. 上海：华东师范大学出版社，2023.

第13讲

逆风飞翔——逆商与挫折应对

【知识导图】

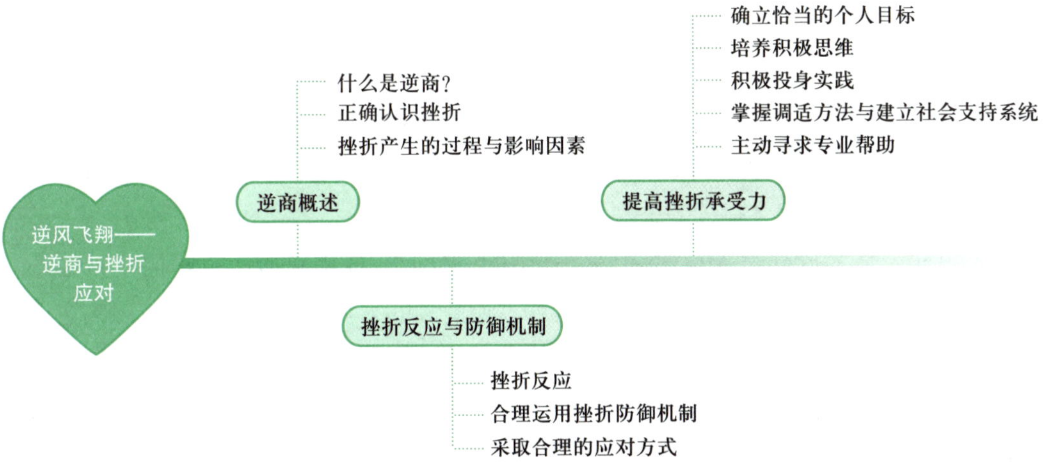

请思考：

1. 什么是逆商？
2. 挫折防御机制对心理健康有哪些影响？
3. 大学生怎样提高挫折承受力？

一、逆商概述

人生就像登山，必须一步一个脚印地不断攀登才能到达顶峰。在这个过程中，为什么有的人能坚持，而有的人会中途退缩？为什么有的人天赋很高、智商优异却没有发挥出他们的潜能？为什么有的人能克服逆境，而有的人却轻易放弃？为什么有的人遭遇挫折后能采取积极的行动重塑自己的命运，有的人却会陷入愤怒和沮丧？为什么有的人在竞争环境下脱颖而出，有的人却不堪一击？

（一）什么是逆商？

逆商（adversity quotient，AQ），全称逆境商数，是美国学者史托兹在1997年提出的。他将逆商定义为：一个人面对逆境时的态度和超越逆境的能力。构成逆商的因素包括：控制，即个体对逆境有多大的控制能力；起因，即逆境的起因是什么样的人或事；责任，即自我对逆境应负多大责任；影响，即逆境对自我生活会有多大影响；持续，即逆境会持续多久。

史托兹认为成功是人在追寻自己一生的目标时，能够克服所有障碍或其他各种形式的逆境，并向前、向上移动的程度。逆商高的人在面对似乎无法克服的逆境时，在别人都被持续的变化打倒之际，他们却能一再地站起来突破逆境，把每个逆境看作对自己的挑战，让其充满机会，在人生的旅途上乐于接受变化，勇往直前，直至达到自己的目标。遗憾的是，有的人在面对逆境时，都会在自身潜力还没有完全发挥时就半途而废。史托兹认为，无论是职业生涯还是个人生活，其成功取决于逆商。

史托兹经过大量的调查，将逆商的分布描绘成曲线，并提出了三种类型的划分，即低AQ、中AQ和高AQ（如图13-1所示）。

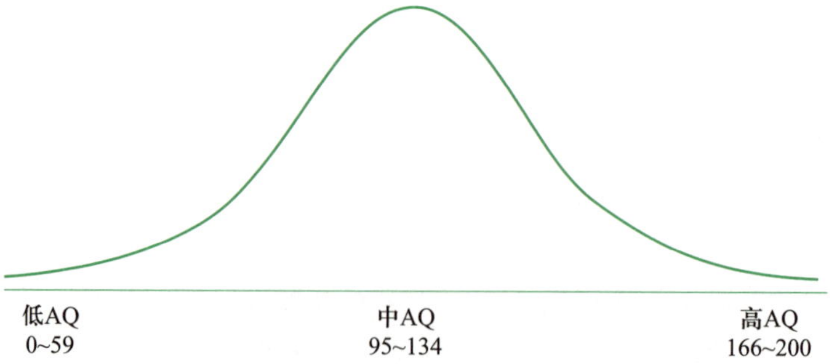

图13-1 AQ的分布（7 500名受访者的分数分布）

低AQ者也叫放弃者，他们根本不愿意接受挑战，在登山过程中会选择放弃，也拒绝挑战带来的机会。他们忽视、隐藏或者舍弃了人类想登顶的冲动，也因而放弃了人生所提供的丰富体验。中AQ者也称半途而废者，他们在登山到一半时就说“我只能走到这里”，不愿意再继续努力，中途停下来找到一块可以躲避逆境的平坦草原，安静地度过自己的余生。他们与放弃者不同的是至少自己还接受过攀登的挑战，已经达到了某个阶段的目标，但是若不继续攀登他们就不能真正成功，唯有终生的成长和进步，才是成功必然的选择。高AQ者也称攀登者，他们是终生志在登峰造极的人，不顾环境优劣，不计较得失成败，不管运气好坏，都会持续不断地攀登，没有任何障碍能够阻挡他们前进的步伐。高AQ者最有可能接纳甚至主动驱使自我积极、正面的改变，乐于迎接挑战和变化。

对人类生存而言，最大的威胁莫过于攀登逆境的斜坡时会半途而废或者丧失希望，放弃和绝望将使个体现有的逆境更难挽回。希望（相信这样能做到）、无助（人所做的一切无力回天）和逆境之间的关系如图13-2所示。

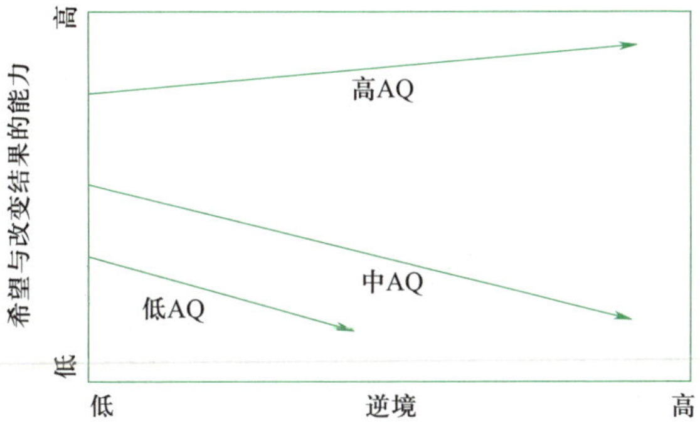

图13-2　希望、无助和逆境之间的关系

逆商是人们在逆境中是否能保持希望、掌控一切的决定因素。美国文学家爱默生曾经说过，逆境有一种科学价值，一个好的学者是不会放弃这一大好学习机会的。高AQ者往往会表现出这样一些特征：保持乐观态度，积极看待挫折，灵活调整策略，明确奋斗目标，保持自信。

自我在逆境中的反应会影响个人的效率、表现和成功。那些认为挫折源于自己、无法控制、范围广大而时间持久的人，往往会受到逆境的折磨；而那些认为挫折属于一时不顺、影响有限、源自外在原因、努力便能有所改变的人，则能够继续向前。成功的窍门就在于个体怎样看待命运与危机，能否化逆为顺、转危为安。

（二）正确认识挫折

所谓挫折就是指人们在某种动机的推动下，在实现人生目标的活动过程中，行为遇到了无法克服或自以为无法克服的障碍和干扰，使得动机不能实现、需要不能满足、目标不能达成，进而产生失望、不满意、沮丧等负面感受的过程。

挫折是生命的常态。实际上，从我们诞生的那天起，甚至在我们的生命诞生之前，挫折就如影随形了。

我们从一个细胞快速成为一个胎儿后，大哭着来到这个世界；还是婴儿的我们对外界的刺激极度敏感，在随后的1～2年内，我们要学会说话，走路，一次次跌倒，又一次次站起来；上幼儿园后，我们开始了学生时代，更是一路拼杀，过五关斩六将，挤过独木桥，才进入大学校园。在过去的十几年里，我们经历了无数的风险、挑战、失败，外界也会给我们施加各种压力、期待、要求，我们还要接受各种评判、考量、筛选。人生总会面临并承受许多挫折，我们要正确地认识挫折。

- 挫折是人生前进中的暂时跌倒。人总是需要不断向前的，在这个过程中，需要抗争和拼搏，需要用理性的利剑去披荆斩棘，才能在征服自然和改造社会的实践中完善自身。因此，作为现实的人，必须克服困境，努力前进。

- 在挫折之中，希望与失望并存。挫折恰如因白内障而造成的失明，当未做白内障切除手术时，人们看不到光明，处于黑暗的世界中，一旦做了白内障切除手术后，人们就会重见光明，又可以看到充满希望和绚丽多彩的世界。

- 挫折具有两重性。它既可以培养人的坚强意志，引导人们总结经验、吸取教训，使自己的追求得到完善和提高；但同时，它又可以使人消沉、情绪低落，甚至诱发心身疾病。因此，正确认识和应对挫折有助于发挥它的积极作用，防止和克服其消极作用。

- 挫折是客观存在的，关键在于我们怎样认识和应对它。如果对挫折没有正确的认识，缺乏应有的心理准备，那么遇到它时就会惊慌失措，痛苦绝望；如果有了正确的挫折观，做好了充分的心理准备，认识到挫折是我们人生中不可避免的一部分，并且敢于正视自身面临的挫折，勇敢向它挑战，把其当作自己进步的阶梯、成功的起点，就能不断取得进步。

【课堂活动】

我的挫折故事

1. 谈谈你最近感受到的一次挫折。（挫折可来自家庭、学习、生活、人际关系、自我认知等。）

2. 你当时的情绪如何？
3. 是什么原因导致了这次挫折？
4. 这次挫折对你造成了什么影响？
5. 你从挫折中学到了什么？

（三）挫折产生的过程与影响因素

1. 挫折产生的过程

挫折的产生与以下五个因素有关：一是个体的需要和由此产生的动机；二是在动机驱使下，个体有目的的行为；三是使个体的需要不能获得满足、目标不能实现的内外障碍或干扰的情境状态、情境条件，称为挫折情境，它可以是实际存在的，也可能是个体想象中的；四是个体对挫折情境的知觉、认识和评价，称为挫折认知，这既可以是对实际遇到的挫折情境的认知，也可以是对想象中可能出现的挫折情境的认知；五是个体因受到挫折而产生的情绪和行为反应，称为挫折反应。

在以上五个因素中，挫折认知是产生挫折最重要的因素，因为只有在挫折情境被知觉后，人们才会产生挫折感，否则，虽然挫折情境实际存在，但其没有被知觉，人们也不会产生挫折感。所以，挫折感的实质是个体的一种主观感受，个体是否产生挫折感以及挫折反应的强弱，主要取决于当事人对挫折情境以及自己的动机、目标与结果之间关系的知觉、认识和评价。不同人的需要和动机的强度、对实现目标的评价标准、对自我的预期以及对挫折的归因等都不尽相同。如同样是考试不及格的情况，有的学生痛不欲生，有的学生懊悔不已，有的学生则不以为然，这就是由于他们对考试不及格这一挫折情境的认知不同所造成的。如图13-3所示，其示意了挫折产生的过程。

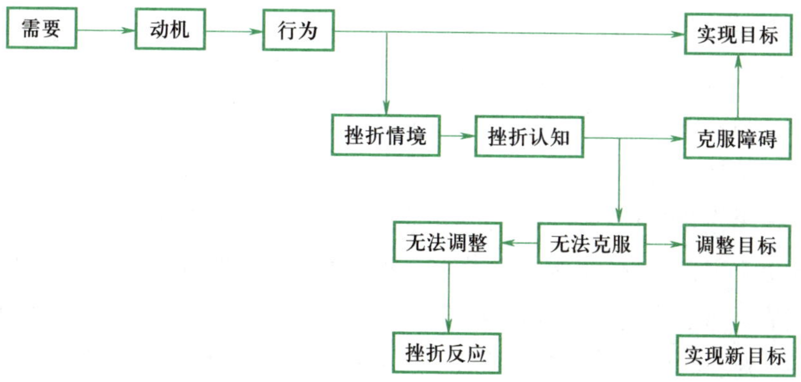

图13-3 挫折产生的过程

2. 挫折产生的影响因素

挫折产生的影响因素主要包括客观因素和主观因素。

（1）客观因素

客观因素包括易感因素。易感性是指一个人对外界负面影响缺乏抵抗力而容易被影响的程度。当个体处在某种风险情况下时，更容易发展出心理或者精神障碍。易感性因素包括：① 婴儿期生理因素，如出生时出现的营养缺陷及神经心理学的缺陷问题。② 心理生理因素，如活动水平低、基因因素、染色体异常、慢性疾病等。③ 与父母的关系，如不安全的依恋关系。④ 认知能力，如智力水平低下，信息处理能力缺陷，对紧张和放松机制的管理水平低下。⑤ 生活的社区环境，社区治安、居民水平。⑥ 成长的创伤经历，家庭社交隔离，被同伴欺凌、拒绝，创伤体验，如战争、性侵、暴力。

客观因素也包括保护性因素。保护因素是个体抵抗挫折的缓冲剂，可以帮助我们平衡易感因素，它包括：① 物质资源，物质条件、工作、健康、自然界的动植物，音乐、艺术和文化活动。② 社会资源，家人、朋友及其他重要他人的支持、理解，良好的人际氛围，社会系统的支持，归属某个团体或社群。③ 个人资源，一个人从出生开始具备的特质（包括心理特质，能力，自尊，稳定的情绪、关系，积极的角色模型）、应对风险情境的能力（包括认知、情绪、社交、健康状况、宗教、动机）等。

一些实验发现：那些具有较强抗挫折能力的人，在婴儿期和学步期健康状况良好，在学龄期有着良好的学业成绩、沟通技能、解决问题的能力，有负责的、具备能力的父母或老师。在青春期，其个人有控制轨迹和目标定位。总体上来说，他们有很强的自主性，遇到问题时有寻求帮助和支持的资源。他们有坚定的信念和外界的支持系统，比如同龄人团体、学校。这些保护因素极大地增强了个体面对风险和挫折的能力。

（2）主观因素

挫折产生的主观因素是指由于个体在生理、心理以及知识、能力等方面存在阻碍和限制，自我的需要不能被满足和目标不能实现而产生了挫折，如身高、体形、容貌、知识结构、健康状况、表达能力、自我期望、经济条件等都可能是挫折的来源。青年大学生普遍有较强的自尊心，争强好胜和追求完美的心理较强，因此他们的很多挫折都来自自身。在构成挫折的主观因素中，个体自身的条件和能力与自我期望之间的矛盾是造成挫折的重要因素。许多大学生往往过于自信，过高地评估自身的能力，对自我发展的预期和要求不是从客观实际情况出发，而是从主观愿望出发，常常对自己提出不切实际的要求，制订过高甚至无法达到的目标和计划。一旦因自身能力不及而无法实现，自己又不能清醒地认识到这一点时，他们就会产生强烈的挫折感。

在现实生活中，人们的需要是多种多样的，常常会因此而产生多个动机，并指向多个目标。当这些并存的动机相互排斥，或者由于种种条件的限制，不可能被全部实现而必须有所选择和取舍时，就形成了动机冲突。这常常导致个体部分的需要和目标不能被满足和实现，于是就造成了挫折。动机冲突也是构成挫折的主观因素的一个方面，其表现形式主要有以下四种：

- 双趋式冲突，指人们在进行有目的的活动时，会同时有两个并存的、具有同样吸引力的目标，而因条件所限又无法同时实现，从而产生的难以取舍的冲突情境，即鱼和熊掌不可兼得。如大学生想做好社会工作，又不想因此影响学习、取得好成绩等。
- 双避式冲突，指人们同时遇到两个具有相同威胁性的目标，都想躲避，但因条件所限而必须选择其一，从而产生左右为难的冲突情境，即前有悬崖后有追兵。
- 趋避式冲突，指人们在面对同一目标时产生的互相矛盾的心态，即这一目标既具有吸引力，能够满足个体的某些需要，同时又具有排斥力，对自我构成某些威胁，即烫手的山芋、进退两难。如在考试时，有些学生因平时没有认真学习和复习，害怕考试不及格，于是就产生了作弊的想法，但又怕被监考老师发现受到校纪处分；有些学生想参加演讲比赛，但又怕失败后有损自尊心；等等。
- 双重趋避冲突，指人们同时遇到两个或两个以上的目标，而目标之间又同时存在趋避冲突。

二、挫折反应与防御机制

面对挫折，我们该怎么办呢？只有习得性无助吗？显然不是。塞利格曼在实验中发现，并不是所有的狗在遭受不可逃脱的电击后都会变得无助，总有1/3左右的狗，即使多次遭受电击，仍然通过逃跑、跳跃等方式努力逃离痛苦境地，这些狗回到正常的环境中，经过一段时间的自我调适之后，能够较快地从电击的创伤中恢复过来。

为什么有些人在受苦和遇到挫折时永不放弃？为什么有些人一遇到困难就放弃呢？当人遇到挫折时，心理上会有表现，生理上会有反应，行为也会因此受到影响。这种表现和反应在不同个体身上是不一样的，因为人们对挫折的承受能力是不同的。作为应对挫折的方式，人们会有意无意地寻求摆脱心理压力、减轻精神痛苦、恢复正常情绪和心理平衡的自我调节和自我保护的方法，这些方法被称为挫折防御机制。

（一）挫折反应

挫折反应包括生理反应、心理反应和外显行为三种。

1. 生理反应

在强烈的或持续的消极情绪作用下，人的神经、心血管、内分泌、消化等系统会发生反应，如心率加快、血压升高、呼吸加快、出汗等。如果紧张、焦虑情绪持续下去，可能会导致人面色苍白、四肢发冷、心悸、气急、腹胀，危害人的身心健康。

2. 心理反应

（1）焦虑

面对挫折，个体产生恐惧、担心心理，还会伴有言行的变化，如口吃、注意力不集中、无所适从、动作僵化等。

（2）缺乏安全感

人在遭受挫折的情况下，往往会缺乏安全感，变得过于敏感，以为别人总是在攻击自己，讽刺自己，因而心理上产生一种戒备状态。比如，平时别人提到他，他也许无所谓，可是在挫折情境中如果有人对他说："你今天这件衣服好漂亮！"他的反应可能是："这个人一天到晚都在讽刺我。"也许他自己还不知道是什么原因导致的，程度有多大，但从他的反应可以推知，他已经在挫折中了，因为他的挫折阈突然降低，对挫折的感受性增高，变得对环境过于敏感了。

个体受挫时安全感的缺乏，常常表现为多疑、敏感，这在情感方面，会表现得更为突出。如果总是担心、害怕自己在一段关系中会遭受挫折，自我对有关的信息往往就会过于敏感，再通过想象的作用，会在主观上将这种挫折由无变有，由小变大，于是，个体会变得疑神疑鬼。

（3）妥协

妥协是指自我无可奈何、逆来顺受的状态，表现为人在挫折面前无所适从，无能为力，听之任之，顺应形势，顺从其发展的要求。妥协在某种程度上可以缓解由挫折而造成的紧张，以免引起心理平衡的紊乱，可以减轻由紧张造成的有害个体心身健康的应激状态。

（4）依赖性

遭受挫折的时候，人很容易产生依赖情绪。比如如果一个人生病了，他会开始依赖别人。因为人在生病的时候处在一种挫折情境中，容易依赖别人。如果某个人突然表现出依赖性，尤其是原本个性很强的人开始表现出较多的依赖性，可以将其作为他遭受到了某种挫折的一种信号。

（5）盘算解决问题

受挫后，个体根据自己的知识、经验来思考摆脱挫折情境的方法被称为盘算解决问题，这是一种理智的挫折反应。

3. 外显行为

个体在遭受到某些挫折时，有可能并没有意识到自己正在遭受挫折，但在行为上往往会在不自觉中表现出某些特征。通过这些征候，我们就可以推论一个人是否遇到了某种程度的挫折。

（1）非理智对抗

非理智对抗的种种表现是表明一个人遭受挫折的信号。所谓非理智对抗，就是人们在受到挫折时所表现出的种种情绪性反应，如攻击、冷漠、固执、逃避、倒退等反应形式。我们也可以通过这些行为反应，来判断一个人是否遭受到了挫折。

我们要善于从人们的这些表现中看出问题，把这些表现的种种形式看作个体存在问题的“信号”。注意到这些信号，并及早加以干预，找出原因，及时解决，就有可能防止其危害心理健康。

（2）攻击

攻击分直接攻击和转向攻击。直接攻击是指个体愤怒的情绪会直接导向造成其挫折的人或物。转向攻击是指自我不能将愤怒的情绪直接导向造成其挫折的来源，而只能转向自己或第三者，即向“替罪羊”发泄受挫情感。转向攻击通常会在两种情境下发生：一是个体对自己缺乏信心、悲观失望，于是受挫后产生自责心理，随之把攻击转向自己；二是由于觉察到自己不可能或者不应该对引起挫折的对象进行直接攻击，而把挫折的情绪发泄到其他的人或物上。

（3）牢骚与埋怨

对什么都看不顺眼，一张嘴就是批评别人的缺点，一睁眼看到的都是不满意的现状，总是挑剔事物的毛病，表达自己的不满，牢骚满腹，怪话连篇；或是埋怨不断，不是怪别人对自己不好，就是认为自己倒霉；等等。一旦发生上述这种怨天尤人的情况，也就说明这个人的某些需要未能得到满足，遭受了某种程度的挫折。

（4）工作效率降低

一个人在遭受挫折的时候往往不能专心工作，心有旁骛，所以工作效率会降低。当一个人常常埋怨自己的精力集中不起来，工作的时候总是会想别的事，休息的时候又会担心工作的事，这可能都是遭受了某种挫折的缘故。比如，一位高中生没有考上大学，在重新补习的时间里，他可能效率极低，复习的时候想去玩，玩的时候又抱着一大堆书，结果学习时头昏脑涨，没精打采，玩的时候也不开心。

（5）优柔寡断

当一个人向别人提出要求时，本来可以很自然地提出来，但他却不敢；或者当别人对他提出不合理要求时，他本可以拒绝的，却又不好意思，这就是优柔寡断。这种行为说明了个人的需求和周围的环境不能互相配合，它也是个体遭受到某种挫折的可能信号。由于挫折的影响，人会变得谨小慎微，缺乏自信心和行动力。

（6）寻求支持

在挫折的打击下，有些人往往感到自己势单力薄，力量有限，从而将注意力转向寻求他人和社会的支持，或找亲朋好友倾诉，或向组织、团体寻求关心和帮助，以此减轻自身的挫折感和烦恼程度。

（7）反应不当

如果一个人对一件事情的反应不恰当，即自我的情绪反应与引起它的刺激情境的性质、强度不相称。例如反应过强，对鸡毛蒜皮的小事做出很强烈的情绪反应；或者反应过弱，一般人都会感到愉快、惧怕或悲伤的事情，他却无动于衷、冷漠无情；或者在某些事情上，连正当的愤怒也不敢表示。这些就可能与其遭受了某种挫折有关。如果个体有不可理解的情绪表现，比如变得压抑，不明来由地突然大哭起来，或者无缘无故地发脾气，那也可能是受到挫折了。

上面七种情况，都是一个人在遭受挫折时可能反应在行为上并表现出来的征兆。如果我们发现别人或自己表现出这样的行为，就可以检讨和核对一下，是不是遇到某种挫折了。当然，人在遭到挫折时可能会表现出来的征候和行为特征，远不止上面所谈到的这些，我们还可以在生活中不断进行观察、总结概括。

（二）合理运用挫折防御机制

挫折防御机制有多种，如升华、补偿、认同、抵消、幽默、合理化、压抑、投射、反向、幻想、否定、退化、移位等。当人们面对挫折时，常常会使用防御机制以减少自身内心的焦虑和不安。最常见的挫折防御机制有合理化、退行、冷漠和固执。

合理化也称文饰，是指当人们的行为未达到自身目标，或不符合社会规范时，为了减少或免除因挫折而产生的焦虑和痛苦，个体会寻找种种理由或值得原谅的借口替自己辩护。合理化是人们在日常生活中使用最多的一种挫折防御机制，其通常的表现方式是“找借口”“酸葡萄心理”和“甜柠檬心理”。退行是指当人受挫后表现出来的倒退的行为模式，其行为表现有时会显得十分幼稚，与自己的年龄和身份不相称，哭闹、歇斯底里等均是受挫后行为退行的表现。冷漠是指人在受到挫折以后表现出对挫折情境漠不关心、无动于衷的态度。冷漠通常会在人们长期遭受挫折而又无法对引起挫折的对象进行攻击，找不到适当的“替罪羊”来发泄，而且看不到改变自身处境的希望时发生。这种反应只是暂时的、表面的，当其情境发生改变时，冷漠反应会发生转化。在冷漠反应期，人在心理上仍会存在攻击与压抑之间的冲突。固执是指人在受挫后，以不变应万变，采取刻板的方式盲目地重复某种行为。固执反应通常是由于挫折降低了人们的判断和学习能力所致。如有些人在失败或受到批评后，不仅不吸取教训、调整策略，反而一意孤行，这往往会使其遭受更大的挫折。

当然，面对挫折时也有积极的心理防御机制，升华即是一种。升华是指一个人在受到挫折后，将自己不为社会所认同的动机或欲望加以转变，使其符合社会的要求，或将自己的情感和精力转移到有益的活动中去，使自我低层次的需要和行为上升为更高层次，从而将不良情绪和不为社会所允许的动机导向比较正向积极的方面，以保持情绪稳定和心理平衡。升华不仅可以使原来的动机冲突和受挫后的不良情绪得到化解和宣泄，而且能够促使人获得成功。历史上很多著名的科学家、艺术家和领袖人物，都是通过对挫折的升华取得辉煌成就的。

挫折防御机制是个体一种自发的心理调节机能，其具有两面性：一方面，挫折防御机制可以起到使人适应挫折、减轻精神痛苦、促进发展的作用；另一方面，挫折防御机制又会使人逃避现实，降低对生活的适应能力，从而导致更大的挫折，甚至引发心理疾病。

合理运用挫折防御机制可以有效地缓解个体情绪上的痛苦，提高其对挫折的承受能力，为人们最终战胜挫折提供条件，特别是积极的挫折防御机制的合理运用，还可以促使人们面对现实，积极进取，战胜挫折，获得进一步的发展。在上述介绍中，升华是最具有积极性和建设性的挫折防御机制，除此以外，合理化具有掩饰性，退行、固执和冷漠均具有逃避性，在某种程度上其都不利于提高人们对挫折的适应能力。因此，挫折防御机制虽然在一定程度上能够帮助人们提高和保持个人自尊，逃避或减轻焦虑情绪，缓解心理压力，但如果使用过度或使用不当，不仅不能减轻个体紧张和焦虑的程度，反而可能破坏他们心理活动的平衡，妨碍个人的社会适应，甚至还可能造成心理异常和行为偏差。

（三）采取合理的应对方式

在不同的挫折防御机制的作用下，我们会呈现各异的问题应对方式，这些有的是利于问题解决的，有的是使个体逃避问题的，有的可能与问题纠缠不清。通过探索问题应对方式，往往能帮助我们更好地进行自我觉察，并有针对性地做出调整。

《应对方式问卷》就是这样一套十分有效的测量工具，它参照了国内外应对研究的问卷内容以及有关应对理论，并根据我国文化背景编制而成。该量表包括62个条目，共分为6个分量表，分别为解决问题、自责、求助、幻想、退避、合理化。个体应对方式的使用一般都在1种以上，有些人甚至在同一应激事件上所使用的应对方式是多种多样的。但每个人的应对行为类型仍具有一定的倾向性，这构成了6种应对方式在个体身上的不同组合形式。这些不同形式的组合与解释为以下三种：

解决问题—求助（成熟型）。这类受试者在面对应激事件或环境时，常能采取“解决问题”和“求助”等成熟的应对方式，而较少使用“退避”“自责”和“幻想”等不成熟的应对方式，在生活中表现出一种稳定的人格特征。

退避—自责（不成熟型）。这类受试者在生活中常以“退避”“自责”和“幻想”等应对方式应对困难和挫折，而较少使用“解决问题”这类积极的应对方式，表现出一种退责症状的人格特点，其情绪和行为均缺乏稳定性。

合理化—混合型。“合理化”应对因子既与“解决问题”“求助”等成熟应对因子呈正相关，也与“退避”“幻想”等不成熟应对因子呈正相关，反映出这类受试者集成熟与不成熟的应对方式于一体，并在其中表现出一种矛盾的心态和两面性的人格特点。

【课堂活动】

挫折处方

同学们以3～5人为一组，请其中一位同学写下自己目前遇到的挫折。在小组内进行分享，其他同学为这位同学找到应对挫折的有效方法，时间为3分钟。

每个小组选派一位发言人向大家汇报讨论结果：先说出同学遇到了哪些挫折，再汇报给他提出的解决方法。

三、提高挫折承受力

【微视频】乐观是习得性的

挫折承受力是指人们在遇到挫折时，能够忍受和排解挫折的程度，也就是人们适应、抵抗和应对挫折的一种能力。挫折承受力包括挫折耐受力和挫折排解力两个方面。挫折耐受力是指人们受到挫折时经受得起它的打击和压力，并保持心理和行为正常的能力。挫折排解力是指人们在受到挫折后，对其进行直接的调整和转变，积极改善挫折情境，摆脱挫折状态的能力。挫折耐受力和挫折排解力是两个既有联系又有区别的概念。二者的联系在于它们都是对挫折的适应能力，共同组成了挫折的承受力。挫折耐受力是适应挫折的前一阶段，是消极被动的，表现为其对挫折的负荷能力，为挫折排解力提供了基础；挫折排解力是适应挫折的后一阶段，是个体对挫折的主动适应，表现为对挫折情境的改造能力，是对挫折耐受力的进一步发展。挫折耐受力是接受现实，能够减轻挫折情绪反应的强度；挫折排解力是改变现状，促使需要的满足和目标的实现。

（一）确立恰当的个人目标

挫折感是人们在追求个人目标的过程中遇到困难而产生的感受。目标对大学生越重要，其受挫后的反应就越强烈。如果目标恰当、方向准确、持之以恒，那么产生挫折感的机会就较少，即使遇到挫折也能积极应对；如果目标不当，过高或者过低，与自己的条件不相适合，就应该及时调整。大学生要检查自己的智力、能力、体力是否与目标相匹配，若目标过高，就要适当降低或改换，不要把远期目标当作近期目标。如果个体的目标方向错误，就像一个人终其一生奋力想爬到梯子顶端，最后他到达了，却发现梯子搭错了墙。有的大学生没有明确的目标或者目标太多，一天一个想法，一时一个主意。结果，虽然表面上忙忙碌碌、辛辛苦苦，但实际上却是碌碌无为、劳而无功。原因在于，这些目标与自己的情况不相适合。

（二）培养积极思维

塞利格曼对积极思维进行了大量的研究。他发现习得性无助的人常常以致命的方式构建自己所遭受的打击和挫折，他们会很自然地认为造成这个挫折或失败的原因是永久性的、普遍的，而且全是自己的原因。相反，乐观的人具有坚韧性，他们把自己所面临的挫折看成是特定的、暂时的，是多种因素形成的结果。所以，悲观的人比乐观的人患抑郁症的概率要多出许多倍。悲观的人在学校的表现往往比较消极，在运动上和工作中也是如此，他们的身体健康状况也不太好，寿命相对较短，人际关系也不能令人满意。

那么大学生应该怎么培养积极思维呢？需要注意以下三点：

❤ 保持乐观，充满希望。即找到好事的永久性和普遍性原因，并对不幸的事情做出暂时性和特定性的解释，这是乐观和希望的两根支柱。比如，一场考试没考好，绝望者的解释是我太笨了，我是一个失败的人。而乐观者的想法是，这一次可能是因为我刚好不擅长这类考试题目，或者是因为复习不够充分，下一次遇到自己擅长的题目，或者是准备得更充分些，就不会有这样的问题了。

❤ 自我肯定，增强自信。面对失败要积极归因，正确看待优缺点，通过自我肯定和鼓励来增强自信。比如，一次考试失败就觉得自己太笨，我们很容易举出反驳的证据，寻找出其他的可能性。比如是不是因为自己复习时间不够、题目太难，将自身的注意力集中在可改变的特定原因上，对自我进行积极暗示。即使一次考试失败了，也并不意味着将来自己一事无成。

❤ 积极反思，调整策略。当我们不把一件坏事看成是永久的、普遍的，而是认为它是暂时的、特定的，我们可能就会投入精力去反思、调整自己的策略，比如提前复习、多花一点时间、找同学请教、查找更多的资料等，一次考试失败反而可能会促成我们把这门课进行进一步的深化和拓展，取得更好的结果。

表13-1指出了积极思维与消极思维的差异。

表13-1 积极思维与消极思维的差异

维度	积极思维	消极思维
感情、性格	宽厚、热情、自尊、自爱、快乐、勇敢	有偏见、嫉妒、孤独、冷漠、自卑、伤感、胆怯
行为方法	独立、自行负责、积极行动、广交朋友	依赖、行动懒惰、受制于人、缺少朋友
思想方法	开放、接受变化、前进、发展	封闭、抵制变化、墨守成规
对自身的理念	热爱自己的生命，确信个体生命的价值，相信自己与许多有成就的人一样有很多潜力可以挖掘，不屈从于命运和环境	忽视、轻视个体生命的价值，不相信自身拥有巨大的、可供挖掘的潜能，屈从于命运和环境的压力
对社会（人际）的理念	接受他人，能与人进行有效合作	拒绝他人，很难与人进行合作
对现实世界的理念	接受现实，在其中寻求和谐，能在适应环境的过程中发现积极的变化，并在改造环境的过程中发展自己	因无法适应现实而拒绝现实，又因无法超脱现实而感到痛苦
对未来的理念	面向未来，承认相对真理，乐于不断更新知识，适应变化	抱有“绝对真理”理念，拒绝接受发展变化中的“真理”，适应不了社会的进步

（三）积极投身实践

挫折具有两面性，既具有给人打击、使人痛苦的消极的一面，也具有使人奋进、成熟并从中得到锻炼的积极的一面。生活中的挫折和磨难并不都是坏事。平静、安逸、舒适的生活，往往会使人安于现状和进行享受；挫折和磨难，会使人得到磨炼和考验，变得更加成熟和坚强。因此，大学生应积极投身实践活动，在其中不断磨炼自己，提高自己的意志力，培养自己坚强的意志品质。不要惧怕失败，要善于从中总结经验教训，化消极因素为积极因素，使挫折向积极方向转化，不断提高自己解决困难、战胜挫折的能力。在总结经验教训时，应着重考虑自我确定的奋斗目标是否恰当、实施的途径和方法是否正确、造成挫折的原因来自何处、转败为胜的办法在哪里。

（四）掌握调适方法与建立社会支持系统

学习和掌握一些自我心理调适方法，可以有效地化解因挫折而产生的焦虑、紧张等不良情绪，从而提高挫折承受力。大学生常用的自我心理调适方法有自我暗示法、放松调节法、想象脱敏法、想象调节法和呼吸调节法等。

提高挫折承受力还应建立社会支持系统。当人遇到挫折时，一般都会伴有强烈的情绪反应，并使自身处于焦虑和痛苦之中，这时，如果有好朋友或者亲友能够给予安慰、关心、支持、鼓励和信任，将有效地缓解心理压力，从而增强其对挫折的承受力。所以，大学生在遇到挫折时，不应将自己封闭起来，而应尽快找自己的好朋友和家人进行沟通，寻求他们的支持和帮助。

（五）主动寻求专业帮助

当大学生受到挫折，陷入不良情绪中不能自拔时，可以主动寻求心理咨询师等人员的专业帮助。受挫大学生在专业帮助下，可以校正主观认识，发挥内在潜力，消除心理障碍，明确前进方向，化解自身的不良情绪和行为反应，最终获得心理上的成长，提高挫折承受力。

【课堂活动】

辩论：挫折利弊之我见

全班同学分成两大组，每组推选出4名代表进行辩论。

正方：挫折对人有利。

反方：挫折对人不利。

【拓展阅读】

1. 塞利格曼．习得性无助［M］．李倩，译．北京：中国人民大学出版社，2020.

2. 盖泽尔．复原力：逆境中的自我疗愈［M］．管轶峰，译．北京：中国人民大学出版社，2022.

第14讲

知己又知彼——心理困扰与异常心理

【知识导图】

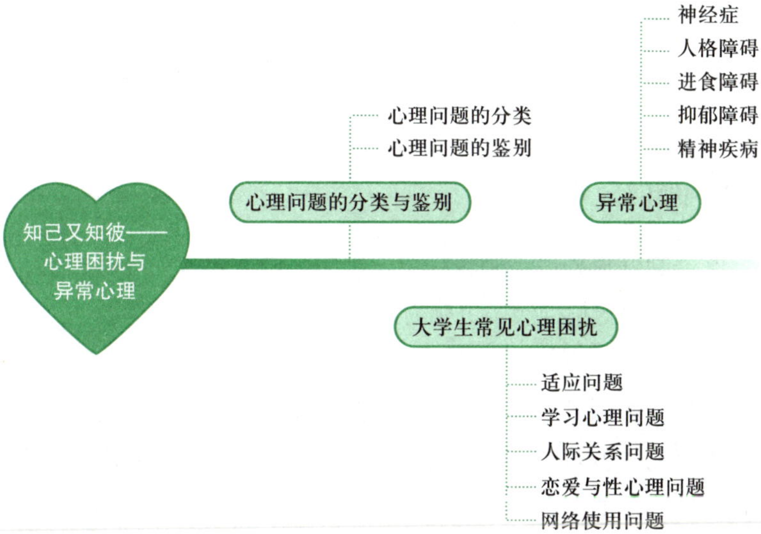

请思考：

1. 你和身边的同学常见的心理困惑是什么？
2. 你觉得哪些心理问题属于异常心理？
3. 哪些心理问题可以自我改善？
4. 哪些心理问题需要寻求专业帮助？

一、心理问题的分类与鉴别

来到咨询室求助的很多大学生经常说："我得了严重的抑郁症。""我有心理问题。""我现在的状态接近精神分裂了。"……究其原因，很多时候，我们个人阅读了心理学方面的书籍，了解了一些心理学知识后，虽然有助于提高自己心理保健的意识，但如果只按照心理病症"对号入座"，进行自我诊断，那么对于增进心理健康不但无益反而有害。

心理问题是指人们在心理上出现的问题，包括所有心理及行为异常的情形，如意志消沉、焦虑、恐惧、人格障碍、行为障碍等。心理问题不同于生理疾病，它会间接地改变人的性格、世界观及情绪等。心理健康或心理正常与否的界限是相对而言的，并无绝对，我们不能随意地给任何一个有心理困扰的人贴上心理障碍或心理疾病的标签。

（一）心理问题的分类

按照心理问题的严重程度，由轻到重，可将心理问题分为心理困扰、心理障碍和精神疾病。心理障碍与精神疾病可称为异常心理。

1. 心理困扰

心理困扰是指个体因各种适应问题、应激问题、人际关系问题等引起的轻度心理失调。心理困扰的强度较弱，持续时间较短，是人们经常遇到的，对个体的生活效能和情绪状态有一定的负面影响，但它不属于疾病范畴，可以通过自我调整和适当的心理疏导得到恢复与矫正。

2. 心理障碍

心理障碍又称心理疾病，是指自我心理功能紊乱，并达到影响个体的社会功能或使其感到痛苦的心理问题。心理障碍主要包括神经症、人格障碍和行为障碍等轻度的心理创伤或心理异常现象。

3. 精神疾病

精神疾病是指个体的大脑机能失调，丧失自知力，不能应付正常生活，不能与现实保持恰当接触的严重心理障碍。

心理问题产生的原因是复杂且多方面的，既有遗传和生理因素，又有心理、社会和环境因素。大学生的心理问题主要源自各种心理冲突，有个人因素，也有家庭、社会和学校，还有遗传或突发性事件因素。

大多数大学生具有良好的心理状态，有能力调节和处理成长过程中所遇到的各种压力和问题，但也有部分学生仅依靠自己的力量已不能有效地面对所遇到的压力和问题，需要外界的帮助和引导。心理问题与其他疾病一样，如果不及早治疗，情况就会加重，从而给治愈带来困难。如果能够尽早发现，及时进行心理咨询或治疗，就可以治愈。所以，积极面对、及时求助是每一名大学生面对心理问题时的基本应对策略。

（二）心理问题的鉴别

我们很容易觉察躯体的疾病，比如头痛发热，可能是感冒了；腹部突然疼痛难忍，可能是得盲肠炎了。躯体疾病一般会伴随着一定的症状，医生会根据其做出相应的处理。相对于躯体疾病，心理疾病的症状常常会被他人忽视，比如抑郁症患者起初可能表现为沉默寡言，他人不会太在意，认为患者只是心情不好而已。事实上，心理疾病与躯体疾病一样，在刚出现时就要加以注意，以便及时治疗。

鉴别心理问题的方法主要有四种：

❤ 观察法。在自然状态下，观察个体的行为是否异常。使用观察法比较容易了解个体的真实情况。

❤ 会谈法。在会谈中了解个体的思维、情感是否异常，听取个体自诉，了解其大致的情况。

❤ 测验法。用标准化心理量表测查个体的心理健康状况。

❤ 环境适应法。通过个体能否适应其生活环境，其语言或行为能否与身处的情境相吻合，判断个体的心理健康状况。

二、大学生常见心理困扰

事实上，大学生中有心理障碍或精神疾病的人数相对较少，多数学生遇到的一般为心理困扰，但是这些困扰会在一定程度上影响学生的发展。大学生常见心理困扰主要体现为以下五种。

（一）适应问题

这一问题在刚入校的大学生中较为常见。新生进入大学后，在自我认知、同学交往、自然环境等方面都面临着全面的调整适应。部分新生的自理能力、适应能力和调整能力较弱，容易对新环境无所适从，因此表现出种种不适应。

（二）学习心理问题

大学是立德树人、培养人才的地方，是青年人学习知识、增长才干、放飞梦想的地方。[①]大学是大学生学习与发展的黄金时期，大学生如果自主学习能力薄弱，就会影响其成长进步。自主学习能力薄弱主要表现为：学习目标不明确，学习方法不当，学习动机不足，学习习惯不良，理解能力较低，学习焦虑现象严重。例如，个别学生在临近考试时会出现头昏脑涨、双手发抖、心跳加快、腹痛失眠等不良生理和心理反应，无法正常参加考试。

（三）人际关系问题

大学生的人际交往日趋成熟，但由于其生活经验有限，人际关系不和谐是常见心理问题之一。部分大学生与同学关系紧张，觉得自己无依无靠，如茫茫大海中的一叶孤舟。他们顾影自怜，或抱怨别人不理解自己、不接纳自己，或以自我为中心，不愿积极投入火热的学习生活中，对他人态度冷漠。个别大学生还会因为嫉妒或猜疑，无法积极融入集体的学习生活。

（四）恋爱与性心理问题

青春期是个体成长发育的第二个高峰期，这时的性发育对于大学生的性心理影响较大。一方面，大学生的自我意识和性意识逐渐觉醒，他们有一种长大成人的感觉；另一方面，如果接受的性教育不够，大学生就容易对性发育成熟缺乏心理准备，对异性的神秘感、恐惧感和渴望交织在一起，由此产生心理问题。

（五）网络使用问题

2025年1月17日，中国互联网络信息中心（CNNIC）发布第55次《中国互联网络发展状况统计报告》，截至2024年12月，我国网民规模达10.29亿人，互联网普及率达78.6%。当代大学生是伴随互联网的发展而成长的一代，互联网在给大学生的学习和生活带来诸多便利的同时，也会使一部分自制力较弱的大学生产生网络依赖甚至网络成瘾，具体表现为：无节制地上网，如果不能上网就会情绪低落、无愉快感；生物钟紊乱、食欲下降；思维迟缓；不愿与人交往等。医学上将这些症状的综合表现称为“网络成瘾”。网络依赖或网络成瘾的大学生多沉湎于网上的自由说谈或互动游戏，由此忽视了现实生活的存在，并产生严重的学业和人际关系问题，需要接受专业的心理咨询或心理治疗。

美国心理学家金伯利·杨提出了诊断网络成瘾的10条标准：[②]

---

① 习近平．在北京大学师生座谈会上的讲话［M］．北京：人民出版社，2018：4.

② 这10种情况，一年内只要出现4种以上，便可初步判断为网络成瘾。

- 上网时全神贯注，下网后总念念不忘。
- 总嫌上网时间太少而不满足。
- 无法控制自己的上网行为。
- 一旦减少上网时间就会烦躁不安。
- 一旦上网就能消除种种不愉快情绪，精神亢奋。
- 为了上网而荒废学业。
- 因上网而放弃重要的人际交往和工作等。
- 不惜支付巨额上网费。
- 对亲友掩盖自己频频上网的行为。
- 下网后有孤寂、失落感。

三、异常心理

人们在遇到挫折时会出现一些情绪反应和躯体症状，本来属于正常现象，可有些学生却会盲目地给自己“诊断”为某种心理障碍，如焦虑症、抑郁症、强迫症等。这种消极的暗示对减少紧张情绪和缓解心理痛苦很不利，有时还会使情绪和躯体反应进一步加重。那么异常心理包括哪些内容？它们有什么样的表现呢？

（一）神经症

按照中国精神障碍分类与诊断标准（CCMD-3），神经症是一组由精神因素造成的非器质性的、大脑神经机能轻度失调的心理疾病，其主要临床表现为焦虑、抑郁、恐惧、强迫、疑病症状及神经衰弱症状。神经症以18—30岁患者居多。神经症一般没有任何可以查明的器质性病变，但患者确实有心理异常表现，甚至可以非常严重；不过患者对自己的病态有充分的自知力并能主动求医，而且其生活自理能力、社会适应能力和工作能力基本没有缺损。一般认为神经症是个体的各种心理因素引起其高级神经活动过度紧张，致使大脑机能活动暂时失调。大学生中常见的神经症有焦虑症、恐惧症、强迫症、疑病症等。

1. 焦虑症

焦虑症是以发作性或持续性焦虑、恐惧和情绪紧张为主要症状的神经症。患有焦虑症的人常常无端地感到惶恐不安、心烦意乱，好像不幸的事情马上就要来临，伴有头昏、胸闷、心悸、呼吸困难、尿频、手脚发凉或燥热等躯体症状，其感到紧张或惊恐的程度往往与现实情况不相符。

焦虑并不完全是坏事，适度的焦虑能够提高我们的工作效率，但是过度的焦虑会严重影响我们的生活质量。因此，我们要区分正常焦虑和病理性焦虑（也就是焦虑症），以下三个标准可供参考：一是，是否与现实刺激相对应，即焦虑的强度和引起焦虑事件的性质是否相匹配。例如，理智上你觉得和别人打招呼是一件很正常的事情，但是在情感上自己会焦虑，觉得做不到。二是，焦虑的持续时间是否太长。例如，因打招呼而焦虑已经持续数月。三是，焦虑在多大程度上影响了正常生活。例如，因回避社交，自己的朋友圈变得很狭窄，其实内心中想要结交很多朋友。

焦虑症主要包括分离性焦虑、社交焦虑、选择性缄默、广泛性焦虑等。大学生常见的焦虑症是社交焦虑和广泛性焦虑。

社交焦虑是大学生在可能被他人关注或评价的社交场合中感到强烈的忧虑，紧张不安或恐惧等。患者会担心自己表现不好，出丑、被嘲笑等。社交焦虑中存在一种广泛性社交焦虑，是指个体几乎害怕所有的社交情境；而有的人只是害怕某种社交情境，比如“演讲焦虑”。

患有广泛性焦虑的大学生表现为对日常生活过度、持续的焦虑。例如总是想刚才自己说的话对不对，为自己或者家人的身体担心，甚至担心世界大战会不会再次发生。患者能够意识到自己的焦虑，但很难控制自己不去想，这个过程中常常伴随着很大的心理痛苦和身体不适，比如易紧张、疲劳，注意力不集中等。

2. 恐惧症

恐惧症患者会对某些特定的对象产生不合理的恐惧反应。他们恐惧的对象可能是单一的或多种的，如动物、暗室、登高或社交活动等。患者极力回避自己所害怕的客观环境，虽然他们知道这是过分的、不应该的，但不能控制恐惧发作，而且常伴有心跳加速、脉搏加快、呼吸急促、出汗甚至昏厥等自主神经系统的功能失调现象。

恐惧症主要分为社交恐惧、动物恐惧、自然现象恐惧、环境恐惧、观念恐惧等。比如很多人都怕老鼠，我们不能认为这些人患有恐惧症，但是如果一个人一看到老鼠的图片、电视里的老鼠，甚至听到别人说起老鼠，就吓得受不了，那么他可能患有恐惧症。大学生较常出现的是社交恐惧，患者害怕出现在众人面前，特别是在公共场合会缺乏自信，常伴有发抖、脸红、出汗或行为笨拙、手足无措等症状。赤颜恐惧是社交恐惧中较常见的一种，患者只要在公共场合就感到害羞、局促不安、尴尬，行为笨拙、迟钝，怕成为嘲笑的对象。有的患者害怕看别人的眼睛，怕与别人四目相对，这称为对视恐惧。

3. 强迫症

强迫症是一种以反复出现强迫观念或强迫动作为主要特征的神经性障碍。强迫症的主要特点是患者有意识的自我强迫与有意识的自我反强迫同时存在，患者常常为那些反复出现的强迫现象所困扰，却不能阻止，并为此感到焦虑和苦恼。

【同伴案例】

不知从何时起，我发现自己会强迫自己去做一些事情。例如，关了门、上床睡觉后，会想到似乎没关门，然后就起床检查。躺下以后，会回想起刚才关门时的情景，担心没有关门，然后就反复地思考，睡不着觉。走在大街上，看到一条线，我就想着一定要跨过它，不能踩到，不然就想走回去重新跨过。明明已经取了飞机票，但在登机前我仍然会不时地从口袋里拿出来反复确认。

强迫症可表现为强迫观念、强迫意向和强迫行为，它们或是单独出现，或是同时出现。例如，屈从于强迫观念的反复洗手、反复核对检查、反复询问；经常迟到，因为要花很多时间重复做某些事情；当听到自杀、犯罪或生病的消息时，会心烦意乱很长时间；常常设想如果自己粗心大意或出现细小的差错会引起哪些灾难性的后果；等等。

4. 疑病症

疑病症是指患者在没有任何证据的情况下确信自己有病，处于对疾病或身体某部位失调的持续强烈恐惧之中。患者表现得极为焦虑，对自己想象出来的疾病经常表现出强迫行为。当医生诊断为身体健康时，他们会断定医生的诊断是错误的，又去找其他医生。疑病症的症状常常反映出患者不自觉地寻求家庭或他人对自己的注意、关心和同情，同时这些症状也成为患者满足自己某些需要的手段。疑病症的实质是一种潜在的不安全感，表现了个体内心的矛盾、冲突和困扰。患者把自己的注意力从现实生活中转移到自己的健康上，逃避实际或可能出现的挫折。他们常常把一切挫折、失败归结于“病”，从而减少个人心理上的压力、内疚和自责，不对自己能力、才学等进行怀疑和否认，避免名誉贬损、地位下降，从而心安理得。可见，疑病症实际上是个体心理防御机制的作用结果。

（二）人格障碍

人格障碍指不伴有精神症状的人格适应缺陷。人格障碍十分复杂，主要表现为行为怪僻、奇异，情感强烈而不稳定，紧张、退缩等。据此，人格障碍可以分为以下三大类群。

1. 以“行为怪僻、奇异”为特征的类群

如偏执型人格障碍，即患者易产生偏执观念，过高估计自己的能力，有极强的

自尊心，同时又很自卑，容易嫉妒，看待问题主观、片面，常常言过其实，乖僻异常，失败时常迁怒或归咎他人。这一类群还包括分裂型人格障碍。

2. 以“情感强烈而不稳定”为特征的类群

如冲动型人格障碍，常表现为情绪不稳，出现因微小的精神刺激而突然爆发强烈的愤怒情绪和冲动行为，且自己不能克制。这一类群还包括边缘型人格障碍、自恋型人格障碍、反社会型人格障碍和攻击型人格障碍。

3. 以“紧张、退缩”为特征的类群

如强迫型人格障碍，常表现为个人的不安全感和不完善感，因焦虑、紧张而自我克制，过分自我关注，事事追求完美。同时，又墨守成规、处事拘谨，缺乏应变能力。这一类群还包括回避型人格障碍和依赖型人格障碍。

这些心理问题严重地影响了个体人际关系的处理，而且妨碍了其学业和生活，影响了亲情、友情等，应引起足够的重视。

人格障碍一般始于童年或青少年，而持续到成年或终生。一般认为，人格障碍是个体在不良先天素质的基础上，遭受到环境中有害因素的影响而形成的。

（三）进食障碍

大学生常见的进食障碍包括过度减肥和暴食症。

1. 过度减肥

进入大学以后，大学生的生活重心从学习扩展到了人际关系、社团活动、求职择业等，也促使一部分大学生更加注重自己的外表，即使他们实际上并不胖，可心里还是觉得自己需要减肥。为此，过度减肥成了一些大学生生活的一部分。这些学生每天非常关注自己吃了什么，做了多少运动，体重有没有增加。体重成了他们生活中的重要测量指标，容易带来情绪上的波动，甚至带来一定的压力。

大学生在热衷于过度减肥的同时，他们对它的危害却并不了解，越来越多的人因为过度节食而成为神经性厌食症患者，表现为营养不良、代谢和内分泌紊乱，过度消瘦，严重时可因严重营养不良而出现恶病质状态、机体衰竭从而危及生命。大学生应该重视因过度减肥而产生的副作用。

2. 暴食障碍

暴食障碍发作时，患者有不可抗拒的进食欲望。患者常常担心自己进食过量，每当想吃时便告诫自己不可失控，然而一旦进食便一发不可收拾，一次可进大量食物，进食速度比正常人快，且不分时间、地点，只要能吃就会塞进嘴里，一直到撑得难受为止。暴食障碍患者所食之物，常常是其最禁忌的发胖性食物，如奶油蛋糕、面食、含油很多的菜、肥肉等，有个别人甚至喝食用油。

暴食障碍患者在暴食发作后会恶心、抑郁或内疚。暴食发作常常是秘密进行的。暴食障碍患者往往回避公共场所的进餐或聚会，因为每遇美味佳肴，食欲极强，他们会担心失态而不敢随意进食，这种欲望与理智的冲突好似一场精神煎熬，让他们难以承受。

（四）抑郁障碍

我们在漫长的人生中，都会经历这样或那样的挫折、失望、求而不得，有时候可能会听到身边的人说“我抑郁了”。如果不了解“抑郁”，就容易对它产生误解。

1. 什么是抑郁?

首先要区分悲伤情绪、抑郁情绪以及抑郁症。悲伤和抑郁是很接近的两种情绪感受，都有情绪低落的特点，但其实两者的感受是完全不一样的。当个体遭遇不幸事件时，悲伤是一种情绪体验。一段时间后，这种情绪逐渐消失，我们会回到正常的学习和生活中。但是如果自己迟迟不能从悲伤中走出来，同时悲伤逐渐变成一种无名的情绪低落并难以恢复时，这时候就要考虑抑郁的可能性了。

抑郁情绪可能发展为抑郁状态，抑郁状态也可能发展为抑郁症，这三者的区别在于程度不同。很多人都会产生抑郁情绪，可以通过自助或者心理咨询的方式来进行调适，患有抑郁症后一定要接受专业的医生诊断治疗，抑郁状态介于这两者之间，具有部分抑郁症的特征，但没有达到抑郁症的诊断标准，建议寻求专业帮助。但无论是哪种程度，我们都可以从情绪感受、行为活动和身体反应三个方面来觉察抑郁。

抑郁时会体验到很多负面的情绪，且比以往更强烈，持续时间更长，频率也更高，有时候甚至会怨恨亲朋好友，但很快又会陷入对自我的厌恶，无助感和无价值感常常让人无法解脱，甚至由此产生自伤或者自杀的想法。抑郁症不仅仅是个体情绪上的痛苦，它还会改变个体在日常生活中的思维、行为和功能，曾经感兴趣的东西会变得无趣，总是觉得很累，精力不足，困倦，难以集中注意力。除此之外，还会暴饮暴食或食欲下降，影响睡眠等。抑郁症患者不一定会出现上述所有症状，出现上述某些症状也不一定是抑郁症，但是，如果个体曾经出现过类似的感觉，特别是有过自伤或自杀的危险想法时，一定要仔细鉴别或者是寻求帮助。

2. 为什么会抑郁?

抑郁症的发生，与后天因素的作用相关。影响抑郁的后天因素很多，我们将其分为外在因素和内在因素，外在因素包括生活的家庭环境、季节和遭受的重大事件等，内在因素包括身体因素和心理因素。

我们来到这个世界上，最先接触到的环境就是家庭。家庭对我们的影响不言而喻，良好的家庭环境是个体的保护伞，而不良的家庭环境会对个体造成一定程度的负面影响。如果一个人从小在家庭中感受不到爱和温暖，就容易缺乏安全感和价值感；如果一个家庭没有教会孩子正确处理问题和应对情绪的方式，孩子从家人身上学习的思维—情感—行为模式，不足以让孩子应对日后生活的压力，那么孩子可能会被抑郁打败。除了家庭，季节也会影响抑郁，例如冬季是抑郁的高发期，因为人体生物钟不能适应冬季昼短夜长、阳光照射少，生物节律紊乱、内分泌失调，特别是被称为情绪稳定剂的神经递质——5-羟色胺的合成减少。生命早期的创伤和丧失可能会使个体在以后的生活中更容易患上抑郁症，这种影响不光是情绪上的，还有实质性的大脑结构和功能的改变，包括大脑中生化物质水平的变化，或神经细胞的损害，进而导致抑郁和焦虑。长期的工作压力，长期处于一种被虐待和孤立的人际关系中，持久的不开心等会使抑郁的风险大大增加，如果个体最近遭受了重大事件，比如“失恋”，就容易引发抑郁。

与抑郁相关的内在因素包括身体因素和心理因素。身体因素主要是指身体疾病，特别是那些慢性疾病。心理因素主要是指一个人独特的个性特点——人格。认知行为治疗理论认为，事件的发生并不会直接导致个体情绪上的痛苦，个体对事件的解读和认知会导致情绪上的痛苦。同样一件事，抑郁质、完美主义倾向的人更容易抑郁。

在容易引发抑郁的一些风险因素中，很少因单个因素引发抑郁，多为一些因素交互作用引发抑郁。比如，暴力的家庭环境更容易让一个人形成抑郁质，进而导致大脑结构的变化。在一次失恋后，个体可能会抑郁发作。虽然我们无法改变自身的先天基因，但是后天的成长环境、应对压力的能力、人际关系等都是可控的，我们可以让这些因素朝好的方向发展，成为我们直面抑郁的保护伞。

3. 用什么样的态度面对抑郁?

当我们在直面抑郁的同时，也许会想“如果让抑郁从我的世界消失就好了”。有这样的想法可以理解，但是，我们在积极面对抑郁的同时，对抑郁的接纳也是十分有必要的。在很长的一段时间内，我们要学会如何和抑郁共存。我们在面对抑郁时，不要带着希望它消失的理想化信念站在对立面，而是要在接受自己的基础上，积极地调整它。

接纳抑郁的意义在于，有时候我们无法让抑郁真正消失，此时的接纳会让我们面对现实，减少不必要的精力浪费。比如，有些人出于先天因素的影响，比其他人更容易抑郁，但这并不是我们的错，也不需要自责和自我否定，当抑郁来临的时候，努力地调整就好了。坦然地接受抑郁，可以让我们更好地分配精力，把注意力集中在那些可控的、可以改变的事情上，而不是集中在一些很难改变的事情上，比如纠结于家庭带来的创伤，埋怨父母没有给我们提供好的成长环境，或者陷入其他创伤事件。

（五）精神疾病

精神疾病是指人脑机能活动失调，丧失自知力，不能应付正常生活，不能与现实保持恰当接触的严重的心理障碍。精神疾病的总体表现包括：患者的机能受到严重损害，他们对客观现实的反应是歪曲的，可能出现精神失常现象，如幻觉、妄想、思维错乱、行为怪异、情感失常等，丧失了正常的言行、理智与行为反应；患者的社会功能被严重损害，不能正常处理人际关系和参与社会活动，甚至会给公众的社会生活造成危害；患者不能理解和认识自身的现状，不承认自己有精神疾病，对自己的处境完全丧失自知力。

大学生常见的精神疾病类型是躁狂抑郁症、精神分裂症和反应性精神疾病。

1. 躁狂抑郁症

躁狂抑郁症是以情感障碍为主要症状的一种精神疾病，主要表现为情感的高涨或低沉，有时会在两种状态下交替进行（如表14-1所示），可伴有幻觉、妄想等症状，多数患者会反复发作，也称双相障碍。躁狂发作主要表现为：个体情绪高涨，自我感觉特别愉快，自我评价高等；会出现易激怒，甚至有破坏或攻击行为；自我思维过程明显加快，表现为语言增多，注意力容易分散；随境转移，活动增多，精力旺盛，兴趣广泛，做事虎头蛇尾，睡眠减少，可能有冲动伤人、毁物行为。少数患者表现为面色红润，两眼有神，心率加快，体重减轻，食欲增加等。抑郁发作主要表现为：情绪低落，终日闷闷不乐、愁容满面，常有绝望感、无助感和无用感；思维迟缓，反应迟钝，语速明显减慢，思考问题困难；活动减少，动作缓慢，严重时可不语不动、不吃不喝。在大学生中，某些心理刺激，如强烈的惊吓、尖锐的批评、失恋等引起的过度焦虑与紧张等都是发病的诱因。患有躁狂抑郁症的学生性情极端失常，有强烈的激动、兴奋或忧伤、抑郁的情绪反应。

表14-1 躁狂抑郁症的特征

维度	种类	
	躁狂发作	抑郁发作
情绪	高涨	低落
思维	思维奔逸	思维迟缓
活动	增多（精神运动性兴奋）	减少（精神运动性迟滞）

2. 精神分裂症

精神分裂症是一种常见的重性精神疾病，其发病率在精神疾病中居首位。精神分裂症发病者多为青壮年，它在大学生中的发病率约为7‰。此病导致个体心理异常的表现主要是精神活动“分裂”，即患者的行为与现实分离，思维过程与情感分离，情绪、思维、行为具有非现实性，难以理解，不能协调。精神分裂症的症状复杂多样，常表现为联想散漫，思维破裂，情感淡漠，言行怪异，妄想，出现幻觉、幻听等。精神分裂症患者一般智能完好，但他们对自己的病情缺乏自知力。精神分裂症的病因和发病机理尚不清楚，通常认为与生理特征、遗传、孕期在母体内受到损伤、年龄、环境等因素有关。精神分裂症的治疗一般以药物治疗为主，辅以心理治疗。

3. 反应性精神病

反应性精神疾病是一种心因性精神疾病，由急剧或持久的精神刺激所引起。此病的临床症状与精神因素密切相关，并伴有相应的情感反应，容易被他人理解。

大学生常见的情况是意外事件（如亲人突然死亡及严重伤害等）或持久的精神痛苦（如失恋、学习上的挫折、人际纠纷等）导致的反应性精神病，一般病程较短。

反应性精神病的治疗以心理治疗为主，并配合其他治疗。一旦患者能正确对待自己的致病因素或消除致病因素后，其症状即可消失，且预后良好。对于那些具有明显创伤性体验的患者，可采取适当调整环境、移地休养等方法配合治疗。

【课堂活动】

如果身边的同学或朋友得了抑郁症，我们该怎样与其相处？

对精神疾病患者应加以理解、关怀、帮助，不应歧视、厌恶、冷淡，正常的社会生活和人际交往有利于患者的康复。不少患者在治愈精神疾病后会重返校园、完成学业、走向社会。

【拓展阅读】

1. 王宇. 走出抑郁：一个抑郁症患者的成功自救［M］. 北京：人民邮电出版社，2024.

2. 加兰蒂. 高效抗焦虑手册［M］. 屈笛扬，译. 北京：中信出版集团，2022.

3. 刘翔平. 积极心理学［M］. 3版. 北京：中国人民大学出版社，2024.

第15讲

自助与助人——认识心理咨询

【知识导图】

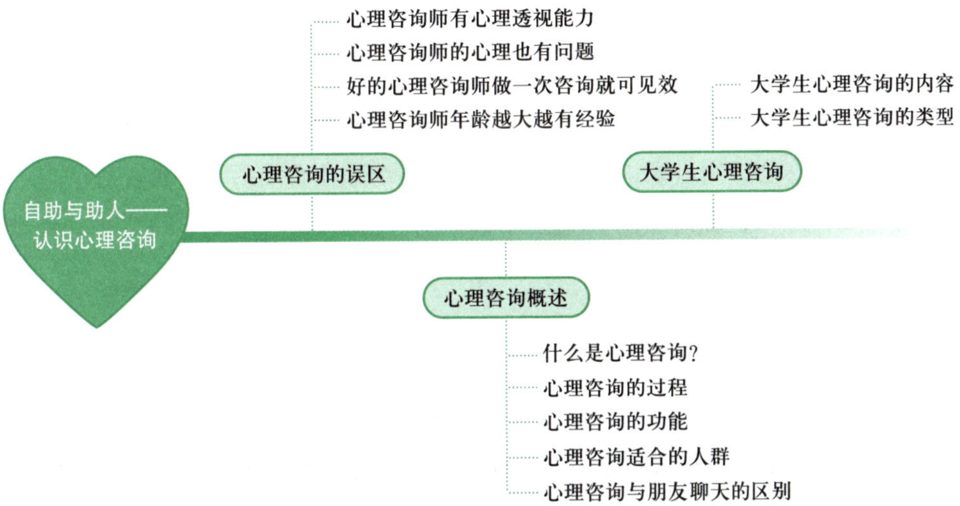

请思考:

1. 心理咨询的功能是什么?
2. 大学生心理咨询的内容有哪些?
3. 如果要进行心理咨询，你希望见到什么样的咨询师?

一、心理咨询的误区

心理咨询容易存在以下几个误区：

（一）心理咨询师有心理透视能力

“你能看透我吗？”这可能是心理学专业工作者被问到的频率最高的一个问题。心理咨询师没有“读心术”，他们通过来访者的言行揣摩其想法，进而感同身受，然后跟来访者进行澄清和具体化，在这个过程中逐渐弄清楚来访者到底在想什么，他们的感受是什么。

（二）心理咨询师的心理也有问题

心理咨询师是普通人，也有自己的困扰，但是他们有严格的保障机制，保证自己的个人困扰不会影响对来访者的咨询。心理咨询师在有困惑时，会找自己的咨询师或督导师，在专业成长过程中，他们会定期接受督导，在督导师的帮助下找到自己的盲区和限制，这样才能更好地帮助来访者。

（三）好的心理咨询师做一次咨询就可见效

心理咨询和医生看病不一样，在医院，医生会根据病人的病情开药，只要遵医嘱服药就会自然而然地好起来。心理咨询通常是一个讨论、分析、反馈、实践、修正、再实践的过程，它不会即刻见效，需要来访者的积极配合，效果才会逐渐显现。很多时候，心理咨询可能要持续几个月甚至一年以上。心理咨询的基本理念是“助人自助”，心理咨询师并不是给来访者提建议，而是通过咨询纠正来访者的错误认知，让他们看到自己的问题，认识到自己有解决问题的能力，能找到解决问题的方法和途径，从而进行实践。

（四）心理咨询师年龄越大越有经验

年龄代表着生活阅历，并不代表专业能力。心理咨询师重视生活经验，但心理咨询并不是心理咨询师利用个人的生活经验或者通过阐述人生道理来帮助来访者解决问题，所以，不是要找一个向自己传授经验的老师，而是要找一个自己信赖的、可以一起工作的专业人士。心理咨询是一项具有挑战性的工作，需要从业者与时俱进，不断提高自己的专业素养，这样才能更好地帮助来访者。所以，在选择心理咨询师时，可以根据他们的专业背景、从业经历等做出判断。

【课堂活动】

电影中的心理咨询

请观看电影《心灵捕手》，并谈一谈什么是心理咨询？什么是心理疾病？产生心理疾病的原因有哪些？影片告诉我们，通过积极治疗，心理疾病是可以康复的，心理咨询服务有助于提高个体的心理健康水平。可以和身边的同学讨论并交流观后感。

二、心理咨询概述

“咨询”的含义比较广泛，主要有询问、商议、忠告、给人以帮助、商讨、劝告、参谋、建议和辅导的意思。在现代社会中，其含义已逐渐固定为专业人员以其专业知识为基础，向一定对象提供各方面的指导和建议。咨询的种类很多，根据不同领域，可以分为法律咨询、金融咨询、卫生保健咨询和企业管理咨询等，而心理咨询是其中一个重要组成部分。

心理咨询最早见于20世纪初，心理专家为人们选择职业提供有价值的建议。从此以后，心理咨询广泛应用于各类助人行业，涉及教育辅导、心理健康咨询、婚恋家庭咨询等各个方面。

（一）什么是心理咨询?

不同的研究者、咨询专家对心理咨询的性质、内容、作用及方法论等的认识、看法不同，对它的概念有着不同的观点。下面通过界定心理咨询的性质来介绍它的不同定义。

1. 心理咨询是一种活动

心理咨询是在心理学有关理论的指导下开展的活动，它以各种心理治疗理论及人格心理学、变态心理学等学科知识为理论基础。泰勒认为：咨询是一种从心理进行帮助的活动，它体现了自我同一性的发展以及按照个人意愿选择和行动的情况。

2. 心理咨询是一个过程

心理咨询是心理学家运用心理学的方法，凭借语言、文字等沟通形式，帮助来访者提高自我认知、增强自助能力、解决心理问题，以促进其适应和发展的咨询问答过程。威廉森将心理咨询定义为：A、B两个人在面对面的情况下，受过心理咨询训练的A，向在心理适应方面出现问题并寻求解决方法的B提供援助的过程。

3. 心理咨询是一种人际关系

在心理咨询的过程中，咨询师与来访者需建立良好的人际关系，来访者感受到咨询师的共情、理解和尊重，从而愿意敞开心灵的大门，双方因此相互理解、相互信任、真诚交流。帕特森认为：心理咨询是一种人际关系，在这种关系中，咨询师提供一定的心理气氛或条件，使来访者发生变化、做出选择、解决自己的问题，成为有责任感的独立个体，也成为更好的人和社会成员。

4. 本书的观点

心理咨询尚无统一定义，对其内涵和外延的界定往往因理论流派及职业特点等因素的差异而不同。从上述定义中我们可以发现，虽然学者的表述不尽相同，但心理咨询的内涵有共同之处：

❤ 心理咨询的对象（即来访者）是一些有心理问题或在发展过程中需要得到帮助的正常人。在图15-1中我们可以看到，心理咨询的对象是“浅灰色”人群。

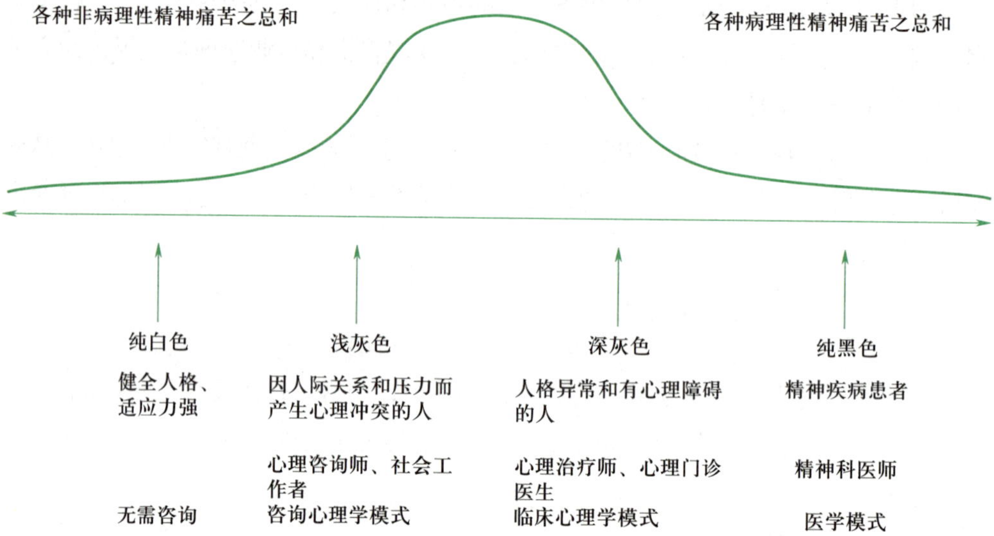

图15-1 心理健康灰色理论与心理服务的类型

❤ 心理咨询建立在建设性的人际关系基础上。这种人际关系以来访者需要得到帮助、主动来访为前提，咨询师与来访者在特定地点和时间内建立的具有隐蔽性和保密性的特殊的人际关系。咨询师与来访者是平等的，前者帮助后者解决问题，而不是替代解决问题。

❤ 心理咨询是专业人员运用专业技能的过程。心理咨询以会谈的形式进行，包含咨询师对来访者的关注与倾听，对来访者的问题进行分析与评估，用各种心理咨询技术如行为矫正、心理分析等帮助来访者。心理咨询是在心理学的原理和技术的指导下开展的活动。

❤ 心理咨询是一个过程，往往不是一两次会谈就能解决问题的。

❤ 心理咨询有自己独特的目标。心理咨询要助人自助，引导来访者改变错误的认识，学习新的行为，以便更好地适应社会，充分挖掘自身潜能。

总之，心理咨询是以维护人们的身心健康为目标和内容的一种专业工作，它是心理学为社会服务的一个重要领域，也是一门正在兴起并日益受到重视的应用心理学科。

（二）心理咨询的过程

心理咨询的过程具有较强的结构性，通常可以分为三个阶段。

【微视频】倾听

1. 心理评估阶段

这一阶段的主要内容包括：建立咨询关系，收集相关信息，进行心理评估，调整求助动机，确立咨询目标，制订实施方案等。

在心理咨询中，咨询师最重要的任务是与来访者建立良好的咨访关系，并帮助他们找到问题的症结。咨询师可以采用的技术有很多，关键要真诚、同感、以来访者为中心，还要具备敏锐的洞察力。让我们看看影片《心灵捕手》中的咨询师桑恩是如何巧妙打开桀骜不驯的威尔的心扉的。

真诚。当威尔凭借广博的知识，毫无顾忌地批评和攻击咨询师桑恩的时候，桑恩在恼羞成怒之后陷入了强烈的心理矛盾，但是他并没有放弃，而是按时与威尔见面，毫不隐瞒地说出了自己的感受和矛盾，指出威尔的过人之处。威尔被桑恩的真诚打动，心灵受到了震撼。

同感。当桑恩了解到威尔是孤儿并被养父虐待，满身伤疤的时候，心里感到强烈的震撼，他明白了威尔自卑的根源，从更深层次上理解了威尔要在别人舍弃他之前先舍弃别人的原因，这也是威尔强烈的自我保护的根源。谈起这段沉痛的经历时，面对威尔表现出的无所谓态度，桑恩没有气恼，反而说“这不是你的错”。威尔在桑恩的追问下，由无所谓到认真对待，从恼怒到痛哭，再到与桑恩拥抱，体现了咨询师对来访者的同感对建立良好咨访关系的重要作用。

2. 心理帮助阶段

这一阶段是分析和解决问题的阶段，是心理咨询的核心阶段，咨询师的主要任务是帮助来访者改变其不适应的认知、情绪或行为。咨询师可根据来访者的问题特征和自己的理论倾向等，选择相应的咨询方法，或探寻其潜意识，或矫正其行为，或改变其认知。咨询师常用的技术有面质和澄清等。

面质。在影片《心灵捕手》中，威尔虽然聪明却无法看清自己的问题，他一方面大谈做杂役应该受到尊重，靠自己的力气干活吃饭就是好事；另一方面却每天乘

40分钟的火车，到著名大学去做杂役，并躲起来把黑板上的难题解答出来，然后又否认是自己做的。桑恩看清楚了这一切，他质问威尔为什么这么做，威尔哑口无言。桑恩继续展开攻势，问威尔的志向是什么。威尔随口乱说，要到南方牧场去当牧羊人。桑恩敞开屋门，对威尔说："不要浪费我的时间，你走吧。"威尔不解，强调咨询的时间还没有结束。桑恩说："与一个对简单问题都不能诚实回答的人谈话，是浪费我的时间。"威尔无语并离开。这次谈话却引发了威尔的思考，他开始反思自己矛盾的行为和言语。

澄清。桑恩通过与威尔交谈，发现他夸夸其谈、桀骜不驯的背后是深深的自卑，是强烈的自我保护意识。威尔对数学教授安排的工作嗤之以鼻，粗暴拒绝自己喜爱的女孩，浪费自己的才华等，都是自卑感和自我保护的体现。威尔在经历了一系列的交谈和反思后充分理解了桑恩的话：过去的经历不是自己的错，为什么要一直背着沉重的包袱不肯真实地面对生活、接受真挚的情感，反而拿别人的错误来惩罚自己，通过践踏自己的才华来抚慰自己？他看清楚后，知道了自己的优缺点。这是一个多么残酷而漫长的过程，但一路走来，他将迎来新的自我和新的生活。

3. 结束巩固阶段

这一阶段的任务是结束心理咨询，评估咨询效果并巩固咨询成果，来访者将学到的东西运用到生活中。咨询师通过自己的真诚和娴熟的心理咨询技术打开了来访者的心扉，找到了心理问题的症结所在，帮助来访者把自己所遭遇的困境和痛苦抛诸脑后，重新找到属于自己的生活，重新拥抱生活。

（三）心理咨询的功能

一般来说，心理咨询的功能是为来访者提供全新的人生体验，帮助他们认识自己与社会，逐渐改变其不适应的反应方式，使他们学会与外界相处，更好地发挥内在潜力，面对现实生活。具体来说，心理咨询的功能主要分为八个方面。

1. 体验人际关系

咨询关系是咨询师和来访者之间的一种彼此真诚的人际关系。在心理咨询的过程中，咨询师总是会以善意而真诚的态度，与来访者进行沟通，这种人际互动为来访者提供了可以体验良性人际关系的机会。来访者可以把这种人际交往经验逐步地应用于自己的人际交往中，利用自己在心理咨询中学到的东西，更有效地处理现实中的人际问题。

2. 认识内部冲突

促使人们进行心理咨询的问题，大多是自身内部原因引起的。但是，人们习惯于从外部和别人身上找原因。为了解决这些问题，咨询师会帮助来访者认识自身内部的种种心理冲突。只有看清了自己的内心，才能慢慢地让心灵健康起来。

3. 促进自我反思

要看清自己是不容易的，因为一些人习惯蒙蔽自己，本来是自己的一些错误观念导致了心理问题，却总认为自己对事物的观察和理解是正确的。通过心理咨询，来访者有机会自我反思，认识错误观念，形成正确观念，做出清醒明智的选择。

4. 深化自我认识

心理咨询能帮助人们真正认识自己，重新看到自己的真实需要、态度、价值观以及优缺点，全面客观地看待自己，把握自己的人生，获得最大的幸福。

5. 获得心理自由

有的来访者在心理上缺乏自由和灵活，心理咨询会为他们提供在心理上获得更大自由的机会。心理咨询可以帮助来访者学会接纳自己及他人、社会的不足，明白人生总是与缺憾相伴，要学会以更大的自由享受生活。

6. 学会面对现实

当人们逃避现实或用不坦率的态度面对现实时，就容易出现心理问题。心理咨询就是引导来访者回到现实中来。一旦他们的目光集中到现在，就不再一只眼看过去，另一只眼看未来，而是关注此时此地的体验，用眼看，用耳听，用脑想，用心去感受，逐渐学会同“现在”打交道，学会面对现实。

7. 付诸有效行动

心理咨询的最终目标指向现实生活，也就是帮助来访者更有效地处理现实中的问题，付诸有效行动。来访者一旦有了积极有效的行动，就真正学会了自我救助，将为自己创造新的生活。

8. 发现人生意义

心理咨询的一种倾向是使来访者自己发现人生的意义，从而使他们积极地恢复适应能力。人们若能找到人生的意义或价值，就不容易感觉到痛苦，也不太会产生心理问题。在这种情况下，他们自然而然地会有一种对环境适应的生命力从心底涌出。有些人因为学业上的失败和挫折，感情上的创伤和困惑而患上抑郁症等。表面看来，他们因为这些挫折而抑郁，而从心理上细加分析，就可以找到更深层的原因：来访者感到自己在社会上不再被人需要，是“无用的人”，觉得人生没有意义，从而产生严重的抑郁心境。咨询师会帮助来访者寻找人生的价值和存在的意义，帮助其获得内心的满足，这种内在的充实远胜于“外在的”成功。

从某种角度来说，心理咨询起源于人们对人生基本命题的探索。如果人们的使命感、责任性和伦理性丧失了，他们就不会有真正的心理健康。

（四）心理咨询适合的人群

心理咨询适合以下几类人群：

1. 自知力相对完整的人群

自知力不完整或无自知力是指个体丧失“自我认知”与“自我现实”的统一性。一个自知力完整的人，通常能够认知到自己在生活的某些方面遇到了困扰，知道自己需要专业的帮助，他会主动求助，向咨询师诉说自己的不适，并积极尝试改变。

2. 由于现实问题而产生内心冲突的人群

心理咨询主要面向普通的大众群体，针对心理亚健康的人群，内容涉及生活的方方面面。值得注意的是，抑郁症是一种常见的心境障碍，属于精神疾病的治疗范畴，所以抑郁症患者需要在精神科医生指导其用药的情况下，辅助以心理咨询。抑郁症患者只有在药物治疗为主，心理治疗为辅的模式下，才能更好地帮助自己尽快康复。

3. 希望自我成长的人群

心理咨询可以让人们对主观自我和客观世界有更清晰的认识，有较好的自我反省能力、行动能力及掌控能力。通过咨询过程挖掘潜力，提高认识，纠正错误观念，人们可以获得自我成长。

（五）心理咨询与朋友聊天的区别

有些人遇到心理问题时，不愿意寻求专业的帮助，一个常见误区在于，他们认为心理咨询和朋友间的交流差不多。但事实上，向咨询师寻求专业的帮助和与朋友间的交流是非常不同的两种体验。

❤ 咨询师是受过严格训练的专业人士。在我国，即使有些咨询师非科班出身，但他们也经过了大量的培训、实习和督导才可以上岗，咨询师倾听来访者的故事是为了理解他们，引发他们的独立思考和自我反思，指出他们的思维盲区。朋友间的交流更多是分享彼此的情况，通过互相的关心来解决问题。心理咨询的理想状态是帮助来访者开启智慧，这种智慧是来访者本身就具有的，与生俱来的，只不过被外界刺激、内心恐惧蒙蔽了。朋友间的聊天更多的是他人可以听到我们的诉说，为我们开心或遗憾，很难从促进自身长期成长的角度，对我们的反馈进行设计加工。

❤ 咨询师是客观中立的。咨询师以来访者的利益为先，且与他们在现实生活中没有交集。同时咨询师经过了专门的训练，以确保在咨询的过程中避免因个人偏好和主观感受而影响咨询进程。朋友的回应往往不是客观中立的，因为在生活中有很多交集甚至有利益关系，所以朋友的回应往往带有很多主观感受。

- 心理咨询的过程和结果是保密的。尽管朋友通常是可靠守信的，但有些话只适合在咨询室中说。咨询就是为来访者创造安全的、被支持的、能够获得共情的环境，让他们可以探索自我的不同侧面；在朋友的私人关系中，这些侧面很难得到充分探索的。虽然基于职业道德，心理咨询的谈话内容是保密的，在未经来访者许可的情况下，咨询师不能将谈话内容告诉他人，但是心理咨询的保密原则是有限制的，如果出现以下两种情况，咨询师为了保护来访者或者是公众的安全，可以突破保密原则：一是当来访者企图自杀或者自伤时，咨询师为了保护他们的生命，只能通知来访者的亲属或监护人；二是当来访者企图伤害他人生命或危害公共安全时，咨询师为了保护来访者免于犯罪以及第三方的安全，只能通知有关机构。
- 心理咨询聚焦来访者本身。心理咨询的主旨是帮助来访者探索对自身的期待，而非他人的期待。在咨询师的帮助下，来访者可以主动探索内心，发现问题本质，寻找解决对策。
- 心理咨询有清晰的边界。心理咨询通常是咨询师和来访者约定好时间，并且在心理咨询室进行的。在咨询过程中，来访者不用特意给咨询师留下好的印象，只需要真实地展现自己就可以了。在朋友面前，我们更愿意给朋友留下很好的印象。

三、大学生心理咨询

大学生心理咨询除了具有一般心理咨询所具有的特点和作用，在高校育人活动中还有自身的特点：

- 就内容而言，大学生心理咨询在关注心理障碍、精神疾病的同时，更关注大学生的适应性心理和发展性心理。高校除了开展心理咨询活动，还开展各种心理知识宣传教育活动，指导所有大学生预防心理问题，提高心理健康水平。
- 就对象而言，大学生心理咨询的对象主要是处在青春后期的大学生。此时的大学生既有青年的共性，又有着自身的独特性。面对人生的诸多重要课题，承载着社会和家庭的殷切期盼，大学生有着独特的发展任务、压力和挑战。有针对性的心理咨询和心理健康教育有助于大学生顺利地度过人生中的重要阶段。
- 就咨询方法而言，大学生心理咨询以团体咨询与个别咨询相结合。有较轻微心理问题的大学生只需参加团体咨询即可。

（一）大学生心理咨询的内容

大学生心理咨询的内容一般包括三个方面：心理发展咨询，帮助大学生增强自身的认识能力、社会适应能力，挖掘自身潜力，促进全面发展；心理适应咨询，对大学生在学习、工作、人际关系等方面的适应不良提供帮助；心理障碍咨询，帮助有心理障碍的大学生挖掘病源，寻找对策，消除痛苦。

1. 心理发展咨询

这类咨询的对象的心理比较健康，无明显心理冲突，基本适应环境，心理咨询的目的是更好地认识自己，扬长避短，开发潜能，提高学习与生活的质量，追求更完善的发展。例如：怎样处理好生活与学习的关系；怎样获得更多的朋友；选择什么样的职业有利于自己的发展及人生价值的实现。大学生的心理发展咨询主要是学业发展咨询和择业发展咨询。

学业发展咨询主要帮助大学生加深对大学教育的认识，激发对专业学习的兴趣，提高时间管理能力，改进学习方法，提高学习技巧；解决学习过程中遇到的具体困难，规划未来的学业发展。

择业发展咨询主要帮助大学生客观地评价自己，发现自身的特点和优势；激发职业兴趣，学习求职方法，提高择业能力，规划未来职业发展道路等。

2. 心理适应咨询

这类咨询的对象的心理基本健康，但在生活中会产生各种烦恼与矛盾，例如：因学习成绩不如意而忧虑，陷入失恋的痛苦而难以自拔，因人际关系不协调而苦恼，因环境改变而自我认知失调等。心理适应咨询的目的是帮助他们排解心理困扰，减轻心理压力，提高适应能力。

3. 心理障碍咨询

这类咨询的对象多患有某种心理疾病，例如焦虑性神经症、严重的神经衰弱等，他们为此苦不堪言，影响了其正常生活。心理障碍咨询的目的是通过系统的心理治疗，帮助他们缓解症状，克服障碍，恢复心理平衡。

（二）大学生心理咨询的类型

大学生心理咨询常因时间、地点和对象的不同而采用不同的形式。以咨询途径为划分标准，可分为面谈咨询、电话咨询、信函/邮件咨询、专栏咨询、现场咨询和网络咨询；以咨询人数为划分标准，可分为个别咨询和团体咨询。此外，大学生心理咨询也常采用朋辈心理咨询。

1. 以咨询途径为标准划分的心理咨询类型

面谈咨询多在专门的心理咨询机构进行，咨询师与来访者采取面对面的方式交谈，详细了解、分析来访者的心理问题，帮助他们摆脱有碍于其心身健康的不利因素，提高他们解决问题、适应环境的能力。对已经患有心理障碍的来访者，咨询师会分析其病因和症状，为其制订完整的治疗计划。在面谈咨询过程中，咨询师掌握情况全面，能够为来访者提供有效的帮助，因此，面谈咨询是首选的心理咨询方法。

电话咨询是指咨询师利用电话与当事人进行交谈，帮助他们排解心理困扰。由于电话咨询具有方便性、快捷性的特点，深受学生喜爱，很多高校开设了对学生服务的心理咨询热线电话。从2025年开始，大学生也可拨打全国统一心理援助热线“12356”寻求帮助。

信函/邮件咨询是一种以通信进行咨询的方式，当事人来信提出自己的问题，咨询师给予回信答复。信函/邮件咨询的优点是不受居住地区限制，对于那些不善于口头表达或较为拘谨的当事人来说是一种较易接受的方法。但信函/邮件咨询的效果会受当事人的书面表达能力、咨询师的理解力和其人格特点的影响。

专栏咨询是指在报纸、杂志、电台、电视台和网络上开辟心理咨询专栏，对读者、听众、观众、网友提出的典型心理问题进行公开解答。专栏咨询的优点是受益面广，具有治疗与预防并重的功能；缺点是存在模糊、浅陋、泛泛而谈的情形。

现场咨询是指咨询师深入当事人生活的社会情境中，为他们提供多方面服务的一种咨询形式，例如重大考试前咨询人员会深入学校为学生进行考前心理咨询等。

网络咨询是指咨询师与当事人通过网络或网络通信工具进行对话，开展心理咨询。由于网络的匿名性，当事人能够毫无顾忌地倾诉自己的隐私、暴露自己的问题，从而使咨询师能够在尽可能短的时间内掌握当事人的基本情况，做出适时的分析判断，并可以通过实时交谈不断矫正自己的分析判断，对当事人做出切合实际的引导及处理。随着网络技术的不断提高和互联网在大学生中的迅速普及，网络以其极强的保密性、隐蔽性、快捷性及实时性，为心理咨询提供了无限发展空间。

2. 以咨询人数为标准划分的心理咨询类型

个别咨询是心理咨询的主要形式，一般意义上的心理咨询就是指咨询师与来访者进行一对一的咨询。面谈是个别咨询最常见、最主要的方式。

团体咨询的产生基于这样一种背景：在实际生活中，人们的许多适应或不适应、心理健康或障碍往往起源、发展、转变于人际关系中。团体咨询认为，人的心理乃至一切发展都与社会环境有关，人的许多心理问题也根源于各种人际交往。因此，可以通过团体人际交互作用的方式，模拟社会生活的情境，促进个体的自我认知、自我调整、自我发展，是一种高效的互助式咨询形式。

3. 朋辈心理咨询

所谓“朋辈”，顾名思义就是“朋友”和“同辈”，“朋友”是指自己交往并且建立了一定的友谊、值得信任的人，“同辈”是指自己的同龄人或者年龄相当者。

朋辈之间通常会有较为接近的价值观念、思维模式、生活方式和处事经验，所以朋辈心理咨询其实就是朋辈之间借助心理学和心理咨询的专业知识，进行的一种心灵交流和沟通，给予当事人鼓励和慰藉，从而达到心理咨询的效果。

高校中的朋辈心理咨询，主要是从班级或心理学社团中挑选出适合做心理辅导工作的学生，他们在经过基本的专业训练后，针对同学在日常学习生活中遇到的心理问题，通过沟通交流，或者开展特别的团体心理活动，用正确的方法帮助同学从困境中走出来，从而达到助人自助的目的。

【课堂活动】

朋辈咨询

两人一组，一位当倾听者，另一位当倾诉者，体验真诚的倾听。

倾听者在听的过程中，除了耳朵，还要用眼睛、表情、动作、语言等告诉倾诉者你在真诚、认真地倾听：眼神，与对方保持自然的目光接触；表情、动作，适当点头、微笑，表明你已经理解了对方的想法；身体姿势，稍微前倾，面向倾诉者，距离适当；语言，不随意打断对方，适时加入或重复一些表示接受、鼓励的语言，如“原来是这样”“是吗？”“后来怎么样呢？”……可以讨论双方感兴趣的任何话题。

活动结束后，分享各自作为倾听者和倾诉者的感受。

作为心理咨询的形式之一，朋辈心理咨询虽然投入实践的时间并不长，但是它为大学生心理健康教育的转变和发展创造了新的契机。与专业心理咨询相比，朋辈心理咨询受时间、地点和语言等因素的影响较小，是根据大学生的心理特点而设计、开展的，它符合学生的实际心理需要。

作为一种心理辅导活动，朋辈心理咨询具有以下特点：

- 非专业性。朋辈心理咨询不同于专业的心理咨询，它是同龄人之间开展的心理互助活动，提供帮助者并未接受相对系统的专业学习和长期的实践训练，只是通过专业教师的短期培训，凭借自己的兴趣、努力及强烈的助人意愿为他人提供心理帮助、支持和关爱。
- 自发性和义务性。朋辈心理咨询是一种利他行为，通常情况下是大学生自发的、主动的，他们十分乐意通过帮助他人来增强自我价值感，提高自我认同度。
- 亲情性和友谊性。朋辈心理咨询只发生在亲人、熟人或朋友之间，而不发生在陌生人之间。大学生之间的朋辈心理咨询既是学生高尚助人精神的体现，更是彼此之间友情的表现。
- 简便有效。朋辈之间的互动有着空间距离接近、交往较为频繁、思维模式接近等特征，朋辈咨询师可以对当事人的言行进行直接的观察和及时的干预。

❤ 自我成长与自我教育。朋辈咨询师在助人的同时，也能寻找到自我的价值，收获成功的体验和提升的动力，从而实现自我成长和自我教育。

【课堂活动】

参观学校的心理咨询中心，并访问一名专职心理咨询教师

请写下你参观心理咨询中心后的感受：

【拓展阅读】

1. 雷秀雅. 心理咨询与治疗［M］. 3版. 北京：清华大学出版社，2022.

2. 埃尔福特. 这就是心理咨询［M］. 谢丽丽，田丽，译. 3版. 北京：人民邮电出版社，2024.

3. 荣格. 心理治疗［M］. 中央编译服务组，译. 北京：中央编译出版社，2023.

第16讲

珍爱生命——心理危机干预与幸福人生

【知识导图】

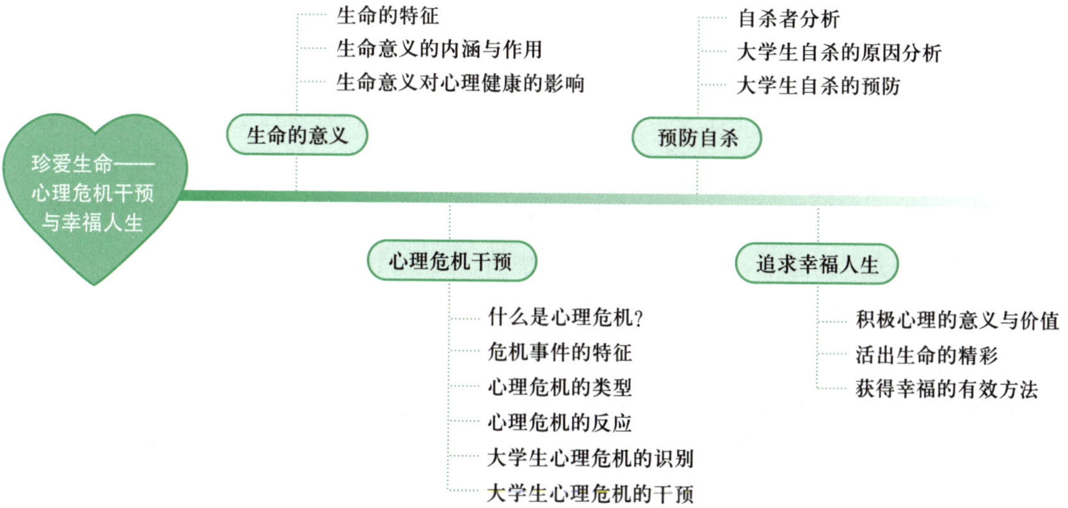

请思考:

1. 你对生命的意义是如何理解的?
2. 什么是幸福的人生?
3. 怎样识别处于危机中的人?帮他们摆脱痛苦的方法有哪些?

一、生命的意义

【微视频】生命的意义是什么?

习近平总书记强调:“人的生命是最宝贵的,生命只有一次,失去不会再来。”[①]生命安全与健康是人类生存、发展的基本需求和永恒追求。生命权、身体权和健康权是每一位公民的权利。到底什么是生命?生命从何而来?生命是由什么组成的?生命的意义何在?你是否觉得每个人都对自己的生命负有完全的责任?你对生命的意义是如何理解的?

(一)生命的特征

1. 生命的有限性

生命的有限性表现在三个方面。第一,生命存在的时间有限,人的自然寿命为平均七八十岁,最多百十来岁。第二,生命具有无常性,表现在生老病死、旦夕祸福等不可预测,任何人都逃脱不了。第三,生命具有联系性,表现在个体不能离群索居、不食人间烟火,每个人都需要别人的帮助、支持和关怀。正是生命的有限性促使着人们去努力思考、发奋创造、积极生活,实现自己生命的意义。

2. 生命的双重属性

人的生命存在着两种属性:一是人作为肉体的存在,其是自然界的一部分,受自然规律的约束和制约,具有自然性;二是人作为精神的存在,受到社会伦理和道德规范的影响,具有社会性。每个时代、每个人都必须面对生命的这两种属性,人就是在生命的这两种属性中寻求生命的意义,实现自我生命的价值。

3. 生命的创造性

人的生命本身就是一个不断成长、发展的过程。生命就是处在不间断的运动中的,一切静止就是死亡,但生命比单纯的持续运动更为丰富。生命乃是在持续运动的基础上不断产生新内容的创造性活动,生命的基本特点就是创造性。人们通过创造去把握生活的变化,通过创造去发现生命的意义,通过创造去实现对自己生命的认识、把握和超越。每个人的生命过程都是不同的,独特的。

4. 生命的完整性

德国哲学家雅斯贝尔斯非常强调人的生命的完整性,他指出:毋庸置疑,生命是完整的。它有着年龄、自我实现、成熟和可能性等形式,作为生命的自我存在也向往完整,只有经过对生命来说合适的内在联系,它才能是完整的。

---

① 习近平. 习近平著作选读:第二卷[M]. 北京:人民出版社,2023:344.

（二）生命意义的内涵与作用

生命意义是关于生命的积极思考，是个人正在努力实现的、自己给予高度评价的生命目标。人们对于生命意义的追寻是生活的基本动力，或者说是第一动力。

1. 生命意义的内涵

生命意义主要包括两个方面：对生命意义的执着和对生命意义的理解。一个人对自己生命意义的认识一般比较稳定，而且会逐渐转化为自我生命发展不同时期的信念和价值体系。李大钊说："人生的目的，在发展自己的生命，可是也有为发展生命必须牺牲生命的时候。……高尚的生活，常在壮烈的牺牲中。"① 雷锋说："人的生命是有限的，可是，为人民服务是无限的，我要把有限的生命，投入到无限的为人民服务之中去。"雷锋用实际行动践行了他永远甘为人民当"傻子"的誓言，感召着千千万万的后来人。②黄大年是享誉世界的著名地球物理学家，他带领400多名科学家创造了多项"中国第一"，为我国"巡天探地潜海"填补多项技术空白，直至耗尽自己的生命。③云南丽江华坪女子高中党支部书记、校长张桂梅说："我有一颗教育者的初心在跳动，只要我还有一口气，我就要站在讲台上，九死亦无悔，这是我对党和人民的庄严承诺!"④

2. 生命意义的作用

生命意义对人生发展的作用可以体现在三个方面：第一，体会生活的意义。一个人如果能够理解并承担生活中的责任，就会感到满足和充实，从而体会到生活的乐趣和意义。第二，确立生活的目标。对生命意义的探求使人们可以在不同的人生阶段确立一定的生活目标，在实现目标的过程中感受到自己活得充实，活得丰富，活得精彩。第三，加强自我顽强性，即增强个体对压力的承受能力和对挫折的耐受力。

（三）生命意义对心理健康的影响

生命意义和心理健康是相互作用的。个体的心理健康在一定程度上依赖怎样看待生命；相反，个体对生命意义的认识也受心理健康水平的影响。

1. 生命意义的心理学研究

从心理学角度看，根据马斯洛需要层次理论，当人们的较低层次需要获得满足

---

① 李大钊．李大钊文集：第三卷［M］．北京：人民出版社，1999：84.

②《习近平讲党史故事》编写组．习近平讲党史故事［M］．北京：人民出版社，2021：196.

③ 沈传亮．百年大党的十一个关键词［M］．北京：人民出版社，2021：124.

④ 本书编写组．全国脱贫攻坚先锋风采录［M］．北京：人民出版社，2022：27.

之后，有可能体验生命的价值和获得自我实现。马斯洛对自我实现者的研究直接启发了人们对生命意义的研究。存在主义心理学则直接涉及对生命意义的积极思考，其中最有影响力的是弗兰克提出的理论。他认为，在生活的压力之下，人们之所以会产生各种心理问题，是因为他们没有找到生命的意义。生命意义对个体的心理健康有积极影响；缺乏对生命意义的理解与心理问题呈正相关关系；对生命意义的探索和情绪健康呈正相关关系；个体对生命意义的认识能够减弱消极生活事件对抑郁情绪的影响。

2. 缺乏生命意义的后果

个体对生命意义和生活目标的认识对其心理健康有着非常大的影响。个体如果没有找到生命的意义，就容易产生严重后果。第一，如果人们在探索生命意义的过程中遭受挫折，可能会被生存的空虚感笼罩，转而寻求享乐、追求金钱以作为补偿；第二，挫折感和价值观的矛盾会导致心理疾病；第三，缺乏生命意义是大学生自杀的主要原因，试图自杀的人缺乏对生存的重要信仰和对生命价值的认识，遇到较大的压力时往往会放弃解决问题的努力和尝试，从而选择轻生。很显然，人们需要意义和精神的支撑，不仅在面对严重压力时，在日常生活中也同样如此。

3. 自我超越的生命意义对心理健康的直接影响

对于生命意义的执着，使得我们能够对消极生活事件有新的、不同的解释，有能力在消极事件中找到积极的意义，从而提高应对能力。

【课堂活动】

我的生命线

0岁 （ ）

出生 预测死亡年龄

1. 预测死亡年龄的依据

本人的健康状况：______________________________。

家族的健康状况：______________________________。

生活地域的平均寿命：______________________________。

2. 找出今天的你所在的位置

写下你的年龄：______________________________。

写下今天的日期：______________________________。

3. 思考过去的我与未来的我

列出过去对你影响最大或令你最难忘的三件事：

______________________________；

______________________________；

______________________________。

列出今后你最想做的三件事或最想实现的三个目标：

______________________________；

______________________________；

______________________________。

二、心理危机干预

各种迹象表明，社会变革所带来的快节奏、高风险和强竞争使每个社会成员都面临着或大或小的压力，大学生亦如此，他们面对的学习、就业、经济、情感与人际等方面的压力越来越大。面对这些压力，一些心理相对脆弱的大学生容易陷入心理危机，出现过激行为，导致不良后果。酗酒、暴力伤人、自伤等，都是大学生在心理危机状态下的极端行为表现。因此，如何帮助大学生安全渡过心理危机已经成为全社会关心的热点。

（一）什么是心理危机?

心理危机简称危机，20世纪40年代由美国医生林德曼最先提出。20世纪60年代以后，美国心理学家卡普兰对心理危机进行了系统研究，并于1964年提出了心理危机干预理论。

卡普兰认为，每个人都在不断努力保持一种内心的稳定状态，以及自身与环境的平衡和协调。当重大问题或变化使个体感到难以解决和把握时，平衡就会被打破，正常的生活会受到干扰，内心的紧张不断积蓄，个体继而出现无所适从甚至思维和行为的紊乱，个体先前的危机处理方式和惯常的支持系统不足以使其应对眼前的处境，当必须面对的困难情境超出了应对能力时，其心理就进入了一种失衡状态，这就是心理危机。

在卡普兰提出心理危机的概念后，很多学者开始关注该领域并提出了自己对心理危机的理解。当前，许多研究者和临床工作者达成的共识是心理危机本质上伴随着危机事件的发生，它是个体出现的一种心理失衡状态。心理危机不是疾病，而是一种情感危机的反应，人人都会有。如果人们所承受的压力超过了自己应对压力的能力，就会出现心理危机。心理危机通常表现为：当个体遇到突如其来的或重大的生活应激或挫折，如亲人死亡、婚姻破裂、交通事故等时，面对这些难以解决的问题，常常会出现精神濒临崩溃的状态，表现出极度紧张、苦恼、焦虑、忧郁，甚至产生轻生的意念。在多数情况下，心理危机可以在6～8周缓解。也有少数人会处于持续失衡状态，以至于严重影响其正常的生活，需要专业的心理帮助。

（二）危机事件的特征

危机事件也称突发事件，包括天灾与人祸。《中华人民共和国突发事件应对法》将“突发事件”界定为“突然发生，造成或者可能造成严重社会危害，需要采取应急处置措施予以应对的自然灾害、事故灾难、公共卫生事件和社会安全事件。”危机事件具有突发性、无助性、危险性、潜在性和复杂性等特征。

1. 突发性

危机常常是出人意料、突如其来的，而且具有不可控制性。危机爆发的时间、规模、具体态势和影响深度，常常出乎人们的意料，其破坏性的能量会被迅速释放，并呈快速蔓延之势，而且大多演变迅速，解决问题的机会稍纵即逝，如果不能及时采取应对措施，将会造成更大的危害和损失。

2. 无助性

危机事件常常使人觉得无所适从、不知所措，使个体的未来计划受到威胁和破坏。由于自我先前的应对方式无法应对危机事件，如果社会支持系统不够完善，就容易使大学生感到无助、绝望。

3. 危险性

危机之中隐含着危险，这种危险可能会影响个体正常的学习与人际交往等，严重时还可能危及生命。正常人一般处于身心平衡的状态——他们的思维、意志、情感体验与生理等都处于某种程度的和谐状态。当有不适当的危机事件发生时，原有的平衡状态就会受到破坏，个体容易出现思维不清、意志失控、情感紊乱等反应，极端情况下还会出现自伤等行为。

4. 潜在性

心理危机常常并非以直接爆发的方式体现，而是会潜藏于个体的内心，当其遇到特定的危机事件时，就容易引发心理危机。如某生由于长期的不良情绪没有得到及时宣泄，最终恋爱失败成为导火索，导致自伤行为。

5. 复杂性

生活中的危机是非常复杂的。个体所处环境的方方面面（过去的和现在的）相互交织，对当前个体面临的危机反应起着放大作用，很多复杂的问题都需要危机干预者做出系统考虑和有效干预。由此可见，学校、家庭、社会是大学生心理危机干预中的重要资源。

（三）心理危机的类型

根据不同的分类标准，心理危机可以分为不同的类型。例如，按表现形式，心理危机可以分为显性心理危机和隐性心理危机；按应激源的差异可以分为学业危机、前程危机、人际关系危机、家庭危机、恋爱危机、性心理危机、灾难危机和自杀危机等。根据个人危机的来源，心理危机可以分为成长性危机、境遇性危机和存在性危机，这是研究者较多采用的一种分类方法，本书也将重点介绍这三种心理危机。

1. 成长性危机

成长性危机也称发展性危机、内源性危机或内部危机。根据埃里克森的理论，人生是由一系列连续发展的阶段组成的，每一个阶段都有其特定的身心发展课题。一个人从某一发展阶段转入下一发展阶段时，当他原有的行为和能力不足以完成新课题，而新的行为和能力尚未发展起来时，他常常会处于行为和情绪的混乱无序状态，容易产生成长性危机。个体的成长性危机是可预见的，因而也被认为是正常的危机。上小学、进入大学、大学毕业结婚、有了第一个孩子、退休等都有可能引发成长性危机。

2. 境遇性危机

境遇性危机也称适应性危机、外源性危机或外部危机，是指由外部的、看得见的或者超常的、个人无法预测和控制的事件引起的危机。境遇性危机的主要特点在于它是随机的、突然的、震撼性的、强烈的和灾害性的。境遇性危机事件可以是物质的或环境的，如火灾、自然灾害等；也可以是个人的或者身体的，如身患重病、遭遇交通意外、被绑架等；还可以是人际的或社会的，如亲友死亡、离婚等。

3. 存在性危机

存在性危机是指个体伴随着重要的人生议题，如人生目的、责任、独立性、自由和承诺等出现的内部冲突和焦虑。存在性危机可以基于现实，如一个40岁的人从没做过什么有意义的事，从未对自己所从事的职业或所在的组织产生过独特的影响；也可以基于后悔，如一个50岁的人从未结婚，从未离开过父母，从没有独立生活；还可以基于一种压倒性的、持续的感觉，如一个60岁的人觉得自己的生活毫无意义，这种空虚感很难用有意义的事情来弥补。

（四）心理危机的反应

心理学研究发现，人们身处危机时，心理上通常会经历三个不同的阶段，即冲击阶段、安定阶段和解决阶段。在不同阶段，个体的反应有所不同。

第一阶段为冲击阶段，也称强烈的情绪反应阶段，一般发生在危机事件出现后不久。如果其刺激过大，就会使人感到震惊、眩晕、不知所措，这也可称为“类休克状态”。如遭遇强烈地震，亲人生死不明、目睹民众死伤等，大多数人会表现出惊慌、害怕和震惊，只有少数人能保持冷静与镇定。

第二阶段为安定阶段，也称逐渐接受现实阶段。在此阶段，人们会采取各种措施努力恢复心理上的平衡、控制焦虑和情绪紊乱，恢复认知功能，而后采用各种心理防御机制或争取亲人、朋友的支持。如随着灾区成立现场指挥机构，灾情得到了控制，各部门分工协作、密切配合，物资得以保障，受灾群众安置妥当，灾后重建工作有条不紊，各类媒体进行了透明报道，人们的恐慌心理逐渐减弱。

第三阶段为解决阶段，也称寻求改变阶段。此时，人们会将自己的注意力转向引发压力的危机事件，并设法处理它。人们可能会采取逃避行为远离引发压力的应激源，如依赖药物、酗酒等；或者提高自己的应对技能，改变策略和行为，直接面对危机、解决困扰。比如，受灾群众互帮互助，团结一心，重建家园等。

个体面对危机时会产生一系列身心反应，包括生理反应、情绪反应、认知反应和行为反应。

1. 生理反应

生理反应主要表现为自身免疫力下降、胸闷、头晕、失眠、缺乏食欲、胃部不适、敏感紧张等。这是因为在心理危机状态下，自主神经系统、下丘脑－腺垂体－靶腺轴和免疫系统对身体生理反应的调节功能会发生改变。

- 自主神经系统的变化。当机体遭受到某些刺激的强烈侵袭时，心跳加快，心肌收缩力增强，心排血量增加，血压增高。同时，凝血时间缩短，儿茶酚胺分泌增多，中枢神经系统兴奋性升高，个体变得警觉、敏感。

- 下丘脑－腺垂体－靶腺轴的变化。下丘脑肽能神经元分泌的神经肽调节着腺垂体的活动，而肽能神经元的活动又受到人脑内神经递质和体液中性激素、肾上腺皮质激素与多种代谢产物的调节与控制。腺垂体是人体内最重要的内分泌腺，起着上连中枢神经系统、下接靶腺的桥梁作用。

- 免疫系统的变化。免疫系统既可以表现为功能减退，也可以表现为功能增强。心理神经免疫学的研究表明，大脑作为环境与免疫系统之间的协调者，在调节机体对各种应激源的免疫防御中起着重要作用。强烈的情绪活动，特别是消极情绪，通常会抑制免疫系统的功能，降低人们的抗病能力。

2. 情绪反应

陷入心理危机的个体，其情绪反应一般表现为焦虑、恐惧、怀疑、沮丧、悲伤、易怒，绝望、麻木、孤独、紧张、愤怒、烦躁、自责、过分敏感或警觉、无法放松、持续担忧、害怕即将死去等。

3. 认知反应

在心理危机中，个体的感知觉可能会受损，易出现记忆力减退、思维反应迟钝、认知不合理等现象。因为自我认知和情绪之间存在着相互影响的关系，所以愤怒、恐惧和抑郁等情绪反应会破坏人的心理平衡，而这是个体准确地感知、记忆和思考的前提。消极情绪与个体消极的自我认知互为因果，可能因此形成恶性循环。此时，陷入心理危机的个体会觉得活着没有价值或意义，丧失了活动的能力和兴趣，甚至自恨、自责和自杀。

4. 行为反应

心理危机中的行为反应是个体为排解和减轻痛苦而采取的一些防御手段。比如，有些人表现出社交退缩、沉默、情绪失控、典型习惯改变、过度活动、睡眠困难没有食欲或暴饮暴食、逃避与疏离等行为，容易自责或怪罪他人，不易信任他人，与他人易发生冲突等，严重的还会出现自杀倾向。

（五）大学生心理危机的识别

大学生如果能对有效地识别心理危机，就有助于及时发现并干预。现介绍两种常见的心理危机识别方法。

1. 从群体宏观角度判断

从宏观方面来看，心理障碍、生理疾患、学习和就业压力、情感挫折、自我期望值过高、因学业受挫而产生失落感和心理落差、经济压力、家庭变故等诸多因素，都会导致大学生出现心理危机。此外，抑郁情绪、孤僻性格、自卑心理等也是主要诱因。抑郁情绪和孤僻性格往往与人格发展不完善、早期经历不良等有关；自卑心理往往与自身缺陷、自我期望过高或过低等有关。

2. 从个体微观角度识别

从个体微观角度来看，可从以下几个方面识别心理危机：

- 是否存在持续的不良情绪。良好的情绪是个体心理健康的重要标准之一，不良的情绪体验是个体处于心理危机时的重要表现。不良情绪包括抑郁、焦虑、淡漠、躁狂等。如果某位大学生的情绪突然发生了改变、明显不同于往常，且出现了不良的情绪反应，如情绪低落、悲观失望、焦虑不安、无故哭泣、忧郁苦闷、烦恼或喜怒无常等，就表明该学生可能出现了心理危机。

❤ 是否存在明显的行为改变。行为活动正常是个体心理健康的重要表现之一。当大学生出现行为异常，如饮食、睡眠出现反常，个人卫生习惯变差，自制力丧失，不能调控自我，孤僻独行时，就要警惕其是否有心理危机。行为变化与情绪变化密切相关，不良的情绪必然会导致个体行为的反常变化。

❤ 是否存在学习兴趣下降。正常、有效、良好的学习能力是个体心理健康的前提和标准。当个体在智力正常的情况下，学习兴趣突然下降，很有可能是其心理状态出现了问题。如学生上课无故缺席，常迟到早退，成绩陡然下降，根本无法进行正常的学习和听课。

❤ 是否丢弃或损坏心爱之物。丢弃或损坏个人平时十分喜爱的物品也是典型的心理危机识别依据。如果大学生不能正常有序地学习和生活，把自己平时很喜欢的东西随意丢弃或损坏，这意味着其有不正常的心理行为发生，而且可能已达到危机的程度。

❤ 是否流露出轻生的想法。大学生如果流露自杀意图，如谈论自己的死或与死有关的问题，或写下遗嘱等，甚至已经采取某些手段企图自杀等。

（六）大学生心理危机的干预

心理危机干预是指对处于心理危机状态中的个体采取明确、有效的措施，使之最终能够战胜危机，重新适应生活。心理危机干预的主要目的有两个：一是避免处于危机者自伤或伤及他人，二是帮助处于危机者恢复自身的心理平衡。危机的成功解决有三个意义：一是个体可从危机中学会把握现状；二是个体可以重新对自我经历的危机事件进行认识；三是个体可以学到更好的应对策略与手段，以便在将来应对可能遇到的危机。危机事件发生以后，人的身心发展会有几种不同的可能性，如图16-1所示。

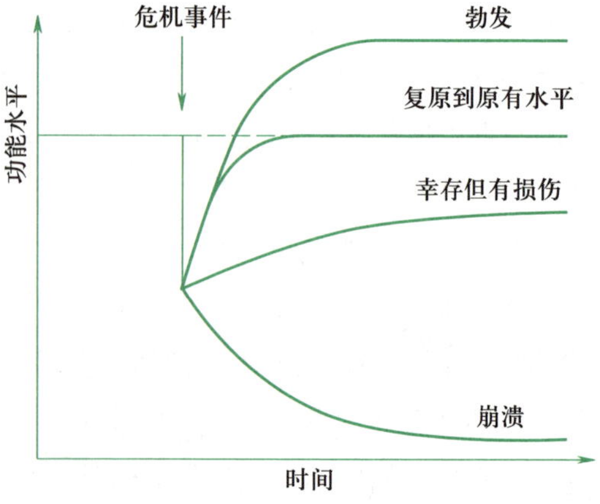

图16-1 危机事件后身心发展的可能性

心理危机干预者希望通过有效的方法和措施，使遭遇危机的人可以恢复心理平衡，进而获得新的成长。危机干预之所以必要和可能，是因为危机的发生有其共性：都是个体因为在相对稳定的生活中发生了紧急突发事件，个体的需要不能被满足，安全感丧失而引发恐慌、无所适从、痛不欲生等反应。针对易感个体或群体进行危机干预，能够防止和减轻人们遭遇危机后的不良心理反应，避免心理痛苦的长期化和复杂化，促进其社会适应和心理康复，提高社会适应能力。

大学生心理危机干预的主要指标包括应激源、应激反应、危机易感因素、个体特征和个体背景，如表16-1所示。

表16-1 大学生心理危机干预的主要指标

指标	内涵
应激源	又称应激因素，指人们在日常生活中，在社会与自然环境中所经历的各种生活事件、突然的创伤性体验、慢性紧张等，它可以是躯体方面的、生理方面的和社会文化方面的
应激反应	由应激源引起的生理反应、心理反应以及行为改变等，是紧张或唤醒的一种内部心理状态，也是个体内部出现的解释性的、情感性的、防御性的应对过程
危机易感因素	面对同样的应激事件，个体所具有的某些易导致心理危机的因素，如精神质和神经质人格、无社会支持、经济收入低等
个体特征	在个体心理危机易感因素中，那些在生活经历中形成的、稳定的、个别化的内在心理特征，如精神质和神经质人格、消极应对方式等
个体背景	在个体心理危机易感因素中，那些外在的、个体必须面对的环境背景

大学生心理危机干预的常用方法有：问卷筛查、班级辅导、个别辅导、心理健康讲座、减压团体、发放宣传材料、危机干预心理热线等。

心理危机干预重在早期发现。越来越多的高校都会在新生入学时为其建立心理档案、进行心理状况评估，对于需要支持和帮助的学生，及时邀请他们到心理健康教育机构进行面谈。同时，重视建立和完善高校的危机干预系统，培训相关人员，形成校园人文关怀氛围，及时发现学生表现出的异常行为，避免极端行为发生。

【课堂活动】

生活意义的来源

请简单描述给你现在的个人生活带来意义的三件最重要的事情，并根据轻重程度，分别在下列刻度线上画圈标出你对于上述三件事情的重视程度。

意义源1:________________

1　　　2　　　3　　　4　　　5

不太重视　　　　　　　　非常重视

意义源2：______________________________

1　　　　2　　　　3　　　　4　　　　5

不太重视　　　　　　　　　　　　非常重视

意义源3：______________________________

1　　　　2　　　　3　　　　4　　　　5

不太重视　　　　　　　　　　　　非常重视

三、预防自杀

【微视频】自杀与自伤

自杀是人类社会一直存在的问题，也是加缪所谓的唯一严重的哲学问题：“真正严肃的哲学问题只有一个，就是自杀。”自杀的英文suicide源自拉丁语sui（自己的）及cidide（杀掉），合为“杀掉自己”之意，是个体一种有意识的、自愿的自我伤害和主动结束自己生命的行为。根据自杀的结果，自杀可以分为三种形态：自杀意念，有明确伤害自己的意愿，但没有形成自杀的计划，没有行动准备，更没有实际伤害自己的行动；自杀未遂，采取了伤害自己生命的行动，但该行动没有直接导致死亡；自杀死亡，采取了伤害自己生命的行动，该行动直接导致死亡。

（一）自杀者分析

自杀不是一种怪异的、不可理解的自毁行为，进一步说，想要自杀的人使用了一种共同的思维方式，他们总是认为死是自己唯一可以解决问题的方法。识别这种思维方式、了解自杀者的心理过程、性格特征和身心状态，有助于我们发现并采取措施阻止自杀行为，帮助处于自杀危险状态中的人。

1. 自杀者的心理过程

自杀不是突然发生的，它有一个发展的过程：产生自杀意念→下决心自杀→行为出现变化→思考自杀的方式→选择自杀的地点与时间→采取自杀行动。对于不同年龄、不同个性、不同情境中的人，自杀过程有长有短。我国学者一般把自杀过程分为三个阶段：第一，自杀动机或自杀意念形成阶段。表现为当事人遇到难以解决的问题，想逃避现实，为寻求解脱而准备把自杀当作解决问题的手段。第二，矛盾冲突阶段。当事人产生了自杀意念后，其求生的本能会使当事人陷入生与死的矛盾冲突之中，从而表现出谈论自杀、暗示自杀等直接或间接表现想要自杀的信号。第三，自杀行为选择阶段。从矛盾冲突中解脱出来，决死意志坚定，情绪逐渐恢复，表现得异常平静，并开始考虑自杀方式，做准备，待时机一到，即采取结束生命的行动。

2. 自杀者的性格特征

自杀者的性格特征往往表现为过于内向、孤独、偏执、过分认真、责任感过强、缺乏兴趣爱好、情绪不稳定、心情多变、容易陷入焦虑与绝望等。这些性格特征常常与其偏颇的父母教养方式、复杂的家庭关系有关。对自杀者及自杀未遂者进行详细的性格倾向分析，可以为预防自杀提供参考。

自杀者的心理特征常常表现为具有自罚倾向、回避现实、自我评价低。图16-2是自杀倾向构成。

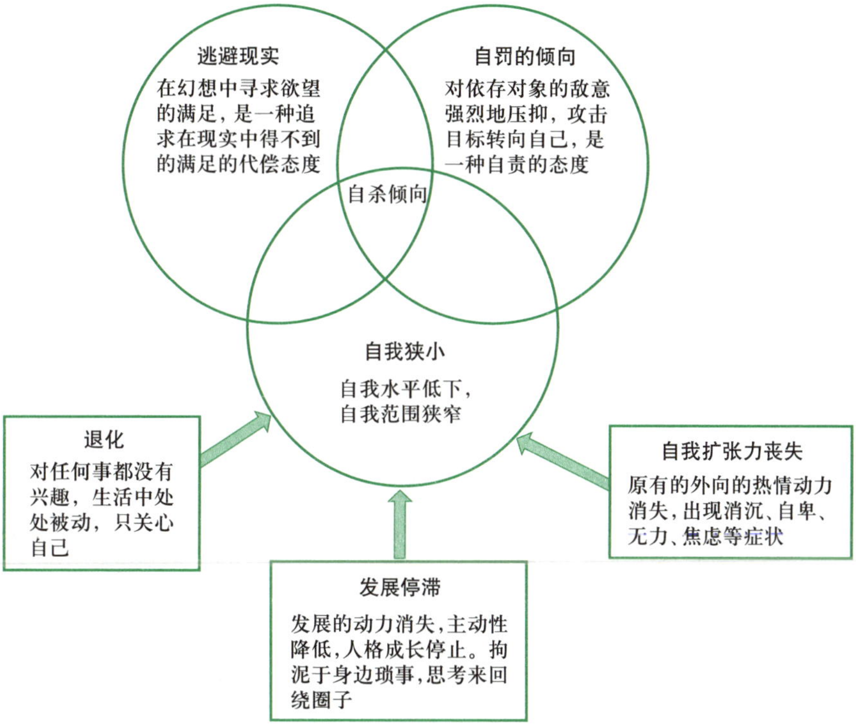

图16-2 自杀倾向构成示意

3. 自杀者的心理状态

想自杀的人，其共同的心理特征是孤独，他们认为谁也不能理解和帮助自己，在这个世界上唯有自己最不幸、最痛苦，因此产生绝望，想以死来摆脱困境。实际上，他们的心情很矛盾，他们在寻求死的同时渴望获得帮助。具体地讲，自杀者的心理状态表现出如下三个方面的特征。

（1）矛盾心态

死亡对自杀者来说是既可怕又有吸引力的事，他们认为，现实生活中许多有形或无形的困难，可以在死亡的幻想中得以解决和满足。但死亡毕竟是可怕的，自杀者一方面想解脱，另一方面又想向他人求助。

（2）偏差认知

企图自杀者的知觉常因自身情绪的影响而变得歪曲，表现为“绝对化”“概括化”或两者交替。绝对化是指个体对任何事物都怀有认为其必定如此的信念，比如“我做任何事都注定失败”“周围的人肯定不喜欢我”。概括化是指个体以偏概全、以一概十的不合理思维方式，这常常会使人过分关注某项困难，而忽略除死之外的其他解决方法，比如“如果考试作弊，我爸一定不会饶恕我，永远不会再爱我”“我有缺陷，别人都瞧不起我”，从而自暴自弃，自责自怨，自伤自毁。

（3）冲动行为

青少年的自杀意念常常在很短的时间内形成，会因情绪激动而导致冲动行为，一想到死亡就采取行动。他们对自己面临的危机状态缺乏冷静的分析和理智的思考，往往认定自己没有任何办法了，只有死路一条，其思考会变得极其狭隘。

（二）大学生自杀的原因分析

近年来，大学生自杀的原因主要有五种。

1. 学习压力

因学习压力而选择轻生是大学生自杀事件中常见的情况，尤其在重点大学，这类情况更为多见。进入大学后，一些大学生由于学习目标不明确，学习方法不适应，或所学专业与自己的学习兴趣、思维方式不匹配等，学习成绩明显下滑，甚至面临留级、复读等情况。涉世不深、心理上对挫折缺乏承受力的大学生，此时如果想不开就容易走上绝路，结束自己年轻的生命。

2. 心理疾病的困扰

大学生自杀的事例中，相当一部分是因为抑郁症、强迫症等心理疾病的困扰。某些大学生的心理疾病多在年少时形成，进入大学后，如果同时有其他诱因，则容易产生严重的心理冲突。抑郁症患者对什么活动都不感兴趣，心情压抑，郁郁寡欢；常伴有失眠，并为此而痛苦不堪；身体上感到疲劳乏力，学习时注意力难以集中；情绪焦躁不安，人际交往困难，感到这样活下去没什么意思而选择自杀。

3. 环境适应不良

在大学新生中，对环境适应不良是较为普遍的现象。尤其对第一次过集体生活的同学来说，他们需要经历一个从不适应到逐步适应的过程。在这一过程中，从小被溺爱或被过度保护的学生和性格孤僻、内向或暴戾的学生不易合群，难以适应大学生活的变化，在孤独感、无助感的折磨下，个别会选择轻生。

4. 失恋

恋爱是大学生中常见的现象，感情过分专注的人，一旦失恋便会体验到深切的痛苦。当他们感到难以忍受这种精神上的打击时，便会由怨恨而产生轻生的念头。因失恋而自杀者中，女同学较为多见。

5. 其他

亲子失和、家庭关系紧张、经济拮据、毕业后找不到满意的工作等都可能成为大学生自杀的诱因。

（三）大学生自杀的预防

预测人的行为是一件比较困难的事，预测自杀行为就更加困难。自杀的原因非常复杂，而且自杀行为常常带有突发性，令他人措手不及。即使通过种种征兆发现了个体想要自杀的迹象，对其进行危机干预也并非易事。直接对当事人说，会使他们感到自己的隐私被侵犯，反而增加了危险性。但是，自杀的预防又是可能的，因为自杀行为有一定规律可循。所以，只要抓住机会，对其因势利导，及时提供心理支持和帮助，就能有效预防自杀。

1. 为什么自杀可以预防？

自杀可以预防的理由有如下4点：① 想要自杀的人，从其面临生活中的危机而产生消极态度和情绪，到选择自杀行为之间要经过一段时间。② 想自杀的人中，大多数有既想死又期待得到帮助的矛盾心态，因此会表现出种种自杀征兆。③ 想自杀的人在采取行动之前，当考虑到自己的死会给亲人、朋友、老师带来极大的痛苦和震惊时，会具有沉重的心理压力和负担。④ 自杀者一般都会经历使之震惊、困扰的诱发事件。

2. 改变对自杀的模糊观念

人们对自杀行为所持的态度和认识差别很大，对于其中一些错误观念，若不加以纠正，则对自杀预防不利：

自杀无规律可循。自杀表面上看带有突发性，一旦发生，他人常感到意外和诧异。其实大部分自杀者都曾向外界传达过明显的直接或间接的求助信号，他们在决定自杀前，内心充满痛苦和犹豫。

宣称自杀的人不会自杀。当有些人向他人透露自己会自杀，尤其用语带有恐吓成分时，他人通常以为不过是说说而已，真正想死的人是不会把自己的打算告诉别人的。其实研究表明，80%的企图自杀者在自杀前都曾向他人谈论过自杀，宣称自杀的人很可能会有相应的举动，必须高度重视。

一般人不会有自杀念头。很多人以为平常人不会存有自杀的念头，但国内外研究结果显示，30%～50%的成年人都曾有过一次或多次的自杀想法。对于性格健康、家庭关系良好的人来说，自杀意念可能只是一闪而过，很少发展为真正的自杀行动；而当性格或精神状况存在问题的人在缺乏社会支持时，自杀意念可能转变为行为。

所有自杀的人都是精神异常者。有人认为只有精神异常者才会自杀，事实证明，自杀的人大多不是精神病患者，其中只有20%是抑郁症或精神分裂症患者。大多数自杀者是正常人，他们只是有暂时性的情绪障碍无法发泄而已。

自杀危机改善后就不会再有问题。有自杀企图的人经过危机干预后其心理状态会有所改善，情绪会好转，周围的人常常会误以为其自杀危险性降低了，而放松防范措施。其实自杀危机改善后，至少在3个月内当事人还有再度自杀的可能，尤其是抑郁症患者在症状好转时最有危险性。

对有自杀危险的人不能提及自杀。很多人担心，对那些有情绪困扰和有自杀意念的人，主动谈及自杀会加强他们自杀的念头。事实恰好相反，有严重情绪困扰的人往往愿意别人与他们倾谈，听他们诉说自己对自杀的感受。如果人们故意避开不谈，反而会使其情绪无从排解，导致情绪问题加重。

3. 自杀者的临床表现

根据临床经验，有以下7种表现的人一般具有自杀的危险性，应给予更多关注：① 具有明显外部精神因素刺激，如突然遭受打击、失恋等。② 情绪低落、悲观抑郁。③ 性格孤僻内向，与周围人缺乏正常的感情交流。④ 在严重不良的家庭环境中成长，缺乏温暖关怀，如父母离异、家庭破裂、亲子关系恶化等。⑤ 曾谈论过自杀并考虑过自杀的方法。⑥ 过去曾有过自杀企图或行为。⑦ 亲友中曾有人自杀过。

一旦发现有人具有以上表现，就应及时给予援助。现代社会的人文关怀要求我们要积极制止这种非理性行为，善待第一人权——生命权。出于关爱生命这样的情怀而做出的救人之举，有着无可争辩的伦理上的正当性。“敬畏生命”是对人道主义最精微的诠释。

四、追求幸福人生

追求幸福是人类的共同渴望和永恒主题。亚里士多德认为，幸福是生命的意义和使命，是我们的最高目标和方向。“幸福不是毛毛雨，幸福不是免费午餐，幸福不会从天而降。人世间的一切成就、一切幸福都源于劳动和创造。”[①]

① 中共中央文献研究室. 习近平关于青少年和共青团工作论述摘编［M］. 北京：中央文献出版社，2017：93.

个体真正的心理健康不应该仅仅是没有心理疾病，而是心理和精神的强健有力、生机勃勃的状态。心理学不仅要帮助有心理困扰的人过上平安、令人满意的生活，而且要使普通的正常人过上丰富、快乐、和谐的幸福生活。

（一）积极心理的意义与价值

积极心理学是20世纪末21世纪初兴起的一个新的研究领域、新的思潮、新的视角，它主张研究人类的积极品质，充分挖掘人们固有的、潜在的、具有建设性的力量，促进个人和社会的发展，使人类走向幸福。积极心理学利用心理学研究中比较完善和有效的实验方法与测量手段，来研究人类的力量和美德。积极心理学的研究对象是普通人，它用一种更加开放的、欣赏性的眼光去看待人类的潜能、动机和能力等。

积极心理学倡导人类要用一种积极的心态来对人们的许多心理现象（包括我们常说的许多心理问题）做出新的解读，并以此来激发每个人自身所固有的某些实际的或潜在的积极品质和力量，从而使每个人都能顺利地走向属于自己的幸福彼岸。和一般人相比，那些具有积极观念的人具有更良好的社会道德和更佳的社会适应能力，他们能更轻松地面对压力、逆境和损失，即使处于最不利的社会环境，他们也能应对自如。

塞利格曼认为，最好的治疗不仅要医治心理上的创伤，还要帮助人们认识和增强其人格力量和优势，培育人性中最好的东西。积极心理学认为，个体中存在着具有缓解心理疾病作用的积极的人格特质或人格力量，诸如勇气、人际关系技巧、理性、洞察力、乐观、诚实、坚忍、现实主义、快乐能力、安适、心系未来、发现目的等。通过识别和增强这些人格特质或人格力量，能够有效地对个体的心理疾病进行预防。塞利格曼认为，采用积极心理学的方法，有助于直接或间接地缓解痛苦，消除其根源。塞利格曼等人提出，如果我们能够了解自己的优点，并在生活中善用它们，自我就会更快乐、更充实、更丰富。而且，当处于低谷时，这些优点能够有效地预防心理疾病，使我们尽快走出低谷。

（二）活出生命的精彩

人们对自己人生的期待绝不只是远离疾病和困扰，而是希望活得精彩。怎样的人生才叫活得精彩呢？更多人认为活得精彩包括有快乐与满足感，能投入不同的关系，关心周围的人，生活有动力和创意，敢于面对挑战。为何有些人比别人快乐？因为较快乐的人有内在的目标，并且目标与个人的需要一致、可行，是实际的，能被文化认同，且不会互相矛盾。较快乐的人在追求成功时，会全身心地投入，相信自己是为了实现目标而努力的；较快乐的人是乐观的有希望的，他们有正面的期盼，能从负面的事情中找到正面的意义，有幽默感，不会沉溺在不断重复及自我中心的思虑之中。

以乐观为例，乐观的人有共同的认知特点：将困难和逆境看成暂时的（事情的成因是可变或短暂的），个别的（事情的成因只会影响个别的情况而不会在其他时候发生），非个人的（事情是由于外在环境或他人的原因而导致的，而非个人的问题）。塞利格曼的研究显示，经过乐观训练后，儿童和成年人在未来两年中抑郁和焦虑的发生率会降低50%，训练10岁儿童进行乐观地思考和行动后，他们在青春期的抑郁发生率降低了50%。表16-2为乐观人格问卷。

表16-2 乐观人格问卷

序号	请表示你对以下句子同意或不同意的程度	非常不同意	不同意	说不清	同意	非常同意
1	当前途未定的时候，我通常会预想好的结果	0	1	2	3	4
2	展望未来，我看不到有令我开怀的境况	0	1	2	3	4
3	我对前景常感到乐观	0	1	2	3	4
4	我很少想过事情会尽如我意	0	1	2	3	4
5	我很少预计好事会发生在我身上	0	1	2	3	4
6	总的来说，我预期发生在我身上的好事会多于坏事	0	1	2	3	4

计分方法：

反向计分的题目为第2、4、5题（即“非常不同意”计4分，“非常同意”计0分）。把所有题目的得分加在一起，得分越高代表越乐观。

（三）获得幸福的有效方法

1. 三种幸福生活

积极心理学提出了三种幸福生活：第一种，愉快的生活，即情感积极、快乐，自我可以感觉良好的生活；第二种，美好的生活，即深入地参与家庭、工作中，有自己的兴趣与爱好；第三种，有意义的生活，即充分发挥自身人格的长处和优势。同时，积极心理学发展出了一些提升幸福感的有效方法：比如读书，想想你的幸事，感恩，做善事助人为乐，充分运用人格力量，学会谅解和宽恕，在家庭和朋友关系上投入时间和精力，关心自己的身体健康，发展应对压力与困难的策略，增进乐观等。

幸福的大学生和其他大学生最不同的地方在于，前者会花更多的时间与朋友聚会、结识新朋友，并善于维护友谊。我们如果每天花一些时间和他人进行深入交谈，就能有效地提高幸福感。要让自己的人生活得精彩，可以从了解自己开始，积极建立良好的人际关系，学习社会生存的技巧和提高解决问题的能力，如图16-3所示。

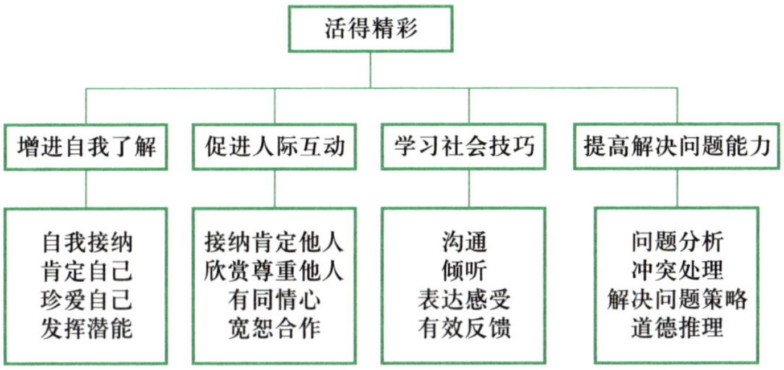

图16-3　如何活得精彩

2. 增进幸福的练习

以下介绍六种具体可操作，被心理学研究证明其能有效地增强幸福感的小练习：

- 三件好事。每天晚上记录下当天发生在自己身上的三件好事，写出它们发生的原因。持续进行一至两周。
- 全力以赴。写一个故事，在这个故事中你尽了最大的努力，一周内每天都要回顾这个故事。
- 感恩访问。写一封感谢的信，给曾经帮助过自己但没有机会好好感谢的人。
- 运用优点。通过优点测量找到自己的突出优点，坚持在生活中善用这些优点。
- 放慢脚步。每天花时间慢慢做至少一件你平日通常匆忙就完成的事（如吃饭、洗澡、去上课），然后好好地品味。做完后，写下你做了什么，做的时候与以往比有哪些不同，在感觉上又有哪些不同。
- 欣赏、赞美。当你听到别人的好消息的时候，表现出的积极热切的反应是一个主动、建设性的反馈和赞美。每天至少这样给别人反馈一次。

幸福并不遥远，幸福就在当下。从现在开始，心动不如行动。幸福是需要学习的，幸福是可以学习的。学习幸福，能够帮助我们获得一种长久的、内在的、坚定的幸福感。幸福的最大障碍不是别人而是自己，如果你一直把每件不如意的事情往悲观的方向想，则不需要敌人的出现，自己就先溃败了。其实，生活中的很多积极的心理元素是我们能够幸福生活的基础，抓住它们，选定目标为自己的幸福负责，你可以拥有美好充实的、积极幸福的人生。

【课堂活动】

学会感恩

目的：通过对自我生活的整理，发现点点滴滴感动自己的事情，感受生活的美好。

操作：请在纸上写下三件昨天发生在你身上的好事，可以是生活中的小事（比如，我昨天晚上去洗澡，同学帮我买了晚饭）。在你记下的每件事情旁边写下这件事会发生的原因。

【拓展阅读】

1. 吴根福. 生命的教育［M］. 北京：高等教育出版社，2020.

2. 谢刚. 习得幸福［M］. 北京：北京师范大学出版社，2021.

3. 拉格茨，查普曼. 与痛苦和解：摆脱自伤的心理指导［M］. 邓雪滨译. 上海：华东师范大学出版社，2024.

主要参考文献

[1] 习近平. 习近平著作选读：第二卷[M]. 北京：人民出版社，2023.

[2]《习近平讲党史故事》编写组. 习近平讲党史故事[M]. 北京：人民出版社，2021.

[3] 本书编写组. 全国脱贫攻坚先锋风采录[M]. 北京：人民出版社，2022.

[4] 敖洁，邓治文，岳丽英. 大学生自我认同的状况与特征研究[J]. 教育研究与实验，2009(3)：93-96.

[5] 西沃德，巴特丽特. 青少年心理压力管理手册[M]. 刘丹，译. 北京：世界图书出版公司北京公司，2006.

[6] 陈国海，刘勇. 心理倾诉：朋辈心理咨询[M]. 广州：暨南大学出版社，2001.

[7] 樊富珉. 大学生心理健康教育研究[M]. 北京：清华大学出版社，2002.

[8] 樊富珉，刘丹. 尽展你人格的风采[M]. 北京：高等教育出版社，2004.

[9] 樊富珉，付吉元. 大学生自我概念与心理健康的相关研究[J]. 中国心理卫生杂志，2001，15(2)：76-77.

[10] 樊富珉，王建中. 当代大学生心理健康教程[M]. 2版. 武汉：武汉大学出版社，2014.

[11] 江光荣. 心理咨询的理论与实务[M]. 2版. 北京：高等教育出版社，2012.

[12] 姜乾金，黄丽，卢抗生，等. 心理应激：应对的分类与心身健康[J]. 中国心理卫生杂志，1993(4)：145-147，190.

[13] 琼斯. 时间管理[M]. 杨合庆，译. 北京：中国社会科学出版社，2001.

[14] 科恩. 自我论：个人与个人自我意识[M]. 佟景韩，范国恩，许宏治，译. 北京：生活·读书·新知三联书店，1986.

[15] 孔祥军. 大学生自我概念与防御方式的相关研究[J]. 中国临床心理学杂志，2006，149(1)：61-62，60.

[16] 莱利. 内向者优势：如何在外向的世界里获得成功［M］. 杨秀君，译. 上海：华东师范大学出版社，2008.

[17] 李虹. 生命意向［M］. 北京：高等教育出版社，2004.

[18] 李虹. 压力应对与大学生心理健康［M］. 北京：北京师范大学出版社，2004.

[19] 李美英，余杰. 大学生性观念及性行为调查与分析［J］. 成都大学学报（教育科学版），2007（7）：15-16.

[20] 李银河. 性文化研究报告［M］. 南京：江苏人民出版社，2003.

[21] 梁宝勇. 变态心理学［M］. 北京：高等教育出版社，2003.

[22] 阿德勒，普罗科特. 沟通的艺术：看入人里　看出人外［M］. 黄素菲，译. 北京：世界图书出版公司，2010.

[23] 马斯洛. 动机与人格［M］. 3版. 许金声，等译. 北京：中国人民大学出版社，2013.

[24] 钱铭怡. 变态心理学［M］. 2版. 北京：北京大学出版社，2024.

[25] BROWN J D，BROWN M A. 自我［M］. 王伟平，陈浩莺，译. 北京：人民邮电出版社，2015.

[26] 石林. 如何面对工作压力［J］. 中国工商，2002（2）：188-191.

[27] 西蒙诺兹，皮尔斯. 人格的发展［M］. 唐蕴玉，译. 上海：上海社会科学院出版社，2006.

[28] 王树青，陈会昌，石猛. 青少年自我同一性状态的发展及其与父母教养权威性、同一性风格的关系［J］. 心理发展与教育，2008（2）：65-72.

[29] 王振宏，李彩娜. 教育心理学［M］. 2版. 北京：高等教育出版社，2020.

读者意见反馈

为收集对教材的意见建议，进一步完善教材编写并做好服务工作，读者可将对本教材的意见建议通过如下渠道反馈至我社。

咨询电话　400-810-0598

反馈邮箱　gjdzfwb@pub.hep.cn

通信地址　北京市朝阳区惠新东街4号富盛大厦1座

高等教育出版社总编辑办公室

邮政编码　100029